한국어로 내려온
New Bible

새로운
성 경

제120권

8부 | 총10부

하얀마음

하나님 말씀 중에서

1. 사랑의 하나님

- 세상을 창조하신 하나님은 모두를 사랑하신다. 인간만 특별히 더 사랑하지 않고, 우주 만물을 다 똑같이 사랑하신다. 그러니 하나님이 창조하신 천지 만물과 화친하고, 미물까지도 소중히 대하라.

- 하나님은 특정 종파나 민족만을 더 사랑하지 않으신다. 자기 자신만 구원받겠다는 욕심을 버리고, 자기 종파만 구원받는다는 편협한 교리에서 벗어나야 한다. 종파를 초월해서, 모두를 사랑하라.

- 원수까지 사랑하라 했으니, 이 세상에 사랑하지 못할 자가 누가 있겠는가? 종파가 다르다고 해서 부모 형제와 원수처럼 지내는 자는 인간의 근본을 모르는 자다. 가장 가까운 가족부터 사랑할 때 남도 진심으로 사랑할 수 있다.

- 한 사람을 원수같이 생각하던 마음에서 사랑하는 마음으로 돌리면, 자기 자신의 마음이 가장 기쁘고 행복하다. 하나님께서는 인간의 마음속에 무거움이 없이 기쁘고 행복한 삶을 살기를 바라신다.

- 이웃을 "내 몸처럼" 사랑하라 했으니, 마지막 한 장 남은 천국의 티켓도 이웃에게 양보하라. 자기 중심적인 신앙에서 벗어나서 남을 위해 살아야 한다.

- 독초도, 약초도, 이단도 사탄도 천사도 다 필요하기에 존재한다. 독초일지라도 극소량을 사용해서 생명을 살릴 수 있고, 약초라 하더라도 남용하면 생명을 잃을 수 있다.

- 세상 모든 것을 명약으로 활용하는 것은 인간의 지혜에 달렸다. 어떤 것이든 어떤 사람이든 적재적소에 꼭 필요한 명약으로 승화시키라.

- 사탄도 이단도 천사도 모두 하나님의 주관하에 존재한다. 진정한 하나님의 백성은 사탄과 마귀까지도 감화시켜서 천사로 거듭나게 한다.

2. 기도

- 하나님은 인간의 생각까지 모두를 다 알고 계신다. 우리의 소원도 이미 알고 계시기에, 소원의 기도를 할 필요가 없다. 우리가 받을 자격이 되면 내려 주신다.

- 죄를 짓고 아무리 회개를 해도 용서받지 못한다. 도둑질한 자는 용서해 달라고 기도하고, 도둑맞은 자는 도둑을 잡게 해 달라고 기도하면, 공의의 하나님은 누구의 편에 서시겠는가?

- 자기가 잘못한 것은 그 사람에게 직접 갚고 용서를 구하라. 그가 용서하면 하나님도 용서하신다. 땅에서 매면 하늘에서도 매이고, 땅에서 풀리면 하늘에서도 풀리는 이치다.

- "회당에서 기도하지 말고 골방에서 기도하라" 했다. 눈에 보이는 골방이 아니라, 골방과 같이 고요한 마음이다. 잡념을 버리고 하나님을 향해 마음을 집중하며, 사랑하고 용서하는 아름다운 생각만 나오도록 하라.

- "두드리면 열릴 것이다." 하는 것은 육의 소원을 위해 두드리라는 것이 아니라, 진리의 깨달음을 얻기 위해 두드리라는 것이다.

- 기도하는 방법: 생활 속에서 수시로 기도하는 삶을 살아야 한다.

- "저의 죄를 용서하여 주옵소서." 하는 회개의 기도를 하라.
- 범사에 "하나님! 감사합니다." 하라. 현재 가진 것에 감사하며, 과욕하지 말라. 자기 노력 이상의 것을 더 갖고자 기도하는 것은 도둑놈심보다. 공의의 하나님은 각자 노력한 만큼 주신다.
- "하나님 뜻대로 살아가겠나이다." 하며 마음의 각오를 다지라.

- 기도는 하나님의 말씀을 받아서 "행하는 것"이다. 하나님이 계심을 굳건히 믿고, 하늘을 향하여 한 점 부끄럼 없이 사는 삶 자체가 가장 위대한 기도이며, 삶이 곧 예배다.

3. 지도자

- 똑같이 사랑한다는 말을 해도, 순수하게 하는 말은 천사의 말이지만, 사기 쳐서 재산을 가로채려고 하는 말은 사탄의 말이다.

- 종교 지도자가 아무리 훌륭한 설교를 해도, 신도의 재물을 거둬서 더 큰 교회를 짓고 자기의 부귀영화를 바라며 설교하면 사탄의 가르침이 된다.

- "저희 교회는 만원사례요, 믿음은 다 같으니 이웃의 개척 교회에 가서 예배를 드리시오." 하며, 이웃 교회의 부흥을 먼저 생각하여 제 신도를 보내는 종교 지도자가 있다면 그를 따르라. 그가 하나님의 사랑을 실천하는 자다.

- "부자가 천국에 들어가는 것은 낙타가 바늘구멍을 통과하는 것보다 더 힘들다" 하였거늘, 지금의 교회에서는 부자가 되기만을 기도하고 소원하니, 이는 곧 천국을 포기하고 지옥 행 열차의 티켓을 사는 것과 같다.

- 예수는 빈손이었다. 종교 지도자가 예수보다 더 호화롭고 편안하게 살아간다면 잘못된 것이다. 부귀영화와 명예를 바라는 자는 절대로 갈 수 없는 좁고 협착한 길이 종교 지도자의 길이다.

- 종교 지도자는 유리로 비춰 봐 한 점의 부끄러움이 없이 살아야 한다. 의식주도 직접 일해서 해결하고, 예수의 가르침과 행함을 그대로 따라야 한다.

- 종말은 없다. 지금의 잘못 가는 종교 집단에게만 종말이 있다. 보이지 않는 하나님은 보이는 육의 종말은 관여하지 않으신다. 환경 파괴로 인간이 스스로 멸망을 자초하는 것이다. 종파끼리 싸우기 전에, 무너진 인성을 바로잡고 지구의 몸살을 해결하는 데 뜻을 모으는 게 급선무다.

4. 성전이란

- 이 세상 자체가 하나님께서 만드신 성전이다. 자연보다 더 아름다운 성전이 있는가? 보이는 건물이 성전이 아니라, 성스러운 마음가짐이 성전이다.

- 반석 위에 교회를 지으라 했다. 지상의 단단한 돌은 인간이 쪼갤 수 있으나, 마음속의 굳은 결의는 세상 무엇으로도 쪼갤 수 없다. 바르고 굳건한 믿음으로 성경의 가르침을 실천하는 것이 마음의 반석 위에 교회를 짓는 것이다.

- 손으로 지은 건물의 교회에 모여서 복음을 전하는 것이 아니라, 교회를 개인과 가정에 심어 주어야 한다. 무너지고 부서지는 건물을 짓지 말고, 마음속에 영원히 불변하는 참진리의 교회를 지으라.

5. 십계명

- 십계명은 인간이 죽어서 반드시 통과해야만 하는 열 개의 관문이다.

- 부모를 공경하지 아니한 자는 "네 부모를 공경하라." 하는 제5계명의 관문이 열리지 않으니 구원받을 수 없다.
- 살인, 간음, 거짓, 우상 등의 나머지 계명도 마찬가지다.

- 십계명은 하나님의 친필이다. 모기소리만 한 하나님의 음성이라도 들어 보겠다고 여기저기 찾아 헤매지 말고, 십계명부터 암송하고 지키라.

- 십계명은 영혼을 구원하는 양식이며, 십계명을 지키는 것이 구원을 받는 길이다. 인간이기에 지키고자 노력하고 또 노력한다면 지킬 수 있다.

- 십계명을 지키고 천사처럼 아름답게 살아가는 그 마음 하나면 세상에 이루어지지 않는 것이 없다.

6. 보물

- 하나님은 재물이 아니라 우리의 마음을 받으신다. 사랑을 실천하며 천사처럼 변하는 마음이 하나님께 바치는 보물이다.

- 보이지 않는 하나님께 재물을 바치려 하지 말고, 너희를 길러 준 부모에게 용돈 드리고, 찾아뵙고, 효성을 다하라. 그것이 하나님께 효도하는 것이다.

- 하늘에는 선과 악의 창고가 있다. 자기 창고에 선이 많으면 천국으로 구원을 받고, 악이 많으면 심판받아 지옥으로 간다. 그것이 바로 "선한 일을 행한 자는 생명의 부활로, 악한 일을 행한 자는 심판의 부활로" 나오는 것이다.

- "선악과를 따먹지 말라"는 것은 양심을 지키라는 것이다. 선과 악을 구분할 수 있는 양심을 최초에 인간에게 주셨다. 선한 열매는 취하고, 악한 열매는 버리며, 양심에 비추어 부끄럼 없는 삶을 살아가라.

- 가장 작은 거짓말을 하지 않고, 가장 작은 죄를 짓지 않으며, 가장 작은 선행을 하고, 가장 작은 악행을 멀리하는 것이 율법의 일점 일획도 빠뜨리지 말고 다 지키는 삶을 사는 것이다.

7. 우상

- 박물관에 있는 불상은 하나의 예술품이다. 그 조각품에 대고 제 소원을 빌 때 우상숭배가 된다. 십자가라 하여도 그 앞에서 소원을 빈다면 우상숭배하는 것이며, 하나님께 소원을 빈다면 하나님을 우상으로 전락시키는 것이다.

- 지금 기복신앙에 젖어 있는 모든 사람이 우상 앞에 절을 하고 있다. 조각품을 우상이라며 파괴하지 말고, 네 마음속에 있는 욕심의 우상을 무너트리라.

- 생수를 약초가 먹으면 약을 만들고 독사가 먹으면 독을 만든다. 같은 성경을 봐도 선한 지도자는 신도를 천사로 만드는 데 활용한다. 그러나 욕심이 가득한 지도자는 재물을 거두어들여 제가 부귀영화를 누리는 데 악용한다. 그가 바로 성경을 우상숭배의 도구로 전락시키는 거짓 선지자다.

- 성경을 한 획도 빼거나 더하지 말라는 것은, 그 가르침을 빠트리지 말고 온전히 지키라는 것이다. 성경 속에서 자기에게 유리한 구절만 보는 것은, 자기에게 불리한 구절들을 빼 버리는 것이다. 믿음이 제일이요, 행함은 구원과는 관계없다는 것은 자신에게 유리한 쪽으로 성경을 악용하는 것이다.

- 진정한 종교 지도자는 종파에 관계없이 어떤 종파든 어떤 책이든 접하고 보고 깨우쳐 견문을 넓히도록 인도한다. 참진리를 모르고 자신이 없는 자가 남을 이단이라며 배척하고, 신도들의 눈과 귀를 가린다.

8. 예수

- 예수의 재림은 없다. 예수가 다시 온다 해도, 과연 누가 그를 예수라고 믿겠는가? 예수와 같은 삶의 행함이 곧 예수의 재림이다. 각자 모두가 "재림 예수"가 되는, 차원 높은 믿음으로 가야 한다.

- 예수는 "주여 주여 하지 말고, 아버지의 뜻대로 행하라"고 했다. 예수가 전한 하나님의 뜻이 곧 "길이요, 진리요, 생명"이며, 그 가르침이 예수의 보혈처럼 소중한 것이다. 예수를 믿는 것은, 예수의 가르침을 믿고 따르는 것이다.

- 예수는 낮은 자로서 만백성을 섬기고자 했다. 만나는 모든 사람을 다 하나님이라 생각하라. 돈을 벌수록 겸손하고, 높은 지위를 얻을수록 낮아지라.

▪ 예수는 종파를 만들지 않았다. 인간이 만든 종교와 인간의 교리를 따르지 말고, 예수를 통해 전한 하나님의 참진리를 연구하고 따르라.

▪ 예수가 2천 년 전에 만백성을 위해 죽었으니, 지금 이 땅에는 예수의 가르침대로 사는 천사만 존재해야 한다. 예수가 죽어 가면서 바란 것은 만백성이 천사가 되어 예수의 자리를 채워 주는 것이지, 지금과 같이 재물을 바치면서 중언부언 제 소원만을 비는 백성들을 바란 것이 아니다.

9. 구원

▪ 천사가 사는 천국에는 천사만 갈 수 있으니, 천사 같은 마음을 길러야 한다.

- "천국 열쇠를 네게 주리니 땅에서 무엇이든지 매면 하늘에서도 매일 것이라" 했다. 땅에서 천사같이 사는 자가 하늘에서도 천사가 되어 천국에 들어간다. 모든 사람에게 천사같다는 말을 듣는 삶을 살아야 한다.

▪ 천사의 곱고 아름다운 마음은 부모를 공경하고 어른을 어른으로 대접하는 데에서 출발한다. 효도하는 자는 형제와 화목하게 지내기에 가정이 화목해지고, 이웃과 화목해지고, 국가가 화목해지고, 온 인류가 화목해진다.

- 그러므로 지상의 아름다운 소왕국은 가정에서부터 이루어야 한다.

▪ 선택된 14만 명만 구원받는 것이 아니라, 천사처럼 변하고자 하는 14만 명을 기초로 온 인류가 천사처럼 거듭나는 영적인 개혁이 시작되는 것이다.

▪ 천 년에 걸쳐서 하늘에서 이루어진 것같이 이 세상을 낙원으로 만들어, 만백성이 지상의 천국에서 살다가 죽어서 그대로 하늘의 천국으로 들어가는, 영원한 지상 낙원을 건설하는 것이 하나님의 계획이다.

- 이것이 구약과 신약에 이어 "새로운 성경"으로 역사하시는 하나님의 창조의 완성이다.

▪ 지금의 믿음으로 구원받을 수 있다면 그 길을 가라. 그러나 자신이 없다면 하나님께서 직접 내리신 160권의 "새로운 성경"을 읽고 구원의 길을 보라!

하나님 머리말씀

이 새로운 성경을 읽는 너희 모두는
이 율법에 따라 행하면 영원히 구원받을 것이니라.

너희 인간이 수년, 수십 년, 평생
성서를 공부하고 기도하는 것은
하늘나라 나의 곁으로 오고 싶은 소망일진대,

몇천 년 전의 너희 인성과 생각이
지금의 너희와는 판이하게 다르니,

꺾여 가고 병들어 가는 너희를 고칠 수 있는 길은,
오늘 내가 선지자에게 내리는 새로운 성경과 같이
너희가 변화되는 것뿐이니라.

나의 예수가 태어난 것처럼
내가 아들 선지자를 선택하여
나의 새로운 성경을 온 세계에 전하고자 하니,

묵은 것은 버리고 새로운 것은 취하여,
너희 모두는
'여호와 하나님! 저의 죄를 용서하여 주옵소서.'
하는 기도문으로 기도하고, 죄를 뉘우치라.

이 새로운 성경은
수천 년간 내려온 성서를 요약한 것이니,
너희는 이 책을 정독하여 쉽게 깨달음을 얻고,
이대로 실천하여 하늘에 오르라.

대역자 머리말

■ 하나님의 율법을 지키는 선지자로 선택을 받도다.

저는 남들처럼 그저 열심히 살아온 평범한 사람이었습니다. 그러나 50대 중반에 사업에 실패하여 많은 부채에 시달렸으며, 건강도 악화되어 눈이 잘 안 보이고, 걷기도 어렵고, 두통이 심해서 잠을 이룰 수 없는 고통의 나날을 보냈습니다. 그때 제가 선택할 수 있는 것은 육의 삶을 끝내는 길뿐이었습니다.

죽기 직전에 그동안에 죄를 지은 이들에게 용서를 빌고 인생을 끝내기로 작정하였습니다. 어려서부터 지은 죄를 빌고 빌다 보니 끝이 없었고, 죽음으로도 그 많은 죄를 용서받을 길이 없다는 생각에 하염없이 눈물이 흘렀습니다. 그 순간 '재래식 화장실의 구더기는 죄를 짓지 않는데, 나는 인간으로서 구더기만도 못한 삶을 살았구나.' 하는 생각이 들면서 괴로움에 몸부림칠 때, 갑자기 하나님의 음성이 들렸습니다.

"나는 여호와 하나님이니라. 너는 십계명을 암송하고 내가 내려 주는 메시지를 받아 책으로 만들어 만백성을 구하라." 하시며, 제 눈을 손으로 문지르게 하시고, 아픈 머리와 다리를 손으로 두드리게 하셨습니다. 그러고 나니 눈도 잘 보이고 걸을 수 있었으며 머리의 통증도 말끔히 낫게 되었습니다. 그때부터 십계명을 암송하고 나면 들려주시는 말씀을 기록하였고, 1999년 8월부터 2004년 7월까지 권당 288쪽, 총 160권을 받아서 "새로운 성경"이라는 책으로 펴내게 되었습니다.

그러한 저에게 죽기보다도 힘든 길이 시작되었습니다. 모든 교인들이 저에게 사탄이요, 이단이요, 악마요, 마지막 시대에 온 거짓 선지자라 하면서 공격하였고, 저를 짐승을 보듯이 대하는가 하면, 편협한 종교 지도자들의 선동으로 신도들이 이 책을 직접 읽어 보고 평가할 기회마저 막아 버렸습니다. 그래서 하나님의 말씀을 세상에 내는 데 많은 어려움을 겪으며, 피를 토하는 심정으로 책을 전하고 있습니다.

그러나 아무리 인간의 힘으로 막으려 해도, 하나님의 뜻이 세상에 전해지는 위대한 역사는 계속될 것입니다. 책으로 전해지는 "하나님의 말씀"은 세상 끝날까지 항상 우리와 함께하실 것입니다. 사람은 죽어도, 책에 기록된 말씀은 영원히 남으니까요.

■ 따뜻한 실천

하나님께서는 어려운 사람들에게 삶의 터전을 마련해 주고, 미래를 열어 주는 것을 기뻐하십니다. 어려운 이웃이 스스로 자립할 수 있도록 이끌어 주는 것이 진정으로 이웃을 돕는 것이라고 말씀하셨습니다. 그래서 일자리가 없는 제자들에게 작은 사업장을 만들어 주는 "달란트 사업"을 하고 있습니다. 식당, 반찬 가게 등을 차려 주고, 기존의 어려운 사업장이 자립할 수 있도록 돕고 있습니다(커피숍, 미용실, 의상실 등).

하나님께서는 교회에 나와서 모든 시간과 재물을 쏟기를 원하지 않으시고, 그 시간과 재물을 교육에 투자하여 스스로 미래를 열어 가기를 원하십니다. 그래서 제때 공부하지 못한 제자들에게 학업을 이어 가도록 하였습니다. 중화요리 주방장을 하며 초등학교 검정고시부터 공부하여 2012년에 방통대를 졸업한 36세 남성, 만학도들의 2년제 중학교에 입학해서 2007년에 명지대학을 졸업한 38세 여성, 중학교 검정고시를 시작으로 숭의여자대학을 졸업한 47세 여성 등이 있습니다. 그밖에도 많은 제자들에게 나이를 초월하여 배우고 깨우쳐서 사회 속의 당당한 일원이 되도록 인도하고 있습니다.

학자금 대출로 힘겨워하는 젊은이들을 위해 "따뜻한 바람 장학회"를 발족하여(2016년 12월) 대출받은 학자금 전액을 매월 갚아 주고 있습니다. 또한, 다문화 가정을 위해 "다문화 가족 랜드"를 조성하여, 각종 시설을 무료로 활용하도록 하고 있습니다.

이러한 따뜻한 실천이 아직은 미약합니다. 그러나 책의 수입이 늘고, 저와 뜻을 같이하는 분들이 늘어나면 계속 확대할 것입니다. 지도자로서 신도의 재물을 헌금으로 거둬들여 착복하는 것이 아니라, 하나님께서 기뻐하시는 일에 사용하도록 중매 역할만 하며 살아가고자 합니다. 이런 제가 과연 사탄이고 이단인가요? 하나님께서 기뻐하시는 일이라면, 저에게 사탄이라 하든 거짓 선지자라 하든 굽히지 않고 실천해 나갈 것입니다.

끝으로, 일상의 삶 속에서 "지금 내가 하는 행동이 과연 하나님께서 기뻐하실까, 슬퍼하실까?" 생각하고, 매사에 하나님께서 기뻐하시는 길을 택하기 바랍니다. 교회에 모여서 집단적으로 예배 드리는 것이 아니라, 개인이나 가정 단위로 새로운 성경을 읽어 스스로 깨우치고 그대로 행하면 충분합니다. 그것이 마음속에 성전을 짓고, 신령과 진정으로 예배 드리는 길입니다. 그러면 천국의 문에 들어서게 됩니다.

2017.2.1.

하나님 말씀 대역자 김용철

차 례

십 계 명

이 책은 십계명을 암송하고 나면 내려 주시는 "하나님의 음성"을 듣고 그대로 받아쓴 기록입니다. 하나님께서 십계명을 모세에게 내려 주셨지만, 그것은 만백성에게 내려 주신 것입니다. 마찬가지로 이 책의 모든 말씀도 저에게 내려 주셨지만, 만백성 각자에게 들려주시는 말씀입니다. 여러분도 이 책을 접할 때마다 십계명을 암송하고 나서 정독해 주시기 바랍니다.

제일은, 너는 나 외에는 다른 신들을 네게 있게 말지니라.
제이는, 너를 위하여 새긴 우상을 만들지 말고, 또 위로 하늘에 있는 것이나, 아래로 땅에 있는 것이나, 땅 아래 물 속에 있는 것의 아무 형상이든지 만들지 말며, 그것들에게 절하지 말며, 그것들을 섬기지 말라.
제삼은, 너는 너의 하나님 여호와의 이름을 망령되이 일컫지 말라.
제사는, 안식일을 기억하여 거룩히 지키라.
제오는, 네 부모를 공경하라.
제육은, 살인하지 말지니라.
제칠은, 간음하지 말지니라.
제팔은, 도적질하지 말지니라.
제구는, 네 이웃에 대하여 거짓 증거하지 말지니라.
제십은, 네 이웃의 집을 탐내지 말지니라.

나 여호와가 존재함을 믿는 그 자체가 구원의 길에 들어서는 기본이요, 근본이며, 나의 새로운 성경을 가슴에 안고 정독하는 자, 반석 위에 서서 하늘에 오르는 찬란한 빛을 보게 되는 영광을 얻게 됨이니라. 진정 나를 따르고 믿는 자는 감히 사탄이나 마귀도 근접하지 못하느니라.

〈하나님 말씀〉

2003년 12월

8,836 번째 하나님 말씀

2003년 12월 20일 09시 35분

1 사랑하는 나의 아들아!
2 "네, 아버님! 말씀하옵소서."
3 너희들이 사랑을 행하고 실천하고 산
다면 천 가지 만 가지 그 모두를 다 이
길 수 있으며, 그리하여 그것만이 모
두를 다스릴 수 있다 가르친 나 여호
와의 뜻을 너희들은 깊이 받아들여,
생활에서 그리 행하도록 해야 될 것이
니라.
4 그러니 사랑을 행하지 아니하고 가는
것은 천 가지 만 가지를 다 이기고 다
스리지 못하는 것이니라.
5 그러니 그를 이기지 못하는 자, 사랑
을 행하지 못하는 백성은 물욕이요,
명예욕이요, 부귀영화를 쫓고 쫓는 그
마음을 버리지 못하고 사는 자들이요,
또한 벗어나지 못함이니,
6 그 벗어나지 못한 자가 사랑을 행하고
살 수 없는 자요, 벗어나지 못한 자는
결코 사랑을 행하고 사는 백성이 아님
을 너희들은 알아야 될 것이니라.
7 그러니 사랑을 행하지 않는 백성이 아
무리 재물을 들여 곱게 분단장하고 하
얀 옷을 입어 천사처럼 꾸미고 또 꾸
민다 해도, 아무리 너희와 같이 꾸민
다 해도,
8 나로부터 그 영혼이 들림을 받고 하늘
에 오르는 그와 같은 영광을 얻지 못
한다는 것을 너희들은 알아야 될 것이
니라.
9 내가 너희들에게 무어라 말하였느냐,
10 천사들이 눈이 어두워 너희가 재물로
써 분단장을 하며 거짓된 천사와 같이
꾸민 것을 보고 너희들을 천국에 받아
들인다 해도,
11 너희들은 그 천국에서 숨을 쉴 수 없
으며 네 자리를 지킬 수 없어, 너희 스
스로 지옥으로 기어 내려가는 그와 같
은 형국이 하늘의 법도라 하지 아니하
였느냐?
12 너희들은 이를 알아야 될 것이니라,
너희들이 아무리 재물을 들여 분단장
을 하고 곱게 꾸며 천사와 같이 한다
해도, 절대 나에게 오를 수 없다는 것
을 잊지 말라.
13 까마귀라는 짐승이 아무리 하얀 분칠
을 하여 둔갑한다 해도, 비가 내리면
그가 씻어지며, 물에 젖으면 제가 다
감추지 못하는 그와 같은 형국을 너희
들은 알아야 될 것이니라.
14 이제 사랑을 모르는 백성, 너희가 성
서를 밤낮으로 연구하면 무엇하며 너
희들이 지금 깨달았다 말하면 무엇하
느냐?
15 그리고 너희들이 말세의 답이 있으며
말세에 풀어야 될 것이며 말세의 모두
가 그 안에 답이 있다는 '요한계시록'
이라는 그것을 가지고 너희들이 풀어
서 만백성을 구하겠다고 너도 나도 성
인인 체하는 자들, 너희들이 과연 그
것을 풀 수 있다 생각하느냐?

16 아무리 혈안이 되어도 너희들은 그를
풀 수 없으며 그 대답을 얻을 수 없음
이니라.
17 사랑하는 마음이요, 나의 아들 예수와
같은 마음이요, 천사와 같은 마음이
아니고는 너희들은 성서의 내막을 알
수 없으며,
18 요한계시록을 아무리 풀어서 백성을
구한다 하며, 그리고 제가 명을 받은
성인인 체하며 저희들이 나로부터 명
받은 자라 아무리 둔갑을 해도, 너희
들이 그를 풀기 위하여 밤낮 고생한다
해도, 혈안이 되어 너희들의 모두를
다 바친다 해도, 그를 풀 수가 없는 것
이니라.
19 나의 계명, 나의 법전대로 너희들이
사랑을 베풀며 그대로 행하고 살면 되
는 것을,
20 이를 받아들이지 아니하며 이를 역사
하지 아니하고는 너희들이 아무리 풀
려고 발버둥을 쳐도 절대 아무것도 풀
지 못하고, 풀 수 없음을 너희들은 알
아야 될 것이니라.
21 지금 '요한계시록'이라는 것을 저는
풀었으며, 거기 있는 답을 안다 하여
너희들이 그를 믿고 따르라며 나의 백
성을 지금 유혹에 빠트리니,
22 거짓 진리에 속아 다시 태어날 수 있
는 기회를 놓치도록 나의 백성의 그
앞길을 막지 말라.
23 너희들은 자신을 다스리는 것과 사랑
하는 것을 모름이니라.
24 저 자신이 사랑을 실천하는 것을 못
하는 자들이 어찌하여 그를 풀 수 있
단 말이더냐?
25 절대로 그를 풀지 못하는 것이 너희들
이니라.
26 그러니 지금 성서의 요한계시록, 거기
에 붙들려 그것을 풀어 만백성을 구하
는 길을 인도한다 하여, 그리고 저희
들이 풀었다 하여 저 자신도 죽고 남
도 죽이는 그 일을 더 이상 계속하지
말라.
27 이제 너희들은 중단하라, 그 모두를
다 중단하고 너희들은 나의 법전에 기
록되어 있는 사랑을 행하고 실천하라.
28 그것만이 너희들이 구원을 받을 수 있
는 길임을 알아야 될 것이니라.
29 이제 총체적인 나의 법전이요, 그리고
모두가 담겨 있는 나의 성령이 지금
내려감이니,
30 너희들은 이를 보고 깨우쳐 네 이웃을
네 몸처럼 사랑하는 그와 같은 삶을
살아가지 아니하면 아니 됨을 알라.
31 내가 너의 제자 중에서 그들이 이제는
바른길을 보며 바른 역사를 하고자 하
기에 전함이니,
32 너희들은 요한계시록이라는 것을 풀
어서 그것으로써 백성을 구한다는 거
기에 젖어 있어서는 아니 될 것이니라.
33 내가 너의 제자들에게 명함이니라,
'홍철화'와 '허영이', 너희가 이제는 정
신을 차렸음이니, 내가 너희들의 눈을
뜨게 하고자 하며 너희들의 귀를 열어
주고자 함이니 너희는 알라.
34 또한 너희들과 더불어 만백성을 구하
고자 함이니, 너희들은 부질없이 불필
요한 계시록을 붙들고 제가 선지자요,
제가 명받은 자라 하여 나의 백성들을
울리고 저도 지옥으로 가며 남들도 지

옥으로 가게 하는 그들을 깨우치는 데
너희들이 앞장서야 될 것이며, 그들을
다스려 나가야 될 것을 잊지 말라.
35 내가 너희들의 마음 자세요, 너희 부
부의 자세요, 바로 서려는 그 마음을
알고 있으며, 이제는 너희들이 나의
법전의 위대함을 알며 나의 법전이 무
엇인가 알며,
36 너희들이 만백성을 깨우쳐 가르친다
는 그 계시록에 얽매인 것, 그 모두가
부질없는 삶이라는 것을 이제야 깨달
았음이니,
37 그 이치를 아무리 붙잡고 너희들이 깨
닫는다 해도, 사랑을 모르며 사랑을
베풀지 아니하면 그 의미를 알 수 없
으며 나의 백성을 죽이는 역할만 하게
되어 있음이니 그리 알라.
38 그것이 바로 사탄이요, 사악한 자들이
라는 것을 너희들은 알아야 될 것이니
라.
39 이제 너희들이 스스로 깨달았으며 그
리 알고 감이니, 이제 계시록이라는
걸 잡고 제가 선지자요, 선택된 백성
이라며 그리하여 나의 백성을 현혹하
며 유혹하는 그들, 저도 죽고 남도 죽
이는 그들을 너희들이 앞에서 깨우쳐
야 될 것이니 그리 알라.
40 그리하여 내가 이제 너희들의 눈을 뜨
워 주며 너희들의 귀를 열어 줌이니,
이것이 너희들이 나의 아들을 따르는
그 공이며 나의 법전을 읽고 깨우친
공이니 그리 알라.
41 사랑하는 너희 부부를 다시 한 번 내
가 기억함이니라.

8,837 번째 하나님 말씀

2003년 12월 20일 10시 06분

1 사랑하는 나의 아들아!
2 "네, 아버님! 말씀하옵소서."
3 너희들이 지금까지 수천 년 동안 믿음
을 가져 오면서 부르짖고 부르짖은 것
이 무엇이더냐?
4 각종 헌금을 바치도록 만들었으며, 그
리고 너희들은 십일조를 거둬들이는
그 행위를 했음이니, 지금까지 너희들
이 한 행위가 무엇인 줄 알겠느냐?
5 너희들은 나 여호와의 뜻이요, 나의
아들 예수를 경배하며 예수를 '주'라
찬양하며, 그 보혈로써 은혜를 받은
자요, 그리하여 그 은혜에 보답한다며
허울 좋게 그리 말은 했음이니라.
6 그러나 너희들이 정녕 나의 아들 예수
의 보혈에 감사하며 대속받은 자라 생
각하며 그 은혜를 갚고자 한다면, 너
희들은 각종 헌금이라는 것에 이름을
붙여 나의 백성들로부터 재물을 착취
하면 아니 되며,
7 더욱이 십일조라는 것을 거둬들인 행
위, 이것은 다 나의 뜻을 거역하는 것
이 아니고 무엇이더냐?
8 너희들은 그것을 알고 있는가?
9 그와 같은 행위를 한 그 백성들도 무
엇인 줄 알겠느냐?
10 거짓 선지자요, 나의 백성들로부터 노
략질하는 자들에게 너희들이 그 열매
가 살이 찌도록 한 것이며, 그에게 힘
을 실어 준 것이며, 사탄이 굳건히 일
어설 수 있는 행위를 하고 있었던 것
이 너희들임을 알아야 될 것이니라.

11 이제 너희들은 알아야 될 것이니라.
12 내가 나의 법전에 기록하여 전했음이
니, 이를 읽고 깨우친 자가 그와 같은
행위를 하는 자, 내가 용서치 아니할
것이니라.
13 너희들은 헌금이요, 십일조요, 그와
같은 거짓 노략질하는 자에게 재물을
바침이니, 양의 탈을 쓴 사탄에게 너
희들이 그를 배불리 먹이는 짓을 하고
있음을 알아야 될 것이니라.
14 내가 너희들에게 무어라 가르쳤느냐?
15 일찍이 성경에 기록하여 가르쳤듯이,
가시나무에서 맛있게 익은 과일이요,
양식이 되는 그 열매를 수확할 수 없
는 것이라 내가 그리하지 아니하였더
냐?
16 지금의 신도들과 그리고 믿음의 길을
가는 종교 집단이요, 지도자 너희들로
서는 어떠한 그 결실의 열매도 거둘
수 없는 것임을 알아야 될 것이니라.
17 지금의 종교 집단이요, 믿음의 길을
가는 백성 너희들은 사과나무에서 배
를 수확한다고 대드는 자들이며, 배나
무에서 사과를 수확하고자 대드는 자
들이니라.
18 그러니 사과나무에서만 사과를 수확
할 수 있는 것이며, 배나무에서만 배
를 수확할 수 있는 것이며, 잣나무에
서만 잣을 수확할 수 있다는 그 순리
의 법칙을 너희들이 어찌 감히 어기고
산단 말이던가?
19 그러니 내가 지금 그와 같은 자들을
다 버리고자 하며 베어 버리고자 함이
니라.
20 그리하여 나는 나의 사랑하는 백성,
나의 인간의 나무를 세상에 심고자 함
이니라.
21 그리하여 인간의 나무를 세상에 심어
사람을 수확하고자 하는 것이 나 여호
와의 뜻이요,
22 그리하여 사람을 수확하는 그 열매를
가지고 너희들이 나의 나라에 와 거듭
나는 생명의 은혜를 얻을 수 있도록
기회를 주고자 하는 것이 나 여호와의
뜻이니라.
23 그리하여 내가 법전을 내려보내는 것
이며, 나의 아들을 통하여 160권의 이
어렵고 힘든 길을 가 너희들을 구하고
자 하는 것이 나 여호와의 뜻이거늘,
24 어찌하여 너희들은 이를 사탄이요, 이
단이요, 사악한 자라 하여 나의 아들
의 가슴에 그와 같이 상처를 주며, 나
의 법전을 태우려 하며,
25 종교 지도자라는 자들이 이를 들고
'이는 사탄이요, 사악한 자니, 이 말을
따르지 말며 이 법전을 읽지 말라, 이
법전을 접하고 읽는 순간에 너희는 지
옥행이라' 그리 나의 백성을 가르치는
가?
26 내가 인간의 나무를 심어 사람을 거두
고자 수확하고자 하는 이 뜻을 거역하
는 것이 너희들이 아니고 누구더냐?
27 지금 종교 집단이요, 지도자들이 단상
에 서서 '하늘에 오르는 길'이요, '하나
님! 말씀하옵소서.'라는 이 책은 사탄
이요, 마귀가 역사한 것이니 이걸 읽
는 순간 너희들은 지옥행이라, 그러니
이를 보는 대로 태워 버리며 찢어 버
리며 그 누구에게도 읽게 하지 말라
하니,

28 그리 가르치는 오늘의 종교 집단이요,
지도자요, 또 광신도들이 하고 있는
짓이 2천 년 전 나의 아들 예수가 세
상에 와 너희들을 개혁하며 바로 세우
고자 했던 그때, 이는 사탄이요, 귀신
의 자식이요, 악마의 자식이라 하여
나의 아들을 죽도록 몰아붙인 자들이
무어라 말했느냐?
29 예수가 하는 이야기를 듣지 말며 그가
하는 이야기에 귀를 막으라, 그를 듣
는 자 그를 따르는 자는 그 순간에 지
옥행이요, 구원을 받지 못하니, 그러
기에 돌팔매를 하라, 그를 죽도록 하
라, 그리 너희들이 조종하지 않았느냐?
30 그리하여 너희들이 간교한 방법으로
써 결국은 나의 아들을 그리 고통스럽
게 죽게 했으니,
31 만백성이 그의 강론을 들었으며 그가
전하는 것을 들었더라면 오늘에 사과
나무에서 사과가 열리는 그와 같은 역
사를 이루었거늘,
32 너희들이 그를 죽임으로 하여 오늘과
같이 가시나무에서 열매를 딴다고 몸
부림치는 자들이며, 그와 같은 가시나
무에서 사과요, 배요, 만백성이 먹을
수 있는 과일을 딸 수 있다고 하여 너
희들이 지금 나의 백성의 눈을 가리고
왔느니라.
33 그러나 또 다시 내가 너희들을 불쌍히
여겨, 내가 하늘에 오르는 길이요, 진
정한 참진리를 깨우쳐 주고자 나의 아
들을 통하여 이 법전을 세상에 내려보
냄이니,
34 그 법전을 높이 들어 너희들이 단상에
서서 말하기를, 이 파란 책이요, '하늘
에 오르는 길'이요, '하나님! 말씀하옵
소서.'라는 이것은 사탄이요, 마귀가
하는 것이니, 절대 보지도 말고 듣지
도 말며 집안에 들여놓지도 말라, 이
를 가지고 있는 자 지옥 행이요, 멸망
으로 갈 것이라 그리 가르치고 그리
전하고 있으니,
35 바로 2천 년 전의 그 사악한 자들이
나를 배신하고 나에게 등 돌렸던 짓을
오늘의 종교 집단의 지도자 너희들이
하고 있는 것을 알고 있는가?
36 그러니 지금의 현명한 나의 아들딸,
너희들은 들으라.
37 2천 년 전에 나의 아들 예수가 세상에
나갔으니, 그를 사탄으로 몰아 참혹하
게 죽였던 자들이 지금 나의 법전이
요, 너희들을 구원할 수 있는 유일한
나의 이 새로운 성경이 너희에게 전해
지는 것을 막고, 태워 버리라, 찢어 버
리라 하는 자들이니,
38 바로 그들의 말에 현혹되어 그를 따르
는 자는 그 순간에 죽음의 길을 갈 것
이니라.
39 그러나 그를 보고 깨우쳐 법전을 높이
들고 '나를 따르라!' 외치는 자, 그리
고 이는 진정한 나 여호와의 뜻이니
너희들이 읽고 보고 평가하여 거기서
뛰쳐나오는 자는 불 속에서 살아나오
는 백성과 같음이니 그는 나에게 목숨
을 한 번 바친 자요,
40 그러니 그와 같은 자를 내가 기억할
것이며, 네가 그 길을 계속 달려올 때,
내가 너를 두 팔로 반겨 줄 것이니 그
리 알라, 사랑하는 나의 아들딸들아!

8,838 번째 하나님 말씀

2003년 12월 20일 10시 09분

1사랑하는 나의 아들아!
2"네, 아버님! 말씀하옵소서."
3나의 법전을 읽고 강론을 들으며 행하
고자 하는 너희들은, 어떻게 살며 어
떠한 행위가 하늘에 오르는 길인지를
이제 알 것이며, 그 길을 가고자 노력
하는 백성으로 변하는 삶을 살아야 됨
을 절대 잊지 말며 명심해야 될 것이
니라.
4또한 어떠한 사람의 형태를 갖춰야 하
늘의 나에게 오를 수 있으며, 어떠한
행실로써 어떠한 인간의 모습으로 만
백성에게 보여 주고 사는 것이 나에게
오르는 것인지를 너희들은 이제 알고
있지 않으냐?
5그것 하나를 깨닫고 그것 하나를 얻은
것으로써 너희들은 나에게 무엇을 더
바라며 나의 아들에게서 무엇을 더 얻
고자 하느냐?
6그 이상 너희들이 무엇을 얻고 원하고
자 한다면 이는 너희들의 욕심이요,
그 욕심을 버리지 못한 자이니, 아무
것도 얻을 수 없다는 것을 너희들은
알아야 될 것이니라.
7하늘에 오르는 백성이 살아가는 길이
무엇이며, 그가 어떠한 모습과 어떠한
행실로써 살아가야 되는지 그 답을 알
게 된 너희가 얼마나 나로부터 큰 영
광이요, 축복을 받은 백성인 줄 알겠
느냐?
8자기가 가야 할 목적지를 모르고 가는
백성들과 그리고 캄캄한 밤에 그 속에
서 허덕이는 백성 중에 너희들은 광명
의 길을 보며 곧고 바른 그 길을 따라
옴이니,
9너희들은 목적지를 알고 가는 자들이
요, 목적지에 가는 길에 들어선 너희
들이 얼마나 축복이고 영광인 줄 알겠
느냐?
10그러니 나의 법전을 정독하며 강론을
듣는다 하여 너희들이 육의 생활에서
무엇을 더 이루고자 얻고자 하는 생각
을 저버리라.
11너희들은 하늘의 뜻이 무엇이며 나에
게 오르는 백성이 어떠한 형태로 어떠
한 행실로써 곧게 와야만 되는지 그걸
알기에, 오로지 그 길을 따라오고 그
길만 가고 있는 백성 너희들이야말로
이 세상 것을 다 주고도 얻을 수 없는
영광이요, 나로부터 큰 축복을 받았음
이니,
12그를 감사하는 마음으로 살아가는 것
외에 다른 생각을 한다면 너희들이 욕
심을 지우지 못한 자요, 욕심을 버리
지 못한 자들이니,
13그를 뽑아내지 못했다면 너희들 또한
지옥으로 가는 길을 가고 있다는 것을
잊지 말라, 사랑하는 나의 아들을 따
르는 제자들아!

8,839 번째 하나님 말씀

2003년 12월 20일 10시 13분

1사랑하는 나의 아들아!
2"네, 아버님! 말씀하옵소서."
3이제 나의 백성들은 알아야 될 것이니
라.

4 좋은 나무마다 아름다운 열매를 맺고, 못된 나무는 나쁜 열매를 맺는 것은 하늘의 이치라는 것을 너희들은 알지 않느냐?
5 좋은 나무는 아름다운 열매를 맺으며, 그리고 좋지 못한 나무는 아름다운 열매를 맺지 못하며 나쁜 열매만 맺는 것이 하늘의 이치라는 것을 너희들이 알고 있다면,
6 이제 너희들은 수천 년 동안 흘러온 종교 집단이 지금 가고 있는 그 폐습과 관습이 과연 아름다운 나무요, 좋은 나무인가,
7 그렇지 않으면 160권의 법전을 기록하여 만백성을 구하겠다 하여 단신으로 부르짖고 있는 나의 아들의 그 음성이 과연 너희들이 듣기에 아름다운 나무인가, 이를 구분할 때가 되지 아니하였느냐?
8 나의 아들을 통하여 내리는 나의 법전은 너희들이 악함과 선함을 구분하게 되어 있으며, 악함을 행하고 살라 하지 아니하였음이니라.
9 자기 자신을 버려 남을 구하는 그와 같은 삶을 살라 하는 것이니라.
10 그러나 오늘의 종교 집단이요, 지도자 그들이 살아가는 형태는 무엇이더냐?
11 저희 종교 집단과 지도자 그들을 간단히 하나만 내가 예를 들어 너희들의 눈을 열어 주고자 함이니라.
12 저보다 어렵고 불쌍한 그와 같은 자라도 재물을 바치면 구원을 받을 것이라 그리 가르치느니라.
13 어려울 때 더 많은 재물을 바치며, 어려울 때일수록 재물을 바치는 그와 같은 자만이 축복을 받으며, 굶주릴 때 너희들이 그 굶주림을 마다하지 아니하고 재물을 바치는 자는 큰 은혜를 하늘에서 내려 준다 그리 가르치느니라.
14 한 끼 먹을 것이 남아 있는 자에게 그것까지도 갖다 바치라 말하며, 그리 바치면 더 큰 은혜와 영광이 있다 말하는 것이 오늘의 종교 집단이요, 지도자들이니, 그들이 가고 있는 것이 과연 이것이 사랑이며 실천이더냐?
15 나 여호와는 좋은 나무에서 아름답고 좋은 열매를 맺을 수 있다 하였음이니, 이는 곧 무엇이더냐?
16 진정한 사랑을 실천하는 것이 곧 아름답고 좋은 나무이니라.
17 그러니 과연 그들이 사랑을 실천하는 것인가, 아니면 나의 아들이 지금 단신으로 홀로 부르짖으며 실천하여 가고자 하는 것이 사랑의 실천인가, 너희들이 이를 들여다보면 그 모두를 알 수 있을 것이니라.
18 그러니 한 끼 남은 것까지도 모두 바치라고 소리 지르는 자와, 한 끼를 위하여 미래를 위하여 거기다 더 얹어 주고자 하는 나의 아들이 가는 그 행동 중에서 과연 어떤 것이 사랑이더냐?
19 나의 뜻은 사랑이요, 사랑을 실천하는 것이 내 뜻이라 하였음이니,
20 어떠한 자가 사랑을 실천하는 것이며, 어떤 것이 좋은 나무요, 나쁜 나무인가를 너희들은 알아야 될 것이니라.
21 그러니 어떤 나무에 너희들이 매달려 그 결실을 볼 것인가, 너희들은 어떤 나무를 선택하여 심어야만 좋은 열매

를 거둘 수 있는 것인가, 이는 너희들
이 선택해서 행해야 될 과제임을 알라
그리 전하라.

8,840 번째 하나님 말씀

2003년 12월 20일 10시 17분

1 사랑하는 나의 아들아!
2 "네, 아버님! 말씀하옵소서."
3 좋은 나무가 나쁜 열매를 맺을 수 없
고, 못되고 좋지 않은 나무가 아름다
운 열매를 맺을 수 없다 내가 일찍이
너희들에게 기록하여 깨우쳐 주었음
이니라.
4 그러나 좋은 나무요, 나쁜 나무를 구
분하여 심고 가꿔야 하는 것이 너희들
의 도리이나, 나의 백성이 그를 구분
하지 못하며 그를 알지 못하고 있음이
니, 이를 어찌한단 말이던가?
5 그 기준이 과연 무엇이더냐?
6 너희들은 여기서 하나 깊이 깨우쳐야
될 것이니라.
7 좋은 나무라는 것은 사랑을 실천함이
요, 나쁜 나무라는 것은 사랑을 실천
하지 않는 자요, 거짓된 짓을 하고 살
아가는 자들이라는 것을 너희들은 알
라.
8 너희들은 지금 깨달아야 될 것이니라.
9 어떠한 자들이 나의 뜻을 거역하는 자
요, 사랑을 실천하지 않는 자인가, 내
가 대표적인 예를 수없이 들었음이니
라.
10 내가 너희들에게 무어라 말하였느냐?
11 죄의 온상인 교회를 짓지 말라 하였으
며, 재물을 거둬들이지 말라 하였으
며, 금화와 은화를 갈취하는 행위를
하지 말라 하였음이니라.
12 그러니 창조주 나 여호와가 명한 것을
그대로 행하지 아니하며, 그를 거역하
고 지키지 않는 자들이 좋은 씨앗인가
나쁜 씨앗인가 너희들은 이제는 구분
해야 될 것이니, 그리 알아야 될 것이
니라.
13 이를 구분하지 못하면 너희들은 영영
나로부터 구원을 받을 수 없음이니라.
14 그러니 내가 성경이라는 걸 통하여 너
희들에게 깨우쳐 주고자 했으나, 욕심
이라는 것이 눈을 가려 너희들이 성서
의 비유의 뜻을 알지 못함이니,
15 그리하여 사랑하는 백성 너희들이 지
옥으로 흘러가는 것을 내가 막기 위하
여, 지금 마지막 나의 사랑하는 아들
을 통하여 너희들을 가르치고 깨우치
기 위하여 160권의 법전이 내려감이
니,
16 이를 너희들이 정독하고 깨우치지 아
니하면 아니 됨이니라.
17 이를 깨우치고 읽는 자, 아름다운 나
무를 볼 것이며 너희들이 좋은 열매를
거둘 수 있는 그와 같은 결과를 얻을
것이니라.
18 그러나 아름다운 좋은 나무로써 좋은
열매를 맺지 못하고 나쁜 나무에서 나
쁜 열매를 거둬들이는 그와 같은 역사
만 너희들이 한다면 과연 어찌하는가?
19 너희들은 여기서 하나를 깨우쳐야 될
것이니라.
20 좋은 나무를 잘 가꾸어 좋은 열매를
거두기까지는 너희들의 피나는 노력
이 필요하나,

21 못된 나무를 그저 방치하여 못된 열매
를 거둬들이는 것은 너희들이 다스리
고 가꾸지 아니해도 되기 때문에 너희
들의 노고요, 수고로움이 없어도 그와
같은 역사는 이루어질 것이니라.
22 그러니 너희들이 어떠한 길을 선택하
겠느냐?
23 그러나 이제 너희들은 알아야 될 것이
니라.
24 정녕 나쁜 나무로서 좋은 열매를 맺지
못하는 것은 내가 찍어서 불에 태워
버리는 그와 같은 역사가 시작되었음
이,
25 지금이라도 너희들이 좋은 씨앗을 심
으며 좋은 씨앗을 가꾸는 데 최선을
다하지 아니하면 아니 될 것이니라.
26 그러니 너희들은 나의 법전을 읽고 너
희들의 마음속에 좋은 열매를 맺을 수
있는 아름다운 씨앗을 지금서부터 심
으라.
27 그를 심는 자는 내가 찍어 불에 태우
지 아니할 것이요, 그를 심지 않고 거
부하는 자는 나로부터 찍혀 불 속에
태워질 것이니 그리 알라.

8,841 번째 하나님 말씀

2003년 12월 20일 10시 23분

1 사랑하는 나의 아들아!
2 **"네, 아버님! 말씀하옵소서."**
3 이제는 사랑하는 나의 백성 너희들이
선택의 때가 왔음이니라.
4 지금의 종교 집단과 지도자들, 그리고
구원을 받았다며 광분하는 그들과 너
희들이 같이할 것인가, 그리고 영원히
그 길을 따라갈 것인가, 대중적인 사
람이요, 그 능력이요, 그 재물이요, 그
집단을 보고 과연 너희는 믿음의 길을
선택할 것인가,
5 그렇지 아니하면 단신으로 홀로 부르
짖는 새로운 성경이요, 창조주인 나
여호와의 새로운 뜻이 세상에 내려오
니, 너희들이 이를 읽고 깨우치지 아
니하면 하늘의 이치요, 하늘의 뜻을
볼 수 없다 부르짖는 나의 아들을 선
택하여 너희들이 같이 한 시대를 열어
갈 것인가, 이제는 결정할 때가 되었
음을 너희들은 알아야 될 것이니라.
6 그리하여 너희들이 이제는 결정할 때
가 되었기에, 내가 심판하는 시대요,
마지막 시대를 지금 열어 가고 있는
것이니라.
7 그리하여 나의 아들을 통하여 동양의
작은 나라의 언어요, 풍습으로써 이
세상을 덮고자 하며 그 모두를 통일하
고자 하는 것이 나 여호와의 뜻이니라.
8 그러나 너희들이 어찌 생각하는가?
9 모든 백성들이 이 동양의 작은 나라에
서 어찌 그 언어가 세상을 통일하며,
그와 같은 관습이 어찌 세상을 통일하
며,
10 넓고도 방대한 큰 세력들이 수없이 많
은 이 세상에서 어찌하여 동양의 작은
나라에 한갓 아무것도 모르는 미물과
같은 한 사람으로부터 그가 전하여 듣
는 그 법전이요, 이 160권의 책이 세
상을 통일하고 덮는다 그리 말하겠느
냐, 그리 말할 수 없으며 이는 믿을 수
없으며 역사할 수 없다 그리 말하는
자 있으며,

11 그리고 동양의 작은 나라에 살면서도
저의 나라에서 이루어지는 그 모두는
있을 수 없으며 역사할 수 없다, 그저
남의 나라의 종이요, 남의 나라의 머
슴으로 살아가며 남들이 주는 것을 얻
어먹고 사는 것만으로도 동양의 작은
나라에 사는 그 백성이 영광이라 그리
말하는 자 있으니,
12 그들이 얼마나 어리석고 얼마나 불행
한 백성이냐?
13 그러니 그들의 믿음이 과연 나의 믿음
이며, 나를 선택한 백성이 가는 길이
라 말하느냐?
14 이제 너희들은 들어야 될 것이니라.
15 이 동양의 작은 나라에서 작은 나의
아들이 모두를 역사하며, 이것이 세상
을 덮으며, 이것이 새로운 성경이요,
이것을 보고 깨우치지 아니하면 구원
을 받을 수 없으며, 언어가 통일되며
모두를 지배한다는 것, 그리고 하나로
이루어진다는 것,
16 이것을 부정하는 자, 이것은 있을 수
없는 일이며 꿈에도 생각할 수 없다
말하는 종교 집단의 지도자가 있거든,
17 너는 모세가 역사한 그 지팡이가 무엇
인가 물어보라.
18 창조주 나 여호와를 믿으며, 그 백성
이라 하며 선생이라는 자가 썩은 나무
뿌리 하나를 가지고도 모두 역사할 수
있는 것이 나 여호와거늘,
19 어찌하여 너희들이 그러고도 나를 믿
는 백성이요, 종교 지도자라 말할 수
있는가 물으며, '사탄아! 물러가라.'
너희들은 그리 소리 지르라.
20 너희는 정녕 나 여호와의 전지전능함
을 아는가?
21 말로써 전지전능하다면서, 이 작은 동
양의 나라가 무엇이 부족하며 무엇을
역사할 수 없단 말이더냐?
22 그러니 썩은 나무 뿌리 하나 가지고도
모두를 역사하는 것이 나 여호와의 전
지전능함이거늘, 너희들이 그러면서
도 나를 믿는다 말하느냐?
23 나 여호와를 진정 믿지 못하는 자들이
하는 말이요, 그러니 나를 믿지 못하
는 자는 사탄이요, 이단이라 그리 말
함이니라.
24 그러면 너희들은 전지전능한 나 여호
와라 그 말을 찾지 말며, 너희들은 나
에게 오를 수 있는 백성이라 말하지
말며, 나로부터 선택된 백성이라 말하
지 말라.
25 나 여호와가 역사했거늘, 너희들의 언
어가 무슨 관계가 있으며 풍습이 무슨
관계가 있으며 땅덩어리가 작고 큰 것
이 무엇이 관계가 있더냐?
26 내가 만든 지구에 너희들이 줄을 하나
그어 놓고, 그것을 서로 내 것이라, 네
것이라 함이니,
27 한 발짝을 넘어가면 모두가 다 내 것
네 것이 없거늘, 이 모두는 나 여호와
의 것이니라.
28 그러니 이 동양의 작은 나라의 언어
가지고 통일할 수 없으며, 그 풍습을
가지고 이룰 수 없으며, 무기력하기
한이 없는 이 작은 나라가 모두를 이
루고 통일하는 것은 그를 이룰 수 없
다 말하는 자,
29 그것이 바로 무슨 관계란 말이더냐?
30 그 관계도 모르며 나 여호와의 전지전

능함도 모르며 내가 역사하는 것도 모
르는 어리석은 백성이니, 그게 사탄의
생각이요, 참진리의 길을 막는 자들이
요,
31 펴져 나가고자 하는 나의 법전이 세상
을 덮어 나가는 것을 막고자 하는 사
탄이요, 악마가 아니면 감히 그 말을
할 수 없음이니라.
32 너희들은 썩은 지팡이로 모두를 역사
하는 나 여호와의 기적보다, 이 동양
의 작은 나라가 그만 못하단 말이며,
동양의 작은 나라에 있는 너희들이 과
연 그만도 못하단 말이더냐?
33 그러니 그와 같이 말하는 자, 나의 법
전이 세상을 덮어 만백성을 구하는 것
을 막고자 하는 사탄이요, 마귀가 하
는 짓이라는 것을 너희는 알라.
34 그리하여 '사탄아! 물러가라.' 그들에
게 그리 호통을 치도록 그리하라.

8,842 번째 하나님 말씀

2003년 12월 20일 10시 25분

1 사랑하는 나의 아들아!
2 "네, 아버님! 말씀하옵소서."
3 나의 아들 네가 혼자 이 길을 가며 이
를 역사함이니,
4 너의 제자들 또한 이 세상에 그 많은
종교 집단이요, 그 화려한 종교 집단
이요, 재물이요, 능력이요, 모든 힘을
가지고 있는 그들과 대적하기에 나의
아들이 너무 미약하고 초라함이니,
5 과연 그와 같은 역사를 이룰 수 있을
것인가 하여 그를 의심하고 의혹하는
백성은 떠나라 그리 말하라.
6 내가 모세를 통하여 이루었으며 그 썩
은 지팡이로써 모두를 역사했듯이, 나
의 아들이 그만큼도 비쳐지지 못하며
그만큼도 신뢰하지 못하며 그만큼도
믿음이 안 간다 하는 백성, 너희들은
떠나도록 그리하라.
7 나의 아들로 하여금 모든 역사를 이룰
것이며, 내가 말한 그 언약은 모두가
행하고 실천될 것이니, 나의 아들을
믿고 따르는 그 마음이 아니거든 너희
들은 스스로 물러나야 될 것이니라.
8 오늘은 비록 미약하며 시작은 비록 미
약하나, 이 세상의 모두를 통일하는
것은 이 동양의 작은 나라에서 모든
역사가 펴져 나갈 것이며, 그를 위해
나의 아들이 모두를 역사한다는 것,
9 이를 믿는 자는 굳건히 그 자리를 지
킬 것이며, 그렇지 아니한 자 너희들
은 이곳을 떠나야 될 것이니 그리 알
라.
10 너희들 앞에 있는 것만 보고 평가하며
앞에 있는 것만 위대하다는 자, 너희
들은 정녕 나를 믿지 못하며, 나 여호
와의 전지전능함이라는 것은 말뿐이
요, 그를 믿지 않는 자들이니,
11 믿지 않는 자들과 더불어 나의 아들은
모두를 역사할 수 없으며, 믿지 않는
자에게 내가 그와 같은 영광이요, 축
복을 또한 내릴 수 없음이니, 너의 제
자들에게 믿으라 그리 전하라.
12 믿고 굳건히 따라야 될 것이니라.
13 어렵고 힘든 그 고비 고비를 같이 넘
을 때 그 상이 있을 것이요,
14 어렵고 힘들 때 나의 아들이 무능력하
며 초라한 모습으로써 무엇을 역사할

것인가 하는 자,
15 나무 지팡이보다 나의 아들이 열배 백
배 더 위대하고 소중함을 알라.
16 너희들이 그를 깨닫지 못한다면 스스
로 너희들이 지옥문에 가 그리 들어가
지 않으려고 몸부림치는 자와 똑같이
전락된다는 것을 잊지 말라.

8,843 번째 하나님 말씀

2003년 12월 20일 11시 18분

1 사랑하는 나의 아들아!
2 "네, 아버님! 말씀하옵소서."
3 너희들이 인간사에 살아가면서 인간
의 그 한계를 초월하여 남으로부터 존
경을 받으며, 남이 이룰 수 없는 그 역
사를 이루며 그 목적을 달성하는 자,
4 그 뒤에는 그늘진 속에서 그의 성장을
도와주며 그가 승자가 될 수 있도록
뒷받침해 준 자들이 수없이 있음이니
라.
5 그리고 그들이 얼마만큼 노력하며 얼
마만큼 받쳐 주고 이끌어 주느냐에 따
라서 그 결과는 시합이라는 그 최종
목표에서 모두가 나타남이니라.
6 먼 길을 달리는 마라톤 선수라는 자도
그 밑에 있는 그늘진 곳에서 그가 그
리 갈 수 있도록 받쳐 주고 역사한 사
람들이 수없이 있음이니라.
7 그들이 한 가지부터 백 가지까지 그를
돕고 받쳐 주지 아니하면 그 모두는
역사할 수가 없는 것이니라.
8 인간 세상에서 너희들도 남부럽지 않
은 이름을 갖고 사는 자식을 얻기 위
해서는 보이지 않는 뒤에서 그 부모의
공과 노력이 또한 수없이 있으며,
9 그 주변의 모든 형제지간에 희생과 노
력이 없이는 아무것도 이루어지는 것
이 없는 것이 인간 세상에서 너희들이
하나의 목적을 달성하며 영광의 영예
를 차지하는 것이 아니더냐?
10 모든 운동 경기요, 시합을 함에 있어
서도 그와 같이 훈련의 피나는 노력이
있는가 하면, 너희들이 피나는 훈련을
할 수 있도록 그 뒤를 받쳐 주고 승자
가 될 수 있도록 그늘진 곳에서 말없
이 묵묵히 받쳐 주는 그와 같이 보조
역할을 하는 사람들의 땀 흘림이 없이
는 모두가 이루어질 수 없으며, 어떠
한 것도 역사할 수 없는 것이니라.
11 그러니 이제 나의 아들을 따르는 제자
너희들은 조용히 생각해 봐야 될 것이
니라.
12 지금 너희들이 가는 길이 어떠한 길이
더냐?
13 인간 세상에서 한 사람의 목표를 위해
서 가는 것이더냐?
14 한 작은 단체가 그 목표를 달성하기
위해서 가는 것인가?
15 그렇지 않으면 한 국가의 경영을 하기
위해서 너희들 모두가 역사하고 지금
가는 것인가, 너희들은 이를 생각해
봐야 될 것이니라.
16 나 여호와의 아들을 따라 너희들이 역
사하는 것은 무엇이더냐?
17 인종의 차별이 없으며, 언어의 벽이
없으며, 너희들 모두의 생활의 벽이
없으며, 그리고 국가의 단체에 소속해
있는 그 모든 게 없이 너희들 모두를
다스리고 하나로 엮고자 하는 것이니

라.
18 너희들이 정적같이 생각하며 죽기 아
니면 살기로 가는 종교 집단이요, 지
도자요, 그 모두를 하나로 역사하고자
하며, 그 진리를 깨우쳐 바로 서게 하
고자 너희들 모두를 다 하나로 만드는
그와 같은 역사를 함이니,
19 나의 아들이 그와 같은 역사를 이루기
위하여 그를 받쳐 주며 그늘진 곳에서
역사하는 너희들의 노고가 얼마나 있
겠는가?
20 마라톤이라는 그 선수가 우승의 영예
를 차지할 때까지 그늘진 곳에서 봉사
하고 도와주는 그들의 노력보다 너희
들이 못해서야 되겠는가?
21 그리고 하나의 인간이 바르게 성장하
도록, 부모의 손발이 저리도록 그를
돕고 이끌어 가며 모두를 희생하는 부
모의 마음만큼, 너희들이 하고 있는
것이 그보다 못해서야 되겠는가?
22 과연 너희들이 어떠한 노력이요, 얼마
만큼 희생과 봉사로 역사해야 되는 것
인가를 너희들은 한번 생각해 보고 깨
우쳐야 될 것이니 이를 잊지 말라.

8,844 번째 하나님 말씀

2003년 12월 20일 11시 35분

1 사랑하는 나의 아들아!
2 **"네, 아버님! 말씀하옵소서."**
3 너의 제자들이 깨우치고자 하는 것,
그리고 또한 너를 따르는 그 백성들
모두가 나의 법전을 대하여 가는 자세
가 어떠한 것인 줄 알겠느냐?
4 나의 법전을 읽고 깨우친 나의 선택된
백성들이요, 그리고 나의 아들을 따르
는 제자 너희들은 오늘의 자세를 바르
게 해야 될 것이며,
5 너희들이 모두를 다 역사하여 나의 법
전을 백성에게 전하여 그들을 인도하
는 데, 나의 법전을 그들의 손에 쥐여
주고 정독하도록 그리하는 것이 너희
들이 해야 하는 길이며 가장 귀한 길
이라는 것을 알라.
6 이는 곧 나에게 오르는 길이요, 하늘
에 오르는 길이 나의 법전을 읽고 깨
우치는 그 길뿐이기 때문이니, 그를
너희들은 알아야 될 것이니라.
7 지금 나 여호와가 너희에게 바라는 마
음이 어떠한 줄 알겠느냐?
8 너희들이 인간관계에서 소리 없이 집
나간 그 자식을 기다리고 기다리는 부
모의 마음보다도 더 애절한 것이 나
여호와의 마음이요, 내가 너희들을 더
애타게 기다리고 있다는 것을 너희들
은 어찌하여 모른단 말이던가?
9 영원한 나의 나라요, 나에게 오르는
그 길이 나의 법전을 읽고 깨우치는
길이기 때문에,
10 너희들이 나의 법전을 읽고 깨우쳐 돌
아오기를 바라는 내 마음은 가히 표현
할 수 없을 것임을 너희들은 알라.
11 영원히 사는 나의 나라에 오는 그 길
이며 나에게 오는 길이니, 얼마나 귀
하고 소중한 것이면 나 여호와가 목마
름보다도 더 애타게 너희들을 기다린
다 하겠느냐?
12 오죽하면 내가 나의 아들 예수를 너희
들에게 보내어 그로 하여금 너희들을
깨우치려는 그 역사를 이루었겠느냐?

13 그러나 너희들은 어찌하였느냐?
14 나 여호와는 나의 아들 예수가 너희들
을 깨우쳐 하늘에 오르는 길을 인도하
게 하고자 세상에 내려보냄이니, 그가
어떠한 것으로 나를 증명하고자 했느
냐?
15 나의 아들 예수는 피범벅이 되었으며,
피범벅이 되어 그 불쌍하고 초라한 모
습이요, 초라하다 못해 흉물스러운 그
모습으로써 피눈물을 흘리며 죽어 갔
거늘,
16 나의 아들 예수의 그 죽음이 과연 어
떻게 나타났으며 어떠한 결과로 나왔
더냐?
17 나의 아들이 피범벅이 된 그 초라하고
불쌍한 죽음의 대가가 너희들의 죄를
대속했으며, 죄를 대속하기 위하여 내
가 독생자라 하여 그를 보냈다 하며,
18 그리하여 너희들의 죄가 나의 아들 예
수의 피 한 방울로 표백되어 너희들은
죄가 없는 자라는 그것으로써 모두를
결론지으며 모두를 그것으로써 매듭
을 지음이니,
19 이것이 과연 너희들이 나에게 할 수
있는 일이라 생각하는가?
20 그리고 그것으로써 모두가 다 끝난 것
이라 너희들이 그리 생각하는가?
21 나는 나의 아들 예수의 피범벅이 되
고, 그 불쌍하고 초라하며 흉물스러운
그 피 묻은 모습을 나의 아들을 따르
는 제자 너희들만이라도 다시 한 번
생각해 보고 다시 한 번 깨우치라 함
이니라.
22 나의 아들이 피눈물을 흘려 죽어 간
것이 너희들의 오늘의 죄를 대속하였
으며 너희들의 죄를 표백시켰으니 너
희들은 죄가 없는 자요, 용서받은 자
들이니,
23 그 거룩함 앞에 너희들은 그저 되는
대로 인생을 살다 오면 자연히 나로부
터 구원을 받으며, 나의 아들 예수를
'주여, 주여!' 부르며 나를 찾다가 너
희들이 죽어 왔을 때 구원을 받는 것
이라 그리 가르치고 있음이니,
24 정녕 그것으로써 나의 아들 예수의 죽
음에 보답하는 길이라 생각하느냐?
25 이는 절대 아님이니라.
26 피보다 더 진한 좁고 어렵고 힘든 길,
너희들이 악의 관습을 버리며 악의 습
성을 버리며, 천사처럼 변하여 나에게
오는 그 삶을 사는 것,
27 그것 외에 너희들은 나에게 어떤 것으
로도 용서받을 수 없으며, 나에게 나
의 아들의 죽음에 대한 그 보답을 하
는 길이 없음을 너희들은 알아야 될
것이니라.
28 너희는 어떠하던가?
29 예수의 죽음보다도 더한 고통이요, 더
힘든 길을 가는 것, 그리고 너희들이
싸워서 이기는 것, 그것밖에 없음이니
라.
30 지금 나의 아들 예수의 죽음을 그와
같이 표백제 정도로 생각하고 가는 너
희들 때문에 나 여호와의 고통이 얼마
나 가중되고 괴로운지 너희들은 아는
가?
31 더욱이 그러한 내가 너희들을 버리지
아니하며 재앙으로 다스리지 아니하
고, 지금 나의 아들로 하여금 나의 법
전이요, 하늘에 오르는 이치를 깨우쳐

너희들에게 내려보내거늘,
32 이를 찢어 버리고 태우려는 너희들의
행동을 보는 나의 마음이 과연 그 분
노를 어디까지 참으며 언제까지 내가
인내해야 된다고 생각하는가?
33 이제 나의 법전을 태우는 자, 찢어 버
리는 자, 결코 내가 너희들을 용서치
아니할 것이니, 그 두려움을 알라.

8,845 번째 하나님 말씀

2003년 12월 20일 11시 40분

1 사랑하는 나의 아들아!
2 "네, 아버님! 말씀하옵소서."
3 나의 아들 예수를 세상에 내려보내 너
희를 구원하고자 했음이니, 나의 아들
의 고통스러운 죽음은 어찌 되었는가?
4 수천 년이 흘러온 지금, 그를 따르며
경배한다는 백성 너희들이 행하는 삶
이 어떤 것인 줄 알겠느냐?
5 너희들은 나의 아들 예수가 고통스럽
게 죽은 죽음을 아무런 흔적도 없이
다 버렸으며 쓸어 버린 자들이니라.
6 그리고 너희들의 가슴속에서 정녕 나
의 아들 예수의 그 고통을 지워 버린
자들이 오늘의 종교 집단이요, 지도자
요, 만백성을 구한다 하는 너희들이니
라.
7 그러나 너희가 지금에 와서 또한 어떠
한 행위를 하고 있는가?
8 내가 너희들에게 마지막 기회를 주어
또다시 나의 아들을 통하여 내 뜻을
세상에 내려보냄이니, 이는 나의 성령
이요, 너희들의 마지막 구원의 심판이
요, 기본이요, 근본이라 하였거늘,
9 이를 또 지워 버리고 태워 버리고 하
는 것이 너희들임을 알고 있느냐?
10 그러니 나 여호와가 사랑의 눈물을 과
연 더 얼마나 흘려야 되는 것이며,
11 너희들을 위하여 내가 얼마나 더 사랑
의 눈물을 흘리고 너희들을 애타는 마
음으로 기다려야 너희들이 정신을 차
려 제 자세로써 참진리의 길을 보며,
나 여호와가 존재함을 깨달아 하늘에
오르는 길이 무엇인가 알아 나에게 돌
아오는 그 길을 선택하겠단 말이더냐?
12 너희들이 지금까지 성서를 가지고 공
부하고 깨우치며, 종교 집단이요, 지
도자들이 가르치고 깨우친 것으로써
온 오늘의 결과는 무엇이더냐?
13 너희들은 사랑이 없으며 황폐하게 되
었으며, 너희들 스스로 사탄이 세상에
들끓으며 도둑이 들끓으며 인간이 인
간을 믿지 못한다는 이와 같은 세상을
만들었음이니,
14 이것 하나로써, 너희들의 오늘의 믿음
이요, 너희들이 가는 것으로써, 나의
아들 예수가 이루고자 하는 사랑이요,
모두를 덮을 수 있는 그 사랑을 실천
하고자 했던 것을 지워 버리고 쓸어
버린 것이 너희들이라는 것을 부인하
지 못할 것이니 그리 알라.
15 나 여호와의 사랑의 눈물에 더 이상
무엇을 강요하느냐?
16 지상에 떨어지는 모든 빗물이 나의 피
눈물로써 너희들에게 내려지며, 그 피
와 같은 눈물로써 내가 세상에 내려보
낼 때, 너희들은 바로 보고 깨우쳐 나
여호와의 애타는 마음을 알아 천사와
같은 마음으로 살아가겠느냐?

17 내가 피눈물로 세상에 내려보내서 너
희들이 그를 보고 깨우쳐 하늘에 오르
는 길을 올 수 있다면, 나 여호와가 이
순간이라도 이 세상에 내리는 모든 그
빗물을 피눈물로 내려보낼 것이니라.
18 그러나 지금의 종교 집단이요, 사악한
그들이 존재하는 이상 나는 내 피눈물
로써 너희들에게 내려보내 증거할 수
없으며 너희들을 깨우칠 수 없는 것이
니라.
19 세상에 나의 피눈물이 빗물이 되어 내
려간다면, 오늘의 종교 집단이요, 사
악한 자들은 무어라 말하겠느냐?
20 그를 가지고 그들은 또 악용할 것이니
라, 이제 말세의 시대요, 재앙의 시대
요, 하나님께서 노하여 너희들에게 피
눈물로써 세상에 증거함을 보내니,
21 이제 저희들의 죄의 온상에 와 기도하
고 경배하는 자는 구원을 받을 것이
며, 너희들의 모두의 재물을 팔아 거
기다 갖다 바치는 자는 구원을 받을
것이니, 이제 말세가 머지않았다 그리
할 것이니라.
22 너희들이 휴거하여 하늘에 들림을 받
으니 재물을 바치라 하며 모두를 탕진
하고 버리라 하는 자들이 있었음이니,
그 청천벽력과 같은 말에 맑은 하늘에
맑은 천지에 그와 같이 행하는 자들이
있으니,
23 구름이 일고 바람이 불고 피눈물이 세
상을 적신다면 너희들이 얼마나 더하
겠는가?
24 그를 증거 삼아서 너희들의 죄를 용서
하여, 지금까지 왔던 가장 큰 집단인
종교 집단의 지도자요, 그리고 구원을
받았다고 말로써 믿는 자, 사랑이 없
고 행함이 없는 그들이 부끄러워 고개
숙여 바로 서서 새싹으로써 태어난다
면 나 여호와가 무엇을 못 하겠느냐?
25 그러나 그들은 마지막 재앙이라 하여
나를 이용할 것이며, 나의 법전이 세
상에 나가는 것을 저주할 것이며,
26 나의 법전이 세상에 나오며 나의 아들
이 와 백성을 구하는 길은 십계명을
지키고 하늘에 오르는 길이라 부르짖
기에, 그와 같은 피눈물이 내리는 세
상이 되었다 하여 나의 아들의 가슴을
갈기갈기 찢을 것이며,
27 나의 법전을 거둬들이라 하지 아니해
도 스스로 갖다 바치도록 그리 만들어
나의 이 뜻이 세상에 전해지지 못하도
록 하는 것이 너희들이 아니더냐?
28 그러니 내가 이를 보고 어찌한단 말이
더냐?
29 피눈물로써 세상에 증명할 수도 없는
나 여호와요,
30 또 내가 너희들에게 피눈물을 흘리며
내 음성으로써 너희들을 다스린다 해
도, 오늘 들은 자는 그를 의심할 것이
며, 시간이 지나면 너희들은 또 그를
잊어버릴 것이니,
31 내가 다스릴 수 있는 것은 나의 법전
을 내리고 기다리는 수밖에 없음이니,
오늘의 내가 너희들을 기다리는 그 아
픔을 알아야 될 것이니라.
32 그러니 너희들이 나의 고통을 더 가중
시키지 아니하려거든 나의 법전을 읽
고 깨우쳐 하늘에 오르는 길을 보도록
그리하라.
33 그것만이 너희들이 나를 사랑함이니,

그리 전하도록 하라.

8,846 번째 하나님 말씀

2003년 12월 20일 11시 47분

1 사랑하는 나의 아들아!
2 **"네, 아버님! 말씀하옵소서."**
3 내가 너를 통하여 너의 제자에게 무어
라 가르쳤느냐?
4 풀잎에 맺힌 이슬은 햇빛에 의해 마르
며 또 바람에 날려 떨어짐이니, 그러
나 그 찬란한 빛은 또한 아름답지 않
더냐?
5 그러니 떨어지고 마르는 그 찬란한 풀
잎에 있는 이슬과 같은 사랑이 아니요,
6 어떠한 풍화 작용에도 변하지 않는 보
석이 귀한 것처럼, 너희들이 그와 같
은 사랑으로써 역사하는 것, 그와 같
은 마음으로 나를 따르며 나를 경배하
는 것, 그리고 나의 법전을 가슴에 안
고 정독하는 것,
7 그와 같이 변하지 않는 사랑으로써 살
아감이 너희들이 나의 뜻에 보답하는
길이며 나에게 오르는 길이라 내가 너
희들에게 깨우쳐 주었음을 너는 알아
야 될 것이며, 그 또한 너의 제자들에
게 널리 가르치라.
8 너의 제자들은 너희들을 무너트리려
고 하는 것, 너희들을 쓰러트리려고
하는 것, 너희들을 이 세상에 존재하
지 못하도록 하는 것, 그리고 어떠한
핍박과 비난이 있다 해도 그 모두를
다 정복하지 못한다면 나로부터 선택
된 백성이 아님을 알아야 될 것이니라.
9 너희들이 정녕 풀잎으로부터 떨어지
는 이슬과 같은 그 짧은 사랑이 아니
요, 너희들이 지탱할 수 없는 그와 같
은 계산된 사랑이 아니요, 그리고 외
부의 작용에 의하여 흔들리는 그와 같
은 사랑이 아니요,
10 어떠한 풍화 작용에도 변하지 않는 보
석과 같은 굳건하고 아름다운 마음으
로 나를 사랑한다면, 이 세상에 너희
들을 무너트리고 흩트려트리고 짓밟
으려고 하는 어떠한 사악한 무리에게
도 너희들이 거기에 지고 무너짐이 아
니요, 그 모두를 정복하고 다스리게
되는 것이니라.
11 정복하고 다스리지 못한다면 너희들
은 나로부터 선택된 백성으로서 너희
직분을 다하지 못했음을 알아야 할 것
이니라.
12 나로부터 명받은 자가 제 직분을 다하
지 못하고 나에게 왔을 때, 사탄의 밥
이 되었으며 사탄에게 무너졌을 때,
13 너 하나 무너지는 것은 아무것도 아니
나, 너로 하여금 백성을 구하고자 했
던 나 여호와의 뜻이 무너짐이니,
14 너 하나 무너짐으로 너를 따라 하늘에
오르고자 하는 수많은 백성들이 오를
수 없는 너의 그 무거운 죄의 대가를
과연 네가 어찌 감당하며 어찌 그를
지려 하느냐?
15 너희들은 어떠한 고통과 시련이 있다
해도, 이 세상의 모두를 다 정복하라.
16 그리고 지금의 종교 집단, 그들이 방
대한 것 같으며 물질적인 그 수를 감
당하지 못할 것 같으나,
17 그저 썩은 지팡이로 모두를 역사하는
나 여호와라면, 오늘의 나의 아들을

따르는 너희들은 모두를 정복할 수 있
음이니,
18 너희들은 여기서 믿음이요, 나를 신뢰
하는 마음이요, 굳건한 마음의 자세로
무장되어 있다면 정복하지 못할 것이
없음이니라.
19 이는 곧 너희들이 바로 갈 때 내가 받
쳐 주며, 너희들이 잘못 갈 때 내가 너
희들을 받쳐 주지 아니함이니,
20 정복하지 못하는 것은 너희들이 바로
가지 못하며 바로 서지 못하며 바로
행하지 못함이니, 그 대가는 너희들이
받아야 될 것이니 그리 알라.
21 나 여호와가 나의 법전을 너희들에게
내려 줌이 무엇인 줄 알겠느냐?
22 이 세상에서 가장 위대한 것이며 가장
소중한 선물이요, 너희들이 육에서 살
면서 또 너희들이 죽어 영혼이 심판을
받아 지옥으로 가든 하늘에 오르든 어
찌했든지, 거기에서 그보다도 더 위대
한 소중하고 귀한 선물은 너희들에게
없음을 알라.
23 이는 무엇인 줄 알겠느냐?
24 너희들이 그 모두를 이기고 견딜 수
있으며 하늘에 오를 수 있는 그 모두
를 속속들이 나의 법전에 기록하여 전
했음이니,
25 너희들이 나의 법전을 바로 정독하여
읽는다면 어떠한 것도 너희들에게 정
복되지 아니하는 것이 없으며, 너희들
이 정복하지 못할 것이 없는 것이니라.
26 그리하여 나의 법전이 가장 위대한 선
물이요, 내가 너희들에게 내리는 소중
한 영광의 선물이라는 걸 잊지 말라
함이니라.
27 이 법전은 무엇인 줄 알겠느냐?
28 하늘의 뜻을 기록하였으며, 창조주 나
여호와의 뜻을 기록한 책이기 때문이
니라.
29 이 세상에 나의 뜻이 기록되어 있으
며, 내 뜻에 의해 역사한 것이며, 그리
고 이를 보고 깨우침으로써 너희들의
눈이 뜨이며 귀가 열리며 하늘에 오르
는 반석 위에 설 수 있으며 찬란한 빛
을 볼 수 있다는 것을, 너희들이 이를
몰라서는 아니 됨이니라.
30 그러니 나의 법전을 정독하고 깨우친
백성은 어떠한 세파에도 무너지지 않
음이니, 세상에 너희들에게 정복되지
아니하는 것이 없음이니라.
31 정도를 갈 때 나 여호와가 너희들을
받쳐 줌이니, 내가 받쳐 주고 있는 너
희들을 넘어트리고 무너트리고 날려
보낼 수 있는 태풍이요, 바람이요, 그
힘이 무엇이 있는가 물어보라.
32 아무것도 존재할 수 없음이니라.
33 다만 너희들이 바로 가지 아니하여 내
가 너희들을 받치지 아니할 때, 너희
들은 무너지고 쓰러짐이니,
34 너희들이 흐트러지고 정복하지 못하
는 것은 너희들이 바로 가지 못하며
바로 서지 못했음이니,
35 바로 서지 못하며 바로 가지 못한 자
는 그 대가를 제가 받아야 될 것이며,
36 제가 잘못 간 것뿐만 아니라 그가 바
로 왔을 때 그를 보고 하늘에 오를 수
있는 그 수많은 백성마저 그가 지옥으
로 떨어트림이니,
37 오늘의 종교 집단이요, 지도자보다 더
많고 많은 백성을 천 년에 걸쳐서 죽

이는 그와 같은 죄를 안고 있다는 것,
그와 같은 범행을 저지른다는 것, 그
와 같은 과오를 범한다는 것을 알라.
38 그러니 너희들은 어떠한 일에도 정복
자가 되어야 될 것이며 승자가 되어야
된다는 걸 잊지 말라, 사랑하는 나의
아들딸들아!

8,847 번째 하나님 말씀

2003년 12월 20일 11시 57분

1 사랑하는 나의 아들아!
2 "네, 아버님! 말씀하옵소서."
3 너희들이 말로써 산을 정복한다 하여
산에 오를 수 있다면 얼마나 좋겠느냐?
4 너희들의 생명을 바쳐 그 높고도 높은
산을 정복하여 너희들이 인간의 의지
를 보이고자 하는 그와 같은 것을 말
로써 이룰 수 있다면 얼마나 좋겠는가?
5 너희들이 나는 새처럼 하늘의 천국을
날고자 할 때, 말로써 하여 그리 날 수
있다면 얼마나 좋겠는가?
6 그러니 말로써 하는 역사는 이루어질
수 없는 것이 너희들의 오늘의 삶이니
라.
7 그러니 너희들이 행하지 아니하면 얻
어지는 것이 없는 것은 자연의 이치
요, 세상의 순리이거늘,
8 이를 다 아는 자들이, 종교 집단이요,
지도자라는 자들이 행함이 소중하지
아니하며, 말로써 믿으며 말로써 나의
아들 예수를 '주여!' '창조주'라 부르
짖기만 하면, 전지전능한 아버지라 부
르기만 하면 모두가 이루어진다고 하
며 지금 가고 있으니,
9 종교 집단이요, 지도자 그들의 실상을
바라보는 너희들이 어떠하더냐?
10 그러니 그들이 잘못 가고 잘못 역사하
는 것을 너희들이 알고 있을 것이니,
그를 바로잡고자 내가 오늘의 역사함
을 너는 알지 않느냐?
11 그러니 네가 아무리 힘들고 어렵다 해
도, 네가 나에게 기도하지 아니하며
경배하지 아니하면 하늘에 쌓여 있는
하늘의 진리요, 나의 뜻을 전할 수 없
으며 세상에 내려보낼 수 없는 것이니
라.
12 오로지 너를 통해서, 네 입을 통하여,
네 가슴을 통하여 내 모두를 역사하고
있음이니,
13 너는 어찌하여 그 길을 가는 것이 힘
들고 어렵다 그리 생각하며, 네가 반
복하고 반복하여 가는 그 길에 두려운
마음을 그리 가지고 가는가?
14 절대 너를 통하지 아니하고는 하나도
내려갈 수 없음이니, 너는 이를 받고
또 이를 받아 기도하고 경배하는 자세
로써 네가 자세를 바로 하고 나의 뜻
을 받아 기록하는 데 잠시도 게을리해
서는 아니 되며, 네가 고달프다 힘들
다 생각해서는 아니 될 것이니라.
15 그것이 네가 가야 할 길이요, 넘어야
할 길이니라.
16 그리고 너의 제자들 또한 그러하니라.
17 나의 아들을 통하여 나의 참진리를 세
상에 내려보냄이니,
18 이를 너희들이 닦고 다듬어 책으로 만
들어 백성에게 전하지 아니하면 이는
사장될 것이며 이는 빛을 보지 못함이
니라.

19 그러니 너희 손이 부르트고 힘이 든다
하여 좌절하고 쉬어서는 아니 되느니
라.
20 나의 아들의 힘든 그 역사의 길에 나
의 아들의 마음도 흔들림이니, 때로는
너희들의 마음이 흔들림을 나 여호와
는 알고 있음이니라.
21 그러나 너희들이 정상에 오를 때 말로
써 정상에 오를 수 없듯이, 나의 성령
을 받는 나의 아들이 이를 받아 만들
어 너희들에게 전하지 아니하면 아니
됨이니,
22 나의 아들은 이를 받는 데 최선을 다
해야 될 것이며 게을리해서도 아니 되
듯이, 너희들 또한 나의 법전을 다듬
고 만들어 세상에 내보내는 데 잠시도
게을리해서는 아니 될 것이니라.
23 너희들이 만백성을 구하는 그 길을 역
사하는 것, 그리고 창조주 나 여호와
가 무어라 말하였느냐?
24 이 세상을 창조한 것보다도 더 위대한
역사를 내가 너희들을 앞세워 이룬다
하지 아니하였더냐?
25 내가 너희들이 말하는 대로 6일에 걸
쳐 이 세상의 자연의 아름다움이요,
모두를 다 엮어 만들었음이니,
26 이것이 바로 서고 바로 갔더라면 내가
더 바랄 것이 없으나, 여기에 사탄이
요, 사악한 너희들의 욕심이 다 뒤덮
었으니, 모두가 썩어졌다 하지 않느냐?
27 그 썩어진 것을 다시 살리고자 하는
것이 나 여호와의 뜻이요, 새로 내리
는 법전이요, 나의 아들이요, 그를 따
르는 제자 너희들이라 하였음이니라.
28 인간 세상에 살아가면서 너희들이 그
런 말을 하느니라.
29 깨끗한 터에 너희들이 새로운 목재로
써 집을 짓는 것은 쉽고 편안한 것이
며 그리 역사하기에 쉽다 함이니라.
30 그러나 뼈대가 서 있는 집이요, 형태
가 서 있는 썩은 집을 그 형체를 놔두
고 썩은 것을 도려내고 새로운 것으로
맞춰 나가는 것은 새로운 땅에 깨끗하
게 짓는 것보다도 더 힘들고 어려우
며, 또 그와 같이 역사하기가 힘들다
하였음이니라.
31 그러니 바로 내가 새 터에 집을 지은
6천 년이란 그 세월 속에 하늘의 6일
이요, 지상의 6천 년 속에 변화와 변
화요, 그 모두의 진화의 과정을 거쳐
내가 만들어 놓은 그 모두의 형체가
너희들의 욕심이라는 그 뿌리 때문에
썩을 대로 썩어졌고 병들 대로 병들어
졌음이니,
32 이를 도려내고 바로 세우고자 하는 것
이니, 이것을 맡은 자가 너희들이요,
이를 지휘하는 자가 나의 아들이요,
그 설계도가 나의 법전이니라.
33 그러니 헌 집을 새 것으로 만드는 너
희들의 고통과 시련이 얼마나 힘들고
어려운지를 나 여호와가 알고 있음이
니, 오늘의 너희가 가는 길이 그러하
니라.
34 그리하여 내가 6일 동안이요, 지상의
6천 년에 걸쳐 만드는 역사보다도 너
를 통하여 바로잡고 너희들을 통하여
바로 역사하는 것이 더 소중하고 귀하
다 하였음이니라.
35 이제 너희들 손으로 바로 짓고 바로
역사한 것은 절대 무너지지 아니하며

흔들리지 아니할 것이니, 그리하여 너
희들이 바로 서야 된다는 것을 잊지
말며 바로잡아야 된다는 것이니라.
36 그러니 너희들이 나의 법전을 읽고 깨
우쳐 잠시도 게을러서는 아니 됨이니
라.
37 나의 아들이 어찌 감히 나의 법전이
요, 나의 성령을 받는 것을 두려워하
며 겁을 먹어 그를 게을리할 수 있는
가?
38 이는 절대로 용서할 수 없는 것처럼,
너희들도 나의 법전을 만드는 데 손이
저리다 하여 중단해서도 아니 되며,
너희들이 힘들다 해서 중단해서도 아
니 되는 것이니라.
39 그러니 너희들의 책무가 얼마나 귀하
고 소중한가를 알았다면, 너희들은 오
로지 즐거운 마음으로 행복한 마음으
로, 인간의 거래를 하지 말고 가도록
그리하라.
40 모든 백성들은 인간의 거래를 할 것이
며 인간의 생각을 할 것이니라.
41 그러나 나의 법전을 만드는 선택된 제
자들이요, 그리고 나의 아들을 받쳐
가는 너희들이 얼마나 바르게 받치고
가느냐에 따라서 나의 아들이 바로 설
수 있으며 바로 갈 수 있음이니,
42 너희들은 인간 세상의 거래요, 인간관
계의 역사요, 그 모두를 잠시 덮어 두
어야 될 것이니라.
43 오로지 나의 법전을 만드는 것에 최선
을 다할 것이며, 나의 법전을 다듬는
데 최선을 다하라.
44 인간의 생각으로써 너희들이 이것저
것 시시비비하다 보면 못 감이니라.
45 그러니 너희들이 작은 것을 버리고,
이제는 나의 법전을 만드는 데, 하늘
을 향하여 달려오는 데 좌우를 보지
말며 오로지 너희들은 그 법전을 만드
는 데만 모든 정성을 다 바치도록 그
리하는 것이 너희들의 대명이니 이를
알라.
46 인간 세상에 살아가면서 불안한 마음
이요, 인간 세상에서 도리를 다 못 하
며, 인간 세상의 네 이웃과 형제에게
너희들이 못다 하는 것, 그것 때문에
너희들이 가슴 아파할 때가 지금은 아
님이니라.
47 너희들의 희생으로써 만백성을 구하
는 나의 법전을 만들어 세상에 전하는
그것, 그리 역사하는 것보다도 더 소
중하고 귀한 것이 없음이니,
48 헌 집을 부수고 그리고 뽑아낼 것은
뽑아내고 갈 것을 가는 그 역사를 함
이니, 잠시도 그를 받치지 아니하면
그가 무너짐이니라.
49 새집을 짓는 것은 밑에서부터 하나하
나 새로운 재료로 쌓아 가나 헌 집은
너희들이 받치고 또 기둥이 되어야 되
니,
50 그 기둥으로 서 있는 자, 배고프다 하
여 물러나며, 지나가는 자 있다 하여
찾아가며, 지나가는 네 부모요, 형제
가 있다 해서 아는 체하고 그 틀을 놓
고 나온다면 그 집은 바로 서지 못하
고 무너짐이니,
51 갈아 끼우고 다시 설 때까지 너희들은
누구를 보더라도 그 자리를 지켜야 될
것이며,
52 아무리 아프고 괴로운 일이 있어도,

너희들이 눈물을 흘리는 한이 있어도
네가 받치고 있는 버팀목을 놓으면 모
두가 무너짐이니, 갈아 끼울 때까지는
버텨야 되는 것이 너희들의 운명이니,
53 너희들의 마음을 내가 조금 더 달래
주고자 오늘의 하늘의 뜻을 내림이니
그리 알라.

8,848 번째 하나님 말씀

2003년 12월 20일 12시 03분

1 사랑하는 나의 아들아!
2 "네, 아버님! 말씀하옵소서."
3 구약 성서의 그 역사가 사랑을 피우고
자 했으며, 또한 신약에 나의 아들이
피멍 드는 죽음이요, 그 처참한 모습
을 역사한 것도 사랑의 씨앗을 내리고
자 하였음이라 내가 그리 전하지 아니
하였더냐?
4 그러니 너희들이 사랑을 따라 너 스스
로 변하여 오늘에 살아왔다 하면,
5 이것저것 너희들이 교리를 만들고 이
것저것 생각하지 말며, 오로지 사랑하
는 마음 하나를 가슴에 안고, 나 여호
와가 구약 시대요, 신약 시대에 역사
한 모든 것은 사랑을 실천하고자 하는
것을 깨달은 너희들이 그대로 스스로
실천하고 천사가 되는 그와 같은 삶으
로 살았더라면, 너희들은 오늘에 천사
같이 변화되었을 것이니라.
6 그러니 천사가 되고자 하여 변하지 못
하고 너희들은 지금 어떠한 삶을 사느
냐?
7 사랑을 베풀며 천사와 같이 변하는 삶
을 살지 못하고, 너희들은 이해관계
요, 육의 세상의 실과 득을 찾아 그쪽
으로 따라가며 그쪽으로 생각하며,
8 모두를 너희들의 득이 되는 쪽으로 이
해관계에 따라서 손해 보지 않는 쪽으
로 해답을 풀어 가며 세상사를 풀어
가다 보니 지금같이 험악한 세상이 되
었음이니라.
9 그리고 사랑의 그 뜻을 찾을 수 없으
며, 나의 아들의 죽음까지도 다 허사
가 되었으며 물거품이 되었으며, 지금
남아 있는 것이 아무것도 없는 이와
같은 험악한 세상이 되었음을 너희들
은 알아야 될 것이니라.
10 이제 나 여호와가 하늘에서 너희들을
내려다보니, 지금까지 험악할 대로 험
악해진 너희들이 더 이상 더 험악해지
며,
11 너희들의 취향이요, 이해관계에 너희
들의 마음에 맞도록 너희 생각에 맞도
록 너희들이 거둬들이고 챙기는 것,
그리고 더 쌓아 놓고자 하며 더 높고
자 하는 그와 같은 마음을 버리지 못
하고, 그러한 쪽으로 계속 변하여 간
다면,
12 너희들은 정녕 내가 구원의 씨앗을 심
을 수 있는 근거도, 틈바구니도 없을
정도로 이 세상은 악으로 덮일 것이라
생각하느니라.
13 그리하여 더 이상 시간이 없어서 내가
지금 구원의 씨앗을 뿌려 제3의 시대
를 열어 가고 있으며,
14 그 씨앗이 성장함으로써 그를 따르고
그 그늘에 머물지 않는 자, 내가 심판
으로써 다스리는 그와 같은 심판의 시
대가 지금 시작되었음이니라.

15 더 이상 썩어지고 변하는 것을 볼 수 없어 내가 구원의 씨앗을 심었음이니, 씨앗을 심는 순간에 내가 그를 다스리고 가꾸어, 그를 따르는 자는 구원을 받을 것이며,

16 그렇지 아니하고 그를 짓밟고 그를 뽑아 버리고자 하는 자, 그것이 사탄의 것이라 저주하는 자는 심판을 받음이니,

17 곧 심판의 시대가 시작하여 열려 감을 알아야 될 것이니라, 이것이 하늘의 이치이니라.

18 하늘의 이치를 알면 네 마음이 하늘과 같이 넓고 풍요로운 자세가 되어야 된다는 것을 너희들은 알아야 될 것이니라.

19 이제 나의 백성을 구하는 자들이요, 종교 지도자요, 그리고 구원을 받았다 하는 너희들은 하늘의 뜻을 알지 못하면 하늘의 뜻을 역사하지 못함이니,

20 너희들이 나의 법전을 읽고 깨우쳐 하늘의 뜻을 아는 길을 선택하려거든, 너희들이 하늘의 뜻이요, 하늘의 역사하는 것을 알려면 네 마음이 하늘과 같이 넓어야 될 것이며,

21 네 마음이 하늘과 같이 자애로운 그와 같은 마음으로 변하지 아니하고 그와 같이 못 된다 하면 하늘의 이치를 알 수 없는 것이 너희들이니라.

22 과연 지금의 종교 집단이요, 지도자 너희들이 하늘만큼 넓고 넓은 마음이요, 하늘처럼 자애로운 마음으로 이 세상을 모두 가슴에 안고 살아가는 것이며, 제가 희생을 하여 남을 구하는 그와 같은 삶을 살아가느냐?

23 내가 종교 집단이요, 지도자요, 구원을 받았다는 백성 너희들에게 묻고자 함이니라.

24 너희들이 지금 가고 있는 믿음이 무엇인 줄 알고 있느냐?

25 네 키만큼도 생각하지 못하며, 네 키를 벗어나는 생각을 하지도 못하며, 그를 벗어나지 못하며, 그 안에서 좁쌀만큼도 더 벗어나지 못한 자들이니라.

26 그러니 제 키만큼도 벗어나지 못하고 세상을 보고 생각하는 너희들이 어찌 하늘의 뜻을 알며 하늘의 자애로움을 알겠는가?

27 그러니 만백성을 너희들이 가슴에 안고 사랑하지 못함이니라.

28 오늘의 신앙생활이요, 믿음의 길을 가는 자, 너희들이 바로 그와 같은 백성이니라.

29 그들이 모든 종교 집단의 지도자 너희들의 키보다 더 높아져 세상을 보고 하늘의 위대함을 보면, 그들이 너희들의 그 간악한 방법에 따르지 아니하고 재물을 바치지 아니하고 너희들이 지은 성전에 모두를 바치지 아니하고 너희들에게 순종하는 종이 되지 아니하기에,

30 너희들이 짓눌러 놓고 있으며 너희들을 벗어나지 못하도록 이끌고 가는 것이 오늘의 종교요, 신앙이요, 믿음의 길을 가는 대표적인 것임을 알라.

31 이제 너희들이 스스로 네 키를 벗어나 하늘의 위대함을 알며 하늘의 자애로움을 알지 못하거든, 너희들은 나의 법전을 읽어 그 속에서 깨우치도록 그

리해야 될 것이니 그리 알라.

8,849 번째 하나님 말씀

2003년 12월 20일 12시 12분

1 사랑하는 나의 아들아!
2 "네, 아버님! 말씀하옵소서."
3 종교 집단이요, 지도자요, 구원을 받
았다 맹종 맹신하는 그 백성들, 하늘
의 천국의 문에 들어올 수 있다는 그
환상에 젖어 있는 자들, 황금의 문을
열어 비단길을 올 수 있다고 하는 자
들, 그리고 저희들이 거듭나 지옥에
가는 고통이 없이 천국의 나라에 와
영원히 천사와 같이 더불어 살 수 있
다 생각하는 그자들,
4 그들이 제 키만큼의 아량도 없는 자
요, 제 키만큼의 자애로움도 없는 백
성이니, 어찌 나 여호와의 뜻을 알며
하늘의 뜻을 알아 저희들이 하늘에 오
른다 감히 그리 말하는가?
5 그들의 허황된 꿈이 깨질 날이 머지아
니하였으며, 그 꿈이 깨졌을 때 저희
들이 얼마나 괴롭고 고통스러워 하겠
는가?
6 지옥문 앞에서 몸부림치며 두 발로 버
티고 죽어도 들어가지 아니하려고 애
걸복걸하는 것이 그들의 모습이니, 지
금 너희들의 모습이라는 것을 알라 전
하라.
7 내가 이 뜻을 수없이 너희들에게 전하
고 전했음이니라.
8 그러나 너희들이 아무리 눈물을 흘리
며 몸부림쳐도 넘지 아니하면 아니 되
며 가지 아니할 수 없는 것이 그 길이
라는 것을 가르쳐 주라.
9 지금 너희들이 살아 있는 동안에 아름
다운 마음이요, 선행을 베풀고 사랑을
베풀며 살아가야 너희들이 그와 같은
길을 면할 것이라 내가 수없이 기록하
고 전함이니,
10 이를 사탄이요, 사악한 자라 말하는
자, 그리고 찢어 버리는 자, 과연 어떠
한 고통이 너희들의 가슴에 올 것인가
알라.
11 이제 나의 법전을 태워 버리고 찢어
버리는 자, 용서치 못함을 너희들은
알아야 할 것이니라.
12 지금 나의 법전을 태워 버리며 찢어
버리며 짓밟고 침 뱉는 자, 그는 그와
같은 고통을 이 지상의 삶에서 모두를
다 역사하고 겪는다는 것, 이것이 바
로 하늘의 법도요, 나 여호와가 역사
함이니 그리 알라.
13 그러면서 너희들은 어찌하는가?
14 깨우침이 없으며 자애로움이 없으며
아량이 없는 너희들이 그저 말로써 기
도로써 모두가 다 이루어지며 모두가
역사한다, 천국의 문도 기도로써 열어
주며, 나 여호와도 너희들의 기도 소
리에 감복하며 내가 너희들의 기도 소
리로 하늘의 문을 열어 주고 너희들에
게 거듭나는 생명을 내린다 그리 말하
며,
15 기도를 함으로써 이루어지지 아니하
는 것이 없으며 얻지 못하는 것이 없
으며 얻어지지 않는 것이 없는 것처
럼, 그리고 모두가 다 이루어지는 것
처럼,
16 그리고 신앙과 그 믿음의 근본이 그저

기도를 드리는 것, 그것만으로써 너희
들이 구원을 받는 것이요, 하늘에 오
르는 길이라 그리 가르치느니라.
17 너희들은 행함은 없으며 그저 말로써
하느니라.
18 그저 기도를 드리고 울고불고 눈물을
짜는 기도는 너희들의 죄를 소멸시켜
주며 너희들의 죄를 다 용서해 주며
너희들을 깨끗하게 표백시켜 주는 것
이라 그리 가르치느니라.
19 너희들은 생명을 거듭나게 해 주는 것
이 기도라 그리하며, 기도로써 말로써
모두를 나에게 바치는 듯이 할 때, 너
희들은 죽어 거듭나는 생명의 영광이
요, 지옥과는 관계없이 천국의 나라에
올 수 있는 것, 거듭나게 해 주는 것이
기도다 그리 가르치느라.
20 그리고 너희들의 마음과 생각과 원하
는 것을 모두 다 들어주는 것이 기도
다, 너희들이 꿈에 본 것도 이루어 주
는 것이며 너희들이 마음으로 생각만
하고 마음으로 그리워하면 너희들의
소원을 다 이루어 주는 것이 기도다,
그러니 말로써 기도를 하라 그리하느
니라.
21 네 인생의 장애물을 모두 제거해 주며
거둬 주는 것이 기도요, 네 성공을 보
장해 주고 네 앞날의 미래의 모두를
보장하는 것이 기도다, 기도를 하라
그리하느니라.
22 너희들은 어찌하여 기도를 하라 하면
서, 그 기도에 따라서 행하는 것을 가
르치지 않는가?
23 천 번 만 번 너희들이 기도를 드리는
것보다도 단 한 가지 나의 계명이요,
나의 율법이요, 나의 십계명이요, 나
의 아들을 통하여 내리는 강론이요,
나의 법전에 기록된 내용 하나를 지키
는 것이 더 소중함을 너희들은 알라.
24 너희들이 사랑을 베푸는 것, 사랑을
행하는 것이 천 번 만 번 기도하는 것
보다도 낫다는 것을 알라.
25 나는 너희들에게 성서에 기록하여 전
하였느니라.
26 이러한 너희들의 신앙의 믿음 생활이
잘못되었으며, 이것이 나의 피조물 만
백성이 지옥으로 가는 길이기에,
27 내가 너희들에게 기도를 너희 마음대
로 생각대로 중언부언하지 말라, 그것
은 기도가 아니라 나와 아무런 관계도
없다,
28 기도는 너희들이 나의 뜻에 따라 행하
며 나에게 역사하는 것이요, 내가 명
한 것을 따르고자 너희들이 마음을 다
짐하는 것이라 하였음이니라.
29 나는 성서에 기록하여 전했느니라, 기
도는 너희들의 생각대로 중언부언하
는 것이 아니라는 것을.
30 내 뜻에 따라 행하고자 하는 것이요,
사랑을 행하며 살겠다는 굳은 약속이
요, 그를 실천하는 것이요, 너희들이
알게 모르게 범한 잘못된 죄에 대하여
두 번 다시 반복하지 아니하겠다는 고
통스러운 그 언약이요, 그리고 너희들
이 두 번 다시 그 행위를 하지 않는 것
이니,
31 그리하여 말로써만 하는 너희들의 기
도는 무엇이더냐?
32 나를 기만하는 행위만 하는 것이니라.
33 나를 기만하는 행위를 하지 아니하고

살겠다는 너희들의 마음의 자세요, 그
리하여 내가 너희들에게 가르치지 아
니하였느냐?
34 소리 없이 '아버님 저의 죄를 용서하
여 주옵소서. 아버님 뜻대로 살아갈
수 있는 용기를 저에게 주옵소서.' 하
는 그 겸허한 마음 외에는 아무것도
할 말이 없다 하였거늘,
35 어찌하여 너희들은 말로 중언부언하
며 내 뜻을 정면으로 거부하는 그와
같은 행위를 하며 나를 욕되게 하느냐?
36 너희들이 교회를 짓는 것이요, 헌금을
거둬들이는 그것만이 내 뜻을 거역하
는 대표적인 것인 줄 아느냐?
37 기도를 너희들의 생각이요, 뜻대로 마
음대로 지껄이며 중언부언하지 말라
하였거늘, 너희들은 기도만이 역사한
다 하느니라.
38 그리하여 세상의 온갖 아름다운 말을
다 갖다 붙이며 너희들이 역사할 수
없는 것을 역사해 주는 것처럼 하니,
39 나 여호와는 기도로써 중언부언하는
것을 들어주지 아니한다 했거늘, 너희
들이 기도로써 중언부언하는 것은 모
든 게 다 이루어진다 가르치는 종교
지도자가 누구더냐?
40 너희들은 나와 관계없는 것이며, 다른
신을 받드는 자며, 나보다 위대한 신
을 경배하고 받드는 것이니, 나보다
더 높아진 자가 아닌가?
41 기도로써 너희들의 죄를 소멸해 주며
표백시키니 기도를 하라, 울고불고 기
도하라 가르치며 행함은 뒷전으로 미
루는 것,
42 생명을 거듭나게 하며, 너희들의 마음
과 생각에 원하고 소원하는 것을 모두
다 들어주며, 너희들의 인생의 걸림돌
이 되고 장애물이 되고 나가는 길을
막는 것을 치워 주고, 너희들의 성공
을 보장해 주며 미래를 열어 주는 것
이 기도의 근본이라 가르치는 신앙이
요, 믿음이니,
43 이 또한 짓지 말라는 교회를 짓고 헌
금을 받아들이는 그것보다 더 무섭고
큰 죄이니라.
44 나의 백성을 세뇌시키며 이와 같은 너
희들의 잘못된 중언부언 기도하는 것
으로써 다 이루어지고 소원을 성취한
다는 것, 그것이 잘못되었으며 이 세
상을 이리 험악하게 사탄이 우글거리
는 세상으로 만들었으니, 그 죄가 교
회를 짓는 것보다 더 큼을 알라.

8,850 번째 하나님 말씀

2003년 12월 21일 04시 55분

1 사랑하는 나의 아들아!
2 "네, 아버님! 말씀하옵소서."
3 내가 너를 통하여 새로운 성경이요,
그리고 만백성의 법전이라 하여 세상
에 내려보냄이니, 이를 받아 전하고
기록하는 네가 그를 행하지 아니하며
그를 지키지 아니함은 어떠한 짓을 하
고 있는 것인지 알겠는가?
4 "네, 아버님! 알고 있사옵나이다, 창조
주 아버님의 뜻을 감히 거역하며 순종
치 못하는 그와 같은 짓을 하고 있는
것을.
5 이제 저는 법전대로 하여 모두를 다
끊을 것이며 모두를 다 덮을 것이옵나

이다.
6 오로지 아버님의 명하신 대로 하나도
부끄럼이 없이 지키는 저로 거듭나는
아들로서, 만백성에게 한 점의 부끄럼
이 없는 자로서 그 길을 가겠사옵나
이다.
7 인간 세상 속에 들어가 인간과 더불
어 어울리고자 하는 것, 그리고 그들
과 더불어 저 자신의 옛날을 생각하
며, 육의 삶을 생각하며 그 속에 젖어
드는 그 모두가 다 부질없는 것이며,
그로 하여금 제가 무너지는 것을 알고
있사옵나이다.
8 그리고 정녕 저는 아직까지도 지키지
못하며 제가 행하지 못하는 것이 감
히 아버님의 뜻을 거역하는 것이며
그 두려움과 무서움을 몰랐사옵나이
다, 아버님!
9 이제는 절대 그런 일이 없도록 하겠사
옵나이다."
10 네가 나로부터 무슨 명을 받았으며,
너는 무엇을 보았느냐?
11 "네 아버님, 아버님께서 천사를 시켜
저를 거두려 하시는 것을, 첫 번째는
하나의 무서운 천사를 보냈고, 그리고
그 천사가 아버님의 뜻을 읽어 저를
데려가지 아니하였으며,
12 또한 두 천사가 내려왔음이니, 제가
정녕 바로 갈 수 없느냐 애원하며 저
를 하얀 천으로 밀아 하늘로 데려 올
라가다 저를 또한 놓아 주셨으며 풀어
주신 그 천사님들을, 저는 그를 보았
사옵나이다."
13 네가 얼마나 잘못 지키며 네가 내 뜻
을 순종치 못하면 160권의 법전이 세
상에 나오기 전에 너를 내가 데려가려
하였겠는가?
14 이제는 네가 그를 알았으며, 네가 지
키지 않는 것은 내 뜻을 거역하는 것
이요, 지금까지 네가 행하지 못하고
지키지 못함을 알고 깨달았으니, 내가
너에게 다시 한 번 기회를 줌이니라.
15 한 점의 부끄럼이 없는 삶을 살라.
16 내가 너에게 무어라 말하였느냐?
17 모두를 명한 것을 기억하여 하나하나
지키도록 하라.
18 내가 너를 더 이상 놔 줄 수 없으며,
내가 더 이상 너를 풀어 줄 수가 없으
며,
19 네가 이제는 잘못 지키는 것, 잘못 가
는 것이 나를 욕되게 하는 것이며 내
뜻을 거역한다는 두려움과 무서움을
알았으니, 이제는 스스로 가라, 사랑
하는 나의 아들아!

8,851 번째 하나님 말씀

2003년 12월 21일 06시 59분

1 사랑하는 나의 아들아!
2 "네, 아버님! 말씀하옵소서."
3 세상에 느리고 빠른 것이 없으며, 느
린 것이 빠른 것이요, 빠른 것이 늦을
수도 있는 것이 인간 세상사 너희들의
살아가는 삶이니라.
4 너희들이 그니큰 건축물이요, 집을 지
음에 있어서 서서히 늦게 짓는 것이
너희들이 생각할 때는 늦은 것 같으
나, 그는 완벽하고 단단하게 그 집을
지음이니,
5 빨리 짓는 자, 그게 무너지며 그로 인

하여 모든 재앙을 부를 수도 있는 것
이 인간 세상에 너희들이 역사하고 살
아가는 것이거늘, 어찌하여 너는 빠른
것이 빠르며 늦은 것이 늦다 그리 생
각하는가?
6 그리하여 늦는다 하여 그를 호통치며
빠르다 하여 칭찬하는 그와 같은 마음
의 자세로 살아간다면, 과연 네가 하
늘의 이치를 아는 자요, 또한 모든 백
성들 앞에 본보기가 되는 사람이요,
그리고 모든 진리를 다스리고 살아가
는 사람인가?
7 네가 일반 백성과도 차이점이 없으며
다른 것이 없다면, 과연 내가 너를 어
찌 다스려야 되겠는가?
8 인간 세상에 살아가는 속에 너희들이
하는 말이 있느니라.
9 '하나를 보면 열 가지를 안다.' 하였거
늘, 네가 어찌 그와 같은 틀을 아직도
벗어나지 못하고, 네가 빠른 것과 늦
은 것을 네 수준에서 생각하며 인간의
척도에서 생각하는가?
10 그리하여 늦는다 하여 화를 내며 빠르
다 하여 칭찬하는 그와 같은 마음을
가지고 있다면 일반 백성들과 아무것
도 차이가 없으며, 다른 것이 없으며,
변한 것이 없음이니, 이를 어찌 다스
려야 될 것인가?
11 이는 네가 이제 다시 서야 될 것이며,
너의 제자들 또한 그와 같이 다시 서
는 삶을 살지 아니하면 아니 됨을 알
아야 될 것이니라.
12 어린아이가 성장하면 그 성장함으로
써 사람들이 그를 믿고 그를 또 사회
인으로 받아들이며, 그리고 이제는 동
등한 인격체로서 잘잘못을 법으로 다
스리며 그를 용서하지 아니하며 그 대
가를 치르도록 하는 것이 인간 세상의
법도이거늘,
13 너희들은 성장할 만큼 성장하여 성년
이 되었거늘, 어찌하여 하나를 보면
열 가지를 안다는 그와 같은 걱정을
나 여호와가 하도록 하는 것인가?
14 이를 너 자신이 다스리고 바로 살아가
야 될 것이니 그리 알라, 사랑하는 나
의 아들아!

8,852 번째 하나님 말씀

2003년 12월 21일 07시 04분

1 사랑하는 나의 아들아!
2 **"네, 아버님! 말씀하옵소서."**
3 지금의 모든 종파요, 집단들이 서로
정통파라 부르짖고 있으며 그리 옹고
집을 부리고 있음이니라.
4 제 것만이 정통이라 옹고집을 부리고
있는 그 종파들 때문에 종파가 수없이
수천수만 가지로 지금 갈라졌으며, 이
를 하나로 엮고 꿸 수 없는 이와 같은
분열의 상태가 오늘에 이루어졌음을
너희들은 알아야 될 것이니라.
5 그러니 오늘의 이 결과를 역사한 그들
이 지금도 오로지 제 것이 제일이라
주장하는 것이며, 제 종파만이 하늘에
오르는 길이요, 저희 것 외에는 아무
것도 받아들이지 못한다 하여 굳게 결
속된 것 같으나,
6 그와 같은 종파에서도 내분으로 갈라
져 있으며 속에는 금이 가 있음이니라.
7 그리고 스스로 환멸을 느끼고 있으며,

저희들이 가는 것이 잘못됨을 깨닫고
있는 백성이 그 안에 수없이 있음을
너희들은 알아야 될 것이니라.
8 그러나 그들이 믿음의 그 길에서, 믿
음이라는 것은 변함이요, 전진하는 것
이요, 그리고 세월이 흐르고 또 믿음
이 깊으면 깊을수록 변화되는 것이 아
니라,
9 오로지 그저 종교 지도자가 가르치고
설교하는 성서에 들어 있는 내용만 가
지고 너희들이 평생 살아야 될 것이며
그것만이 하늘에 오르는 길이라는 그
굴레를 벗어나지 못해 그대로 지키고
있는 자들이니라.
10 그러니 그들은 내부가 굳어져 있는 것
같으면서도 또 분열되어 있는 것이 그
들이지 않느냐?
11 그리하여 그중에서도 광신도들이 있
느니라.
12 그저 성서의 한 획도 고치지 못하며
더 변화되어도 안 된다고 제 것을 주
장하는 자, 그와 같은 자들이 얼마나
두렵고 무서운 자인 줄 알겠느냐?
13 제 목숨을 다 바쳐서라도 그를 고수하
고자 하는 그 신도들이야말로 전쟁터
에서 죽기 아니면 살기로 명령에 의하
여 적진을 향하여 돌진하는 병사보다
도 더 용기 있는 자들이요, 더 용감한
자이니,
14 그들의 무식의 용기가 그와 같이 두렵
고 무서움을 너희들은 알아야 될 것이
니라.
15 적진을 향하는 병사도 그와 같이 굳어
지지 못하며 용기 있지 아니할 것이니
라.
16 또한 그와 같이 돌진하는 자들에게 너
희들이 무어라 말하느냐?
17 군가와 같은 찬송가를 부르도록 하며
그를 암송하도록 하여, 제 정신들을
다 빼놓고 그저 돌진하도록 하는 것이
너희들이니,
18 제 것을 주장하는 데는 개인의 희생은
아무것도 아니며, 개인을 희생하여 지
금 달려가는 것, 그리고 군가와 같은
찬송을 부르며 제 것을 고집하며, 하
늘에 오르는 길이라 하여 그저 주장하
고 달려가는 자들, 그와 같은 자들이
나에게 충성하는 것이라 그들이 그리
알고 있음이니, 그들을 이제는 깨우쳐
주어야 될 것이니라.
19 그것이 나에게 충성하는 것이 아니라
는 것을 그들은 알아야 될 것이며, 그
를 모르고 가는 자, 돌진만 하는 자,
그들을 깨우치라.
20 그러하기에 남의 집단과 남의 목숨 또
한 귀한 줄을 모르며 소중한 줄 모르
는 자들이니라.
21 앞만 보고 달려가는 자요, 그저 먹이
사슬을 위해 달려가는 짐승처럼 그를
쫓는 것밖에는 모름이니, 그와 같은
자들이 오늘의 나의 사랑하는 백성이
라 말하며 하늘에 오르는 길이라 말하
느니라.
22 그리하여 그들이야말로 제 목숨이 두
려운 줄 모름이니, 남의 목숨 소중한
것을 모르며, 남의 종파요, 남의 믿음
이요, 참진리의 귀하고 소중한 것을
모르는 자들이니라.
23 그들과 너희들이 더불어 엎치고 덮치
는 그와 같은 역사가 이루어질 때, 이

제는 너희들이 그들을 다 제압해야 될
것이며, 너희들이 그들에게 승자가 돼
야 되는 그와 같은 마음의 다짐이 없
어서는 정녕 아니 될 것이니라.
24 그러나 너희들이 승자가 되기 위한 그
길이 얼마나 험난하고 어려운가?
25 그것은 너희들 스스로 부닥치고 역사
하면서 스스로 이겨야 된다는 것을 잊
지 말라.

8,853 번째 하나님 말씀

2003년 12월 21일 07시 08분

1 사랑하는 나의 아들아!
2 "네, 아버님! 말씀하옵소서."
3 지금 믿음이라는 그 종교 집단의 광신
도들, 하나밖에 없는 제 목숨을 걸고
돌진하는 백성, 그들을 깨우치고 다스
려 나가기는 지금의 너의 제자들이 너
무나 역부족이며, 어렵고 힘들 것이
며, 정녕 어디서부터 근접할 것인가
그 방향도 잡지 못하고 있는 것이 너
희들일 것이니라.
4 그리고 다른 신에 젖어 있어 너희들을
보지도 아니하며 나 여호와를 찾지도
않는 그들을 깨우쳐 다스려 나가기는
정녕 힘들고 어려운 것이니라.
5 오로지 저희 것만 주장하고 살아가는
백성들이니, 그러나 너희들은 알아야
될 것이니라.
6 모든 종파에서 자신의 그 믿음이 허황
된 것이며 잘못된 것이며, 제가 참진
리를 찾지 못하여 방황하는 그 백성
들, 그리하여 속해 있던 모든 곳에서
등 돌리고 떠나온 그 백성들, 그러니
희망이 없으며 그리고 미래가 없으며
참진리가 아니라 하여 지금 떠도는 그
백성, 그들을 너희들이 바로잡고 다스
려 주는 데 역점을 둬야 될 것이니 그
리 알라.
7 그들이야말로 용기 있는 자요, 미래에
역사할 수 있는 자들이니라.
8 저를 찾지 못하며 저를 다스리지 못하
며 믿음의 길을 모르는 그 백성, 지금
까지 방황했던 그들을 너희들이 구원
하고 다스리며 나의 법전을 전하여 깨
우치도록 최선을 다하라.
9 그리하여 그들이 깨닫고 돌아설 때,
지금까지 너희들이 갈고닦은 그 경험
을 살려 너희들이 역사하는 길에 앞에
달려갈 수 있는 일꾼들이요, 만백성을
구하는 데 조금도 손색이 없는 그들일
것이니라.
10 그러니 참진리요, 하늘에 오르는 빛이
무엇인지, 그들은 이제 나의 법전을
읽고 깨우쳤을 때 그것을 알 수 있을
것이니라.
11 그러니 그들로 하여금 모두를 역사할
수 있도록 너희들이 그들을 잘 다스리
고 일깨워 주어야 될 것이니라.
12 지금의 모든 종교 집단이요, 그들은
무엇인 줄 아느냐?
13 참진리가 세상에 내려온다 해도, 참빛
이요, 하늘의 진정한 빛이 내려온다
해도 그를 믿지 않는 자들이요, 그를
인정하지 않으려는 것이 오늘의 종교
집단이요, 나의 백성을 끌고 가는 자
들이니라.
14 그와 같은 자들이 세상에 존재하며 그
들이 있는 한 너희들이 나의 뜻을 역

사하는 것은 정녕 어렵고 힘든 길이니,
15 목숨을 바쳐 군가 같은 찬송가를 부르
며 돌진하는 그들을 너희들이 정면으
로 막고 부딪치기는 너무나 역부족이
고 힘들 것이니라.
16 그러니 여기서 너희들 스스로 어찌해
야 그를 이길 수 있으며 그를 막을 수
있으며 그 돌진하는 자들을 피해 갈
수 있을 것인가를 너희들은 알아야 될
것이니라.
17 앞을 보고 달리는 자는 옆으로 조금만
비켜서도 제 스스로 넘어질 것이니,
18 그와 같은 현명한 방법으로써 그들을
깨우치는 길은 오로지 공허한 마음이
요, 그리고 지금의 진리 속에서 진리
를 찾지 못하며, 이것은 아니라 하며
회개하고 깨우치는 그 백성에게 너희
들이 나의 법전을 주어, 그들로 하여
금 나아가 저희들이 가지고 있는 경험
이요, 체험을 살려 그들을 무너트리고
방어하는 것이니,
19 그들과 대적할 수 있는 자는 그들밖에
없음이니, 너희들 힘으로써는 역부족
이니, 너희들은 법전을 만드는 데 최
선을 다하라.

8,854 번째 하나님 말씀

2003년 12월 21일 07시 11분

1 사랑하는 나의 아들아!
2 "네, 아버님! 말씀하옵소서."
3 너무나 많고도 많은 나의 백성들이,
참진리요, 하늘의 빛을 위하여 살아가
고자 하는 자들이 수없이 있음이니라.
4 그러나 완벽하다는 종교 집단이요, 광
신도들, 그리고 제 종파만이 완벽하다
하여 군가와 같은 찬송을 부르며 돌진
만 하는 그 백성들이, 남들 앞에서 설
교하며 남들 앞에 저희들 것이 옳다
주장하며 목소리 높이는 자도 스스로
저 자신이 부족하며 제가 완벽하지 못
하다는 것을 알고 있음이니라.
5 그리하여 불안함과 초조함을 가지고
있기에 더 음성을 높이며, 극치에 달
하여 만백성에게 발악 못지않은 그와
같은 행위를 하고 있는 자들이 있음을
너희는 알아야 될 것이니라.
6 내가 또한 너희들에게 일찍이 성서에
그리 가르쳐 주지 아니하였던가?
7 아무리 완벽하다고 남들 앞에서 소리
지르며, 돌진하는 병사보다도 더 용감
하게 저희들이 나서나, 그들의 내면에
는 부족하며 불안하며 저희가 완벽하
지 못한 것을 알고 있는 그 수가 헤아
릴 수 없음이니라.
8 내가 그 수가 무어라 하였느냐, 열 명
중에 여덟 명은 그들이 그리 가고 있
다 하였음이니라.
9 그들의 수를 너희들은 알아야 될 것이
니라.
10 그러니 경험에 의하여 저희들이 지금
까지 온 믿음이 얼마나 잘못되었는지,
수십 년 동안 오늘의 종교 집단에서
믿음의 길을 오면서 그 경험이 쌓이고
쌓인 것 외에 저희들의 머리로 계산하
고 또 계산해 볼 때,
11 그들은 정녕 이것은 아니라는 것을 알
면서도 대안이 없으며, 변화되는 믿음
이라는 것을 모르기 때문에 거기에 그
들이 맹신하고 그저 있을 뿐이지,

12 그들이 나의 법전을 읽고 깨우치기 시
작하면 무너지는 것은 이루 말할 수
없을 것이니라.
13 믿음이 깊으면 깊을수록, 그 경험이
풍부하며 그 경험에 의하여 오늘의 종
교 집단이요, 지도자가 이끄는 것, 저
희들이 가고 있는 것을 볼 때, 스스로
저희들이 부족하며 완벽하지 않다는
걸 알기에, 그를 덮으려고 악을 쓰는
자들이니라.
14 그와 같은 많은 백성이 있다는 것을
너희들은 알아야 될 것이니라.
15 그리하여 그들에게 너희들이 나의 법
전을 전하여 그들을 깨우치지 아니하
면 아니 됨이니, 이를 어찌하겠는가?
16 그러니 너희들은 최선의 노력을 다하
라.
17 불안과 공포에 떨고 공허에 젖어 있는
그 백성을 구하는 데 너희들이 잠시도
주저해서는 아니 될 것이니 그리 알라.

8,855 번째 하나님 말씀

2003년 12월 21일 11시 46분

1 사랑하는 나의 아들아!
2 "네, 아버님! 말씀하옵소서."
3 누가 무어라 해도 창조주 나 여호와가
이 세상의 모두를 역사했으며, 너희들
의 생명에서부터 미물의 생명까지 그
모두를 내가 주관하여 이 세상에 역사
하였음이니, 너희들이 이를 모르는 것
이 어디 있다 말할 수 있겠느냐?
4 어떠한 조각을 만들어 그를 깎는 자가
망치를 들고 정으로 그를 다스려 나감
이니, 어디가 잘못되었으며 어디가 깊
이 되었으며 어디가 상처 난 곳인지
그가 모른단 말이더냐?
5 그림을 그린 자가 제가 물감을 칠했으
니 어디가 어둡고 밝은 곳인지 모를
수 있겠느냐?
6 인간인 너희들이 무엇을 만드니, 만든
자는 그를 잘 알고 있음이니라.
7 이것이 정품인지 비품인지, 그리고 제
대로 된 것은 어디며 잘못된 곳은 어
디며 보강하고 고쳐야 될 곳은 어딘지
를 다 아는 것이 인간의 지혜가 아니
더냐?
8 그러니 창조주 나 여호와가 이 세상을
창조하여 내렸음이니, 너희들의 구석
구석 그 모두를 내가 모른다 생각하
며, 내가 고칠 것, 버릴 것을 모른다
생각하느냐?
9 내가 동양의 작은 나라의 이 언어로써
세상을 지배하며 세상을 통제하며 다
스린다 그리하였음이니라.
10 그리고 너희들로 하여금 사랑을 심어
사랑으로써 그 열매를 거두고자 하는
것이 나 여호와의 뜻이라 하였음이니,
이를 믿고 정녕 따라야 될 것이 너희
들이니라.
11 여기서 너희들이 계산을 두며 다른 생
각을 해서는 절대 아니 됨이니라.
12 그러니 나 여호와는 돌멩이로도 모두
를 역사할 수 있으며 흘러가는 낙엽으
로써도 역사할 수 있는 것이니라.
13 그러니 무엇을 가지고 있든지 나 여호
와는 세상에 안 보이는 것이 없으며
내가 모르는 것이 없음이니, 그것을
고치고 다스리는 것도 나 여호와는 알
수 있음이니, 너희들은 내 뜻을 알아

야 될 것이니라.
14 그 누가 무어라 해도, 너희들을 가지고 역사하지 못한다 해도, 나의 법전이 세상을 통제하지 못하며 다스리지 못한다 해도,
15 여호와가 너희들에게 내린 이 뜻의 의미를 안다면 너희들은 주저하지 말며, 두려워하지 않는 마음을 갖고 살라.
16 내가 너희들에게 선택된 백성이라 하였음이니, 내가 나의 아들을 통하여 그가 뭐라 말하였느냐?
17 더 이상 나로부터 용서받을 길이 없으며, 나에게 용서받을 수 있는 길이 없기에 나의 아들은 버림을 받는다며 그가 너희들 앞에 눈물로써 약속을 하지 아니하였는가?
18 그는 지켜 갈 것이니라.
19 그러니 또한 너희들도 그리 지켜 가야 됨을 잊지 말라.
20 너희들 말에 그런 말이 있느니라, '제 버릇 개에게도 주지 못하는 것이 인간의 버릇'이라는 말이 있음이니,
21 개에게도 줄 수 없는 너희들의 그 험악한 버릇이요, 지울 수 없는 그 버릇, 그것을 가지고 너희들이 나로부터 버림을 받겠는가,
22 아니면 너희들이 그 모두를 다 지워 버리고 던져 버려서 거듭나는 백성으로서 나에게 올 것인가?
23 이제 오늘 너희는 돌아가면서 그 마음을 너희 스스로 다스려 행하는 삶을 살라.
24 추호도 너희들을 용서하지 않음이니라.
25 너희들이 잘못했을 때 나는 잘못된 인간의 열매를 거둘 수 없으며, 수확할 수 없는 것이니라.
26 그러니 너희들은 너희 것이 아니며, 오로지 내 뜻에 따라 만백성을 구하는 그와 같은 역사의 길을 가는 것이 너희들이니 그리 알라, 사랑하는 나의 선택된 나의 아들딸들아!

8,856 번째 하나님 말씀

2003년 12월 22일 06시 10분

1 사랑하는 나의 아들아!
2 "네, 아버님! 말씀하옵소서."
3 인간 세상에 너희들이 살아가며 부모가 자식에게 매를 들 때, 그 마음이 과연 어떠하던가?
4 그 부모는 제 자식이 바로 서기를 바라며 바로 가기를 바라느니라.
5 그러니 인간의 도리를 다하지 못할 때는 자식이라는 인연을 끊는 것이 차라리 나을 것이라는 그와 같은 생각을 가지고 있는 것이 육의 부모 너희들의 생각이요,
6 그리하여 제 자식을 제 자식으로 만들기 위하여 매를 들며 체벌을 가할 것이니라.
7 나 여호와 또한 그러하니라.
8 내가 이 세상을 다시 역사하고자 너를 세상에 내려보내, 나의 법전이요, 나의 성령의 모두를 태워서 세상에 내려보내 책으로 만들어, 만백성이 이를 보고 깨우치는 그 역사를 함이니,
9 네가 나의 뜻에 순종하며 바로 살지 아니할 때는 너 또한 나의 아들이 아니요, 나와 관계없는 자만도 못하다

내가 생각함이니, 내가 너를 그리 버
려둘 수가 없음이니라.
10 그리하여 내가 너에게 모든 체벌을 주
며 내가 너에게 모두를 다스리거늘,
나 여호와가 나의 자식을 나의 자식으
로 남게 하고자 하는 내 마음을, 과연
너는 어디까지 가서 그것을 깨달을 것
이며 그를 알겠는가?
11 너는 천사와 같이 바로 서야 되며, 만
인이 너를 볼 때 네 얼굴이요, 네 눈빛
의 인자함과 자애로움을 스스로 느낄
수 있는 그와 같은 모습으로 변하지
아니하면 아니 된다 하였음이니, 그
모두는 너 스스로 몸과 마음을 닦는
것밖에는 없음이니라.
12 내가 너에게 무서우리만큼 체벌을 가
한다 하지 않았던가?
13 네 육신을 쓰지 못하게, 네가 토굴에
서 생각하고 말만 하는 것으로써 나는
160권의 법전을 세상에 낸다 하였음
이니,
14 네가 나에게 무서운 체벌을 받고도 자
애로운 천사와 같은 모습으로 변하지
못한다면, 나는 내 자식을 버리지 아
니하기 위해 그리함이니 너는 그를 알
아야 될 것이니라.
15 내가 내 자식을 버려서 내 자식이 자
식으로서 역사하지 못할 때, 나는 그
로 인해 더 이상 고통을 당할 수 없으
며 더 이상 내가 아픔을 겪을 수가 없
음이니라.
16 그리하여 내가 너에게 체벌로써 다스
림이니, 네가 천사와 같이 자애롭고
유한 모습으로 변하여 옳고 바른 행동
만 하고 안 하는 것은 너에게 달렸음
이니라.
17 너는 알아야 될 것이니라.
18 이슬을 먹고 사는 그 벌레는 이슬을
먹고 삶이니, 그가 다른 것을 취하고
먹으면 그는 살지 못하게 되어 있으며
그는 죽게 되어 있음이니라.
19 그러니 너는 나의 성령의 나의 뜻대로
모두를 역사하지 아니하면 너는 내 아
들로서 너 자신이 무너짐이니,
20 네가 내 아들로서 자신이 무너지며 지
키지 못할 때, 너는 무엇이 되겠는가?
21 사탄의 자식이 됨이니, 나는 내 자식
을 사탄으로 보내고 만들 수는 없음이
니라.
22 그리하여 내가 너에게 모두를 체벌로
써 다스릴 것이니,
23 네가 조용히 앉아 기도하고 경배하며
법전을 만들며, 스스로 천사와 같은
눈빛으로 천사와 같은 모습으로 그리
고 네 마음이 비단결처럼 그리 변하는
역사를 하지 아니하면 이제는 내가 용
서치 아니할 것이니,
24 이는 네가 어찌하느냐에 따라서, 네가
바로 가느냐 그렇지 않으면 네가 고통
과 시련 속에서 체벌 속에서 바로 갈
것인가 선택의 여지가 있음이니라.
25 부모도 그 자식을 가르치고 또 체벌하
여 가르치며 그 자식을 버리지 못하는
것이 육의 세상의 인간관계의 부모와
자식이니, 나 또한 너를 놓고 버릴 수
없음이니라.
26 160권의 법전이 세상에 나가 만백성
을 구하는 그 역사는 너 외에는 누구
도 할 수 없음이니,
27 너는 나로부터 무서운 체벌을 받으며

바로 설 것인가, 그렇지 않으면 나로
부터 사랑을 받으며 네가 천사와 같은
세상에 둘도 없는 아름답고 자애로운
모습으로 거듭나겠는가, 그는 네가 선
택해서 가도록 하라, 사랑하는 나의
아들아!
28 네가 바로 서지 못함은 무엇이더냐?
29 내가 일찍이 종교 지도자는 거울로 비
추어 보고 유리로 비춰 봐 한 점의 부
끄럼이 없는 그와 같은 모습이 되어야
된다 하였음이니라.
30 저 자신을 거울에 비추어 봐 저 자신
이 완벽해야 되며, 유리로 비추어 봐
서 모든 백성이 보는 것이 그리 완벽
해야 됨이니, 그것이 아니면 아니 됨
이니라.
31 이 세상에 단 하나의 나의 아들, 누구
도 갈 수 없는, 둘도 없는 그 길을 역
사해야 너의 제자들이 그를 따르며,
그를 보고 또한 너의 뒤를 따를 것이
니,
32 네 뒤를 따르는 제자가 없을 때, 내가
무어라 하였느냐?
33 세상의 모두를 다 끈을 놓는다 하였음
이니라.
34 그는 무엇이더냐, 내 뜻으로써 역사하
는 백성이 없음이니, 이 세상의 모두
는 나와 인연이 없기 때문에 내가 끊
는 것이라 함을 너는 알라.
35 그러니 너로 하여금 그 뒤를 잇는 제
자들이 수없이 역사하여 나의 백성들
이 존재하는 세상을 이루지 아니하면
아니 됨이니, 내가 너를 체벌로써 다
스릴 것이니 그리 알라.

8,857 번째 하나님 말씀

2003년 12월 22일 06시 15분

1 사랑하는 나의 아들아!
2 "네, 아버님! 말씀하옵소서."
3 내가 생수를 세상에 내려보내니, 그
생수를 담는 그릇에 오물이 있으면 만
백성을 구원하고 다스릴 수 없다 하였
음이니라.
4 그러니 네 눈빛이요, 네 모습이 자애
롭고 부드러우며 만백성에게 빛이 되
지 아니하면 아니 됨이니,
5 너는 마음속에 더 좋아하는 사람, 더
사랑하는 사람, 더 소중하여 네가 아
깝게 생각하는 사람, 그와 같은 모든
인연의 고리요, 마음을 다 끊어야 된
다 하였음이니라.
6 그는 바로 무엇인 줄 알겠느냐?
7 만백성을 똑같이 사랑해야 할 네가,
똑같이 빛을 비추어 주어야 할 네가,
더 소중히 생각하는 사람, 그리워하는
사람, 그리고 사랑하는 사람이 있다
하면, 너는 그게 무엇인 줄 알겠느냐?
8 생수를 담아야 할 그 그릇에 오물이
묻어 있는 것처럼, 네가 비춰야 될 그
빛이 바로 비추지 못하며 그 빛이 가
려짐을 너는 알아야 될 것이니라.
9 네 마음속에 누군가를 소중히 생각하
며 간직하며, 모든 백성을 똑같이 사
랑하는 마음을 갖지 아니한 것은 무엇
인 줄 알겠느냐?
10 천사와 같은 네 마음속에 사탄과 같은
마음이 도사리고 있는 것임을 너는 알
아야 될 것이니,
11 그리하여 내가 모두를 그리 사랑하고

그리 아끼라 하였으며 똑같이 보라 하
였거늘, 네가 아직도 그를 행하지 못
하며 정녕 그를 역사하지 못함이니,
12 내가 그 모두를 체벌로써 다스릴 수
없음이니, 그 마음을 비우도록 해야
될 것이니라.
13 네가 그 마음을 비우지 아니하면 네가
천사와 같이 자애로운 눈빛이요, 네
모습이 그리될 수 없으며,
14 네 마음이 깨끗하지 못하며 네 마음에
흠집이 있으니, 네가 만백성의 생수의
역할을 할 수 없으며 빛의 역할을 할
수가 없음이니라.
15 그러니 그 모두를 다 지우고, 그 모두
를 네가 기억에서 뽑아내지 아니하면
아니 될 것이니라.
16 눈을 감고 세상을 보면 모두가 다 캄
캄한 것이요, 보이는 것이 없듯이, 너
는 모든 백성들이요, 모든 것을 다 그
리 봐야 될 것이니라.
17 자애로운 눈빛으로 내려다보며 부드
러운 마음으로 내려다보며 그와 같은
역사의 마음으로써 모두를 보지 아니
하면 아니 될 것이니라, 사랑하는 나
의 아들아!
18 오늘부터 그와 같은 마음을 지키라.
19 내가 명한 것을 모두 하나하나 기억하
여 그를 지키지 않을 때 내가 너에게
체벌을 할 것이니,
20 네가 정녕 인간 세상에 받는 고통과
체벌이 아니요, 하늘의 법도의 내 매
를 맞고 그 하늘의 체벌을 견딜 수 있
다 생각하는가?
21 그러니 그와 같은 마음도 하나하나 다
지우고, 오로지 법전에 기록된 내용대
로만 그대로 살아가도록 그리하라.
22 모두의 끈과 인연을 놓아야 될 것이니
그리 알라.

8,858 번째 하나님 말씀

2003년 12월 22일 06시 20분

1 사랑하는 나의 아들아!
2 "네, 아버님! 말씀하옵소서."
3 이 세상에 모두를 역사하고 이길 것은
사랑밖에 없다 그리하지 아니하였느
냐?
4 그러나 너는 여기서 깨달아야 될 것이
니라.
5 사랑도 선과 독이 있음이니, 이를 너
희들이 분류하고 구분하는 삶을 살지
아니하면 아니 됨이니라.
6 너희들이 선한 것을 사랑하며 곧고 바
른 것을 사랑하며 하늘을 향하여 한
점의 부끄럼이 없는 그와 같은 사랑은
내 뜻이며, 그 모두는 다 용해시킬 수
있으며 녹일 수 있는 것이니라.
7 그러나 너희들이 악한 것을 사랑하며
악한 것을 즐겨 하며, 인간 세상에 너
희들이 악한 쪽에 사랑을 준다면, 그
리고 하늘을 향하여 부끄러운 행위를
하며 그것을 사랑하며 그것을 좋아하
며, 거기에 모든 사랑을 쏟고 살아가
는 그와 같은 자로 산다면, 너희들은
사랑을 빙자하여 악을 육성하며 악의
씨앗을 갖게 됨이니라.
8 내가 말하는 너희들의 사랑함도 이와
같은 것을 알아야 될 것이니라.
9 하늘을 향하여 부끄럽지 않은 곳에 모
두의 사랑을 함은 나의 뜻이요,

10 하늘을 향하여 부끄러운 곳에 너희들이 사랑을 하며 육의 사랑을 하며, 육의 모든 정열을 거기에 쏟는다면, 너희들은 사랑이라는 그 아래 악을 육성하는 것이며, 너희들이 악이 되어 스스로 무너지는 그와 같은 삶을 사는 것이니,

11 사랑이라는 그 단어를 놓고 너희들이 깊이 연구하고 생각해 보도록 그리하라.

12 그러니 나의 아들딸 너희들은 어떠한 사랑으로써, 어떠한 사랑의 마음으로써 실천하고 살아가야 될 것인가?

13 악의 씨앗의 사랑을 한다면 그는 너희들이 마음을 비우지 못한 것이며, 아직도 너희들이 바로 서지 못한 것임을 알아야 될 것이니라.

14 너희들이 바른 마음이요, 바로 섰을 때, 너희는 해서는 안 되는 그와 같은 사랑을 하며 즐기고 베풀 수는 없는 것이니라.

15 그러니 그 사랑의 형태도, 사랑의 종류도, 사랑을 행하는 그 자세도 어떠한 것인가를, 이제 너를 따르는 제자 너희들은 알아야 될 것이니 그리 전하라.

8,859 번째 하나님 말씀

2003년 12월 22일 06시 27분

1 사랑하는 나의 아들아!

2 **"네, 아버님! 말씀하옵소서."**

3 너는 너의 제자들의 옳고 그른 것을 말해 주며 그들을 깨우쳐 줌이니라.

4 말을 많이 하는 제자에게 말을 자제하도록 하며, 거짓된 행위를 하는 제자에게 그 거짓을 삼가도록 하며, 게으르고 노력하지 않는 제자 또한 그를 탓하며, 믿음이 흔들리는 그와 같은 제자에게 바로 가라 가르침이니,

5 이제는 네가 너 자신을 돌아다봐야 될 것이니라.

6 네가 나의 명을 받아서 너의 제자들의 옳고 그름을 깨우쳐 주며 그 미래를 인도해 주나,

7 이제는 네가 과연 그와 같이 선생으로서 지도하고 가르치고 말할 수 있는 그 자격을 갖춘 자가 되었는가를 봐야 될 것이니라.

8 네가 그와 같이 갖추어지지 않은 상태에서 나 여호와의 뜻이라 해도, 그들에게 잘잘못을 지적해 주고 그들을 인도할 때, 그들은 가슴속에 눈물 흘리는 고마운 마음으로써 그를 받아들이지 못함이니라.

9 그러나 네가 바로 섰으며 네가 인자한 모습으로써 한 점의 부끄럼이 없는 삶을 살아가는 나의 아들로서 바로 섰을 때, 네가 나의 뜻을 그들에게 전해 주면 그들은 눈물을 흘리는 고마운 마음으로 그를 받아들일 것이며, 그들이 행할 수 있음이니라.

10 그리하여 선생이 한 점의 부끄럼이 없는 삶을 살아야 한다 함이 여기 있음이니라, 사랑하는 나의 아들아!

11 내가 너에게 이제 말하노니, 네 말로 네가 스스로 말했듯이 그리 살아가라.

12 식물인간으로 살아가겠다 네가 그리 말하였으니,

13 들어도 모르며, 봐도 모르며, 그와 같

이 판단력이 없는 순수한 식물인간으
로서 네 인생을 살아가는 것이 네가
가야 할 길이며, 네가 역사하는 길이
라 하였음이니, 네가 그와 같은 마음
으로 살아가라.
14 그와 같은 마음으로 가르치고 다스릴
때, 너의 제자들이 바로 설 것이며 그
들은 무서운 속도로 변할 것이니라.
15 네가 정녕 그와 같은 마음으로 가겠다
말했으니, 그 또한 네가 나에게 한 언
약이요, 네가 스스로 그리 약속한 것
이니, 네가 그리 행하고 지키도록 하
라, 사랑하는 나의 아들아!
16 세상사를 보고도 모르며, 들어도 모르
며, 욕심이 없으며, 더 갖고자 하는 것
도 없으며, 누구를 더 주고자 하는 마
음도 없으며, 그 모든 마음을 다 비운
자세로써 살아가는 나의 아들로 거듭
나라.
17 그리했을 때 이 세상에 다 역사할 수
있을 것이니, 그리 알도록 전하라.
18 만일 네가 본 것처럼 살다 나에게 오
지 못한다면, 만백성을 구하여 지상의
낙원을 천 년에 걸쳐 만드는 그 역사
를 한 나의 아들이 내 품에 오지 못한
다면, 내가 세상을 잃는 만큼 아프지
않겠는가?
19 한 사람의 의인이 있음으로 세상과 바
꾸지 아니한다 했으니, 사랑하는 나의
아들이 세상에 내려왔으나 네가 나의
옆에 오지 못한다면, 천사도 그를 어
찌 보며, 사탄들은 그를 어찌 보며, 그
리고 어떠한 백성이 내 옆에 올 수 있
겠더냐?
20 그러니 네가 그와 같은 변화의 역사를
이루지 아니하면 아니 됨이니라.
21 나의 아들 예수를 따라서 모두를 역사
했던 그 백성이 그 길을 가지 아니하
고 그를 따르지 아니하여 한 사람도
내 앞에 온 사람이 없다 내가 너에게
말하였음이니,
22 이제 너를 따르는 백성들이요, 또한
네가 바로 서지 못해서 나의 백성이
그와 같은 일이 있어서 아니 될 것이
니,
23 너는 어떠한 일이 있어도 모든 백성을
인도하는 자로서 손색이 없어야 될 것
이며, 그들을 보내 놓고 네가 못 오는
사람이 되어서는 아니 될 것이니라.
24 네가 그와 같이 식물인간같이 변하지
아니하면 너 자신이 오지도 못하며,
네가 깨우친 백성 그 제자들 또한 나
에게 올 수 있는 자가 하나도 없음을
너는 알아야 될 것이니,
25 2천 년의 역사가 흐른 지금 또 그와
같은 세상이 흘러 내가 세상에 모두의
손을 놓는 그와 같은 아픔을 가져서는
아니 될 것이니라, 사랑하는 나의 아
들아!

8,860 번째 하나님 말씀

2003년 12월 22일 06시 31분

1 사랑하는 나의 아들아!
2 "네, 아버님! 말씀하옵소서."
3 만백성을 구하는 사랑하는 나의 아들
의 마음이 어떠해야 하는 것인지 알겠
느냐?
4 네 마음이 수평이 이루어져야 됨이니
라.

5 네 마음이 수평이 이루어진 그 속에서
모두가 역사할 것이며, 모든 백성은
네가 수평이 된 그 마음을 볼 것이며,
그 마음이 모두를 역사하는 것이니라.
6 내가 너희들에게 말하기를, 옥토를 만
들어 놓았을 때 거기에 어떠한 씨앗이
든지 뿌려서 모두가 역사할 수 있다
했듯이 그 기본이 되어야 됨이니, 사
랑하는 나의 아들 네 마음은 수평이
되어야 됨이니라.
7 조금도 좌우로 치우쳐서는 아니 됨이
니, 네 마음이 수평이 된 그곳에 네가
누구를 더 사랑하며 남들보다 더 귀히
여기는 그와 같은 마음을 놓았을 때,
그 수평은 무너짐이니라.
8 어떠한 것을 얹어 놓아도 그가 무너짐
이니라.
9 그러니 내가 너는 누구를 더 사랑하고
미워해서도 아니 된다 하였음이니, 식
물인간의 그 자세의 마음으로 살아가
라 하였음이니라.
10 네가 무엇을 갖고자 하는 욕심을 가질
때 그 수평은 무너지며, 네가 무엇을
취하고자 그리했을 때 그 수평이 무너
지며, 네 입에서 나오는 말이 아름다
운 말이 아니라, 남들이 들어서는 안
되는 그와 같은 말이 나오고 네가 그
리 행동하는 것, 그 모두가 다 수평이
깨짐이니,
11 이 세상 모두가 바로 설 수 없으며, 나
의 백성이 기틀을 잡을 수가 없음이니
라, 사랑하는 나의 아들아!
12 나의 법전이 세상에 수평을 이룸이니,
그를 만드는 나의 아들 네가 수평을
이루지 아니하며, 거기에서 어떠한 것
을 놓는다 해서 흔들려서는 아니 됨이
니라.
13 아무리 태산을 갖다 놓는다 해도 그
중심을 잡을 수 있는 흔들리지 않는
그 마음이요, 중심을 잡아 가야 됨을
절대 잊지 말라, 사랑하는 나의 아들
아!
14 네 마음에 수평이 무너지고 깨지면 모
두가 역사할 수 없음이니,
15 어떠한 것도 너는 더 생각하며 더 갖
고자 하며 더 이루고자 하며, 만분의
일이라도 욕심이라는 것을 버리지 못
했을 때 그 수평은 깨짐이니,
16 인간을 사랑하고 사람을 사랑하는 것
도 그와 같은 마음으로 가라 함이니,
우선 그 마음부터 다스리고 나면 그
모든 물질을 다스릴 수 있을 것이며,
명예와 부귀와 영화요, 그 모두는 다
다스릴 수 있는 것이니라, 사랑하는
나의 아들아!
17 수평을 항상 이루도록 하라.
18 모든 사람들과 대화하며 역사할 때,
네가 시소처럼 중심을 잡고 있는가,
그 중심축이 무너졌는가를 생각해야
될 것이니,
19 네 마음이 가는 것도 그 중심축은 무
너짐이니라, 사랑하는 나의 아들아!
20 내가 너를 사랑하며, 너는 그리 갈 수
있을 것이니라.

8,861 번째 하나님 말씀

2003년 12월 22일 06시 36분

1 사랑하는 나의 아들아!
2 **"네, 아버님! 말씀하옵소서."**

3 네가 육을 다스려 가며 이제 행함이
니, 그것이 곧 무엇이더냐?
4 네가 나에게 오를 수 있는 길이니라.
5 그러니 너를 따르는 제자 그들도 육의
행함을 바로 다스리는 그와 같은 삶을
살지 아니한다면 그들은 영혼을 구할
수 없으며, 영혼을 구하는 길을 볼 수
가 없음이니,
6 너희들이 육의 행함을 바르게 하며,
어떠한 고통과 고통 속에서도 너희들
이 바로 서며, 하늘을 향하여 한 점의
부끄럼이 없는 삶을 살라 그리하라.
7 그것이 영혼을 구하는 길이니라.
8 너희가 육을 다스리지 못하면 모두가
무너지며, 너희들이 그리 갈구하는 것
은 하나도 이루어질 수가 없음이니라.
9 이 세상 많은 자들이 제가 깨달은 자
요, 심지어는 나의 아들 예수의 이름
을 빙자하여 제가 예수라 하는 자가
있는가 하면, 각종 이름을 붙여 가며
또는 나의 이름을 팔아 제가 나라 하
는 자도 있음이니,
10 이와 같이 험악하고 사악한 백성이 세
상을 지배하고 있음이니, 그들이 과연
무엇인 줄 알겠느냐?
11 그들 자신이 제 육을 다스리지 못하는
자들이요, 그리 저 자신이 무엇인 줄
모르는 자들이니라.
12 그리하여 저희들이 감히 그와 같은 행
위를 함이니, 그 모두를 다스리지 못
한다 해도 나의 아들과 나의 아들을
따르는 제자 너희들은 육을 다스려 무
너지는 일이 있어서는 아니 될 것이니
라.
13 그러니 이와 같은 것이 하늘의 뜻이
요, 나 여호와의 뜻이라는 이치를 알
고 있는 너희들은 너희들을 다스리는
데 너 자신의 모두를 다 바치라.
14 너희들이 고도의 훈련이요, 그리고 힘
든 훈련을 연마하는 데 주저해서도 아
니 되며 인색해서도 절대 아니 됨이니
라.
15 그것만이 너희들이 이 세상 모든 백성
의 빛이 될 것이며, 구원자로서 지도
자로서 우뚝 설 수 있음을 알라.
16 이 세상을 보라, 그 수많은 백성들이
저 자신을 위하여 제가 무엇이며 제가
역사하는 자요, 그리하여 우후죽순으
로 지금 떠들며 요란을 피우고 있음이
니, 하늘에서 내려다보는 그 세상이
얼마나 복잡하더냐?
17 내가 만든 자연의 아름다움이 종교 집
단이요, 지도자요, 나의 이름을 빙자
하는 그와 같은 사악한 것으로써 이
세상을 다 덮고 있음이니,
18 그 속에 내가 나의 아들을 통하여 나
의 160권을 내려보내 너희들을 내가
불러 초청하여 이것을 모두 다스리고
자 함이니, 그들과 너희들이 똑같은
인생의 삶을 살아서야 되겠느냐?
19 차별화된 삶이요, 그들이 감히 고개를
들고 바라볼 수 없도록 너희들이 높이
변하는 그와 같은 삶을 살지 아니하면
아니 됨이니,
20 그것이 바로 육의 행함에 한 점의 부
끄럼이 없는 삶을 살아가야 됨이니라.
21 그것이 또한 너희들의 영혼을 구원할
수 있는 길이기에 내가 너희들에게 말
함이니,
22 육을 바로 다스리며 한 점의 부끄럼이

없는 삶을 살기 위해 고도의 훈련을 연마하는 것, 거기에 너희들이 두려워하지 말며 인색하지 말라 그리 전하라, 사랑하는 나의 아들아!

8,862 번째 하나님 말씀

2003년 12월 22일 11시 48분

1 사랑하는 나의 아들아!
2 **"네, 아버님! 말씀하옵소서."**
3 나의 아들 예수가 2천 년 전에 피범벅이 되어 죽어 가면서 모든 권력 있고 힘 있는 자들과 타협하지 아니하며, 그 누구에게도 고개를 숙이지 아니하며,
4 내가 존재하며 나 여호와의 아들로서 만왕의 왕으로서 만백성을 구하는 대명을 받은 자요, 그 임무를 수행하기 위하여 고개 숙이지 아니한 그 이유가 어디 있다 너는 생각하는가?
5 그가 모든 사탄과 모든 역경에서 싸워서 이길 수 있는 것이 나 여호와가 존재함을 알았기에 그는 모두를 이겼다 하였음이니라.
6 그러니 그가 모든 인간의 권력이요, 총칼이요, 너희들이 말하는 지금 쓰는 무기보다 더 잔인한 방법으로 창칼로써 그를 죽이는 역사를 한다 해도, 그는 굽히지 아니하며 그 모두를 받아들이고 인내하며 참고 가며 그 길을 선택한 것이 무엇인 줄 알겠느냐?
7 그가 고개를 숙이고 타협을 했으며 말을 바꾸었으며 행동을 바꾸었으면 그는 그와 같이 육을 가진 자로서 그 고통의 길을 가지 아니할 수 있었을 것이니라.
8 그러나 그가 말을 바꾸지 아니하며 행동을 바꾸지 아니하며 타협하지 아니한 것은 무엇이던가?
9 이 세상에 제 아무리 권력 있는 자요, 능력 있는 자라 해도, 인간의 제왕이라 하여 총칼을 가지고 흔든다 해도, 그보다도 더한 자가 누가 있는가?
10 그 모두는 나 여호와가 역사하는 그 안에 있으니, 그들이 과연 나보다 더 위대하고 더 높다 생각하는가?
11 그 앞에 아무것도 아니라는 것을 나의 아들 예수는 알고 있었으며, 그리고 인간의 오만함과 방자함을 다 알고 있음이니라.
12 그러기에 그는 타협하지 아니하고 거기에 굴하지 아니하였음이니라.
13 내가 너에게 일찍이 깨우쳐 전하기를, 무어라 하였느냐?
14 종교 지도자라는 자들이 권력 앞에서, 능력 있는 자 앞에서 기도 소리가 다르며 행동이 다르면 아니 된다 하였음이니라.
15 그러니 그와 같은 짓을 하는 것은 잘못된 백성이요, 나를 믿지 못하며 나로부터 선택된 백성이 아니라 내가 그리하였음이니라.
16 그러니 너희들이 그들에게 낮은 자세로 가는 것과, 그들과 타협하며 아부하고 비굴한 사세로 가는 그것은 하늘과 땅의 차이임이니라.
17 그러니 그와 같은 것을 내가 일찍이 너에게 전했음이니, 너 또한 이 세상에 살아가며 나의 법전을 만들며 나의 성령을 받아 세상에 전하며 만백성을

구하는 그 역사를 함이니,
18 나로부터 직접 받는 너보다 더 높은
자 없으며 너를 능가할 자가 없음을
너는 알고 있는가?
19 네가 낮은 자로서 행하는 것은 하되,
20 네가 불의와 타협하며, 있는 자에게
아부하며, 있는 자에게 근접하기를 즐
겨 하는 마음으로 간다면, 너는 일반
종교 집단이요, 지도자요, 네 제자들
만도 못한 자이니, 나를 욕되게 하는
것이며 나를 능멸하는 것이니라.
21 그러니 정당한 길이요, 정당한 방법이
아니며, 네가 비굴하고 추한 모습으로
가서는 아니 될 것이니, 당당한 모습
으로 너는 가야 될 것이며,
22 낮은 자로서 행함은 네가 당연히 할
일이나, 네가 비굴한 자세로 가서는
아니 될 것이니라.
23 나로부터 명을 받아 행하는 그 제자들
또한 누구던가?
24 내가 너에게 명함이니, 그 모두를 받
아 전하며 세상에 역사하는 나의 법전
이요, 새로운 성경을 가장 먼저 접하
고 읽는 그들 또한 낮은 자세로써 겸
손한 자세로 가되,
25 추한 것, 권력 앞에 아부하며, 그들과
타협하며, 그것을 부러워하며, 그것을
등에 업고자 하는 그와 같은 너의 제
자가 있어서는 아니 될 것이니,
26 네 마음을 버려야 될 것이며 그 제자
들 또한 마음을 버려야 될 것이니, 이
것이 너희들이 가야 할 자세라는 것을
깊이 깨우쳐 행하도록 그리하며, 항상
흔들리지 않도록 그리하라.
27 160권의 법전의 앞에서 네가 기록한
것을 또 기록하여 전하며, 뒤에 있는
것을 앞에 기록하여 깨우치는 것이 무
엇인 줄 알겠느냐?
28 너희들이 읽고 깨우쳐도 잊어버리고
지워 버리니, 망각이라는 것이 있기에
내가 너희들에게 계속 강조하고 또 깨
우치고 또 심어 주는 것이니라.
29 그리하여 읽고 또 읽어 네 것으로써
완벽히 만들었을 때, 너희들은 그 모
두를 행하고 지킬 수 있음이니라.
30 나의 법전을 읽지 않는 자는 모르기
때문에 행하지 못하며, 알지 못하여
행하지 못함이니,
31 나의 법전을 읽고 깨우쳤다 해도 너희
들이 알지 못하며 그를 이해하지 못한
다면, 네 것으로 만들지 못했다면, 읽
지 아니한 자와 무엇이 다르더냐?
32 그러니 내가 너에게 명함이니, 권력
있는 자, 가진 자, 인간의 어떠한 제왕
이라도 그 앞에 아부하며 비굴한 자세
로 서서는 아니 될 것이니 그를 알아
야 될 것이며,
33 너희들이 그를 섬기는 것이요, 그들을
높게 하는 것은 다른 신을 두고자 하
는 마음이 있는 자요, 나를 욕되게 하
는 자요,
34 나로부터 선택된 백성으로 만백성을
구하는 지도자요, 전사로서 너희들의
직분을 망각한 자들이요,
35 인간의 한계를 벗어나지 못하며 인간
의 욕심이요, 부귀영화를 정녕 버리지
못한 자들임을 잊지 말라.

8,863 번째 하나님 말씀

2003년 12월 22일 11시 52분

1 사랑하는 나의 아들아!
2 "네, 아버님! 말씀하옵소서."
3 너희들이 이 세상에 살아감이니, 그 많은 종파요, 그 많은 책자요, 그리고 그 많은 선인이라는 자, 그리고 명받았다는 자들이 얼마나 많으냐?
4 그리고 성당이요, 교회요, 법당이요, 그리고 너희들이 지은 성막에서 기도하고 경배하는 그 백성 모두가 다 제 것이 최고며 제 것만이 모두를 역사한다 그리하느니라.
5 지금도 개인적으로 나에게 명받았으며 나로부터 메시지를 받았으며 나로부터 행할 것을 받았다 말하는 그와 같은 백성들이 있으니,
6 너는 이제 알아야 될 것이며 너의 제자들은 알아야 될 것이니라.
7 아무리 큰 성당이요, 아무리 큰 교회요, 그리고 아무리 큰 법당이요, 아무리 큰 종파의 회막을 가지고 있다 해도, 그들은 다 오늘을 위하여 정해진 예습 문제를 푸는 자들이요, 연습 문제를 푸는 그와 같은 백성들이었다는 것을 알라.
8 구약의 시대에 역사했던 모든 종파들이요, 신약의 시대에 존재하는 지금의 모든 종파는 무엇인 줄 알겠느냐?
9 너희들은 연습 문제를 푼 자들이요, 문제집인 것을 알라.
10 너희들은 문제집으로서, 연습 문제로 모두가 존재하였음이니라.
11 이제 나의 법전이 세상에 내려감이니, 연습 문제를 가지고 풀고 공부한 자들이 이제 정답을 답안지에 쓰는 것이 바로 제3의 시대요, 내가 역사하는 새로운 성경이 내려간 것이라는 걸 너희들은 알라.
12 오로지 모든 정답을 쓰는 것이며, 그리고 그 시험에 대해 연습한 것을 너희들이 어찌 풀어 나가느냐, 어찌 행하느냐 하는 그것은 이제 나의 법전이요, 새로운 성경의 기준에 맞춰 너희들이 얼마만큼 정답을 알고 찾아내느냐 거기에 너희들이 모두가 역사함이니라.
13 그러니 구약의 시대요, 신약의 시대요, 지금의 모든 종파가 다 연습 문제로서 존재했으며 문제집으로서 존재한 것이지, 정답으로서 내놓은 것이 아님을 알라.
14 너희들이 정답을 맞추기 위하여 문제집을 가지고 풀고 또 푸는 그와 같은 역사를 온 것이 오늘이니라.
15 그러니 지금 나의 법전의 정답이 세상에 내려감이니, 너희들이 연습하고 문제집을 풀고 또 푸는 그 답을 가지고 나의 법전에 맞추어 보도록 그리하라.
16 맞추어 봐서 거기에 맞는 길을 가는 자는 정답을 제대로 풀어 정답을 가지고 가는 자들이요,
17 그렇지 아니한 자, 나의 법전을 욕하며 찢어 버리고 던져 버리는 자, 너희들은 연습 문제를 푸는 연습생으로서 모두가 끝나는 것이요, 너희들은 나에게 와 심판을 받고 못 받고 하늘에 오르고 못 오르는 그것까지도 행하지 못

하는 자들이니라.
18 이제 너희들은 내가 내리는 정답인 나
의 법전을 가지고 너희들이 지금까지
못 풀어 나갔던 모든 문제점이요, 연
습 문제를 가지고 한 그 실력을 최대
한으로 동원하여 법전에 맞추어 보도
록 하라.
19 그러면 너희들이 알 것이니라.
20 답안지는 나의 법전이니, 너희들이 답
안지대로 그리 쓰지 아니하고 그리
맞지 아니할 때, 너희들은 정답으로써
엮지 않는 것이요, 오답을 가지고 지
금 정답이라 하는 자들이니, 그와 같
은 자들이 이루고자 하는 그 꿈은 이
루어질 수 없음이니 그리 알라.
21 다시 한 번 내가 나의 아들을 통하여
너희들에게 전함이니라.
22 너희들이 지금까지 존재한 모두는 연
습 문제를 가지고 공부한 것이며, 연
습한 것이라는 걸 잊지 말도록 그리
전하라.
23 이제 정답과 맞춰 보라, 160권의 법전
의 내용과 너희들이 지금까지 풀고 풀
어 온 그 답안지를 가지고 한번 너 자
신을 맞춰 보라.
24 그리하면 너희들이 어떠한 길에 지금
점수가 어느 정도인가 알 것이니, 점
수가 낙오된 자는 바로잡을 것이며,
또한 미달된 자들은 100점을 맞을 수
있도록, 정답을 맞출 수 있도록 최선
의 노력을 다하도록 하라.
25 나의 정답이 바로 무엇인 줄 알겠느냐?
26 선한 자는 끝없이 선하게 만들며, 악
한 자 또한 선하게 다스리며, 그리하
여 선한 역사를 만드는 것, 선한 백성
으로 만드는 것, 그것이 정답이니 그
리 알라, 사랑하는 나의 아들딸들아!

8,864 번째 하나님 말씀

2003년 12월 22일 11시 57분

1 사랑하는 나의 아들아!
2 "네, 아버님! 말씀하옵소서."
3 나의 성경이 인간의 형태에 의하여 인
간의 환경에 의하여 독점한 자들이 어
찌해 왔는지 알겠느냐?
4 나의 성경이요, 나 여호와의 뜻이요,
내가 예수를 통하여 역사하고자 하는
것을 너희들이 그대로 그 혈통으로 유
지했다면 오늘과 같은 험악한 세상은
아니 되었음이니라.
5 그러니 인간 너희들이 살아가는 그 형
태요, 또 주변의 여건이요, 그 환경에
의하여 살아왔던 자들, 지식층이라는
자들, 또한 독점하고 있는 집단에서
너희들이 이를 고쳐 쓰고 또 연필을
대기 시작하여 변화를 이루었음이니
라.
6 너희들이 손을 대기 시작하였음이니,
빼낼 것은 빼내고 집어넣을 것은 집어
넣는 그와 같은 형국으로 연필을 대기
시작하여 옮겨 쓰고 또 옮겨 쓴 것이
오늘의 참진리를 가르친다는 너희들
이니라.
7 그러니 너희가 손보고 연필로 옮겨 쓰
고 또 옮겨 쓰다 보니 너희들이 취해
야 할 것은 빠지며, 너희들의 생각대
로 만들어 삽입된 것이 세상에 지금
전해짐이니, 참진리가 바로 지상에 남
아 있지 못함이니라.

8 나의 참진리요, 진정한 나의 뜻은 너
희들이 옮겨 쓰고 옮겨 쓰는 사이에
다 빠지고 흘러 거기에 남아 있지 아
니하며, 인간 너희들이 만든 것만 지
금 존재함이니,
9 진정한 나 여호와의 뜻이요, 하늘의
뜻이요, 그 진리는 허공에 떠돌아 뿌
리가 없이 지금 떠 있음이니라.
10 그러니 참진리의 가르침이요, 나의 뜻
은 지금 구름 위에 떠돌고 있음이니,
너희들이 아무리 가르친다 해도 육의
생각을 가지고 너희들이 모두를 가르
침이니라.
11 저희가 연필로 옮겨 쓰고 또 옮겨 쓰
며, 인간의 생각을 가지고 그 종파요,
너희들이 만든 것을 가지고 하늘에 오
르는 길이라 말함이니,
12 지금 너희들이 옮겨 쓴 그 오답을 가
지고 너희 자신을 구원해 달라, 하늘
에 오르겠다 매달리고, 극락세계에 갈
수 있도록 도와 달라 몸부림치고 애걸
복걸하는 것이 무엇이더냐?
13 너희 스스로 만든 그 우상 앞에 나무
조각을 만들어 놓고, 돌의 형상을 만
들어 놓고, 네 손으로 만든 것, 네 생
각으로 역사한 곳에 너희들이 구원이
요, 하늘에 오르기 위해 빌고 비는 그
것과 무엇이 다르더냐?
14 너희 손으로 옮겨 쓰고 네 손으로 조
작하여 변화되어, 이제는 나의 참진리
는 공중에 떠 있으며, 땅에 하나도 존
재하지 아니하며 네 주변에 없음이니,
15 너희들이 비진리를 가지고 지금 구원
을 받는다 애걸복걸하는 것은 너희 손
으로 형태를 만들어 놓은 그 조각품
앞에 제사 지내며 구하고 애원하는 그
와 같은 형국이며, 바로 그와 같은 이
치라는 것을 너희들은 알아야 될 것이
니라.
16 나의 아들을 따르는 제자요, 나의 법
전을 읽고 깨우친 만백성 너희들은 나
의 성경이요, 참진리가 손으로 옮겨지
며 너희들 손으로 조작되어 이와 같이
변질되었다면,
17 너희들 손으로 조각품을 만들어 놓고
고사 지내고 제사 지내며 소원을 비는
것이나 똑같은 행위라는 것을 알라.
18 그러니 너희들이 아무리 우상 앞에 절
하지 아니하며 우상을 섬기지 아니한
다 해도, 나의 뜻은 없고 비진리를 너
희 스스로 깨우쳐 만들어 놓고 너희
스스로 다듬어 놓고 너희 스스로 글로
써 기록해 놓고 거기에 매달려 애걸복
걸하며 극락이요, 천국이요, 구원을
받는다 하니,
19 그게 다 지금 우상을 섬기는 것이요,
우상 앞에 고개 숙이는 것이요, 우상
앞에 애원하는 것이지, 내 뜻에 의하
여 가는 자가 하나도 없다 함을 알라.

8,865 번째 하나님 말씀

2003년 12월 22일 12시 06분

1 사랑하는 나의 아들아!
2 **"네, 아버님! 말씀하옵소서."**
3 나 여호와는 너를 통하여 수없이 나의
백성에게 전하라 가르쳤느니라.
4 참진리요, 나의 뜻은 가장 낮은 곳에
역사하며, 가장 접하기 쉬우며, 너희
들 주변에 항상 있음이니, 너희들이

그저 잡기만 하고 듣기만 하면 되는
것이라 내가 그리하였느니라.
5 그러니 나의 참진리는 바람과 같으며
물과 같은 것이거늘, 누가 바람과 산
소를 마시면서 돈으로 계산하며 자연
의 물을 떠먹고 계산을 하더냐?
6 그저 너희들이 마시고 싶은 대로 마시
며 너희들이 필요할 때 사용하는 것이
산소요, 내가 내린 물이 아니더냐?
7 그것보다도 더 흔한 것이요, 그것보다
더 깊이, 더 높이 흐르고 있는 것이 나
의 사랑이며, 나의 진리이니라.
8 누구도 산소를 들이마시지 말며 흐르
는 물을 마시지 말라 그리 명할 수가
없는 것이니라.
9 '너는 산소를 들이마시지 말며 너는
물을 마시지 말라.' 누구도 그를 시시
비비하고 따질 자격이 있는 자는 없음
이니라.
10 그리한다 해도 또 그것이 그리 행해지
는 것도 아니지 않더냐?
11 그러니 나 여호와의 사랑이요, 나의
참진리는 그보다 더 널리 너희 주변에
와 있거늘, 어찌하여 지금의 모든 종
교의 종파들이 저희들이 그 물을 마시
는 자를 자격이 있다 없다 구분하며,
산소를 마시는 자를 자격이 있다 없다
구분하는 것처럼 그리하는가?
12 어찌하여 믿음의 길이요, 참진리로 가
는 것, 그리고 깨달음이라는 것이 네
것은 이렇고 내 것은 이러하니, 네 것
은 잘못된 것이요, 내 것이 옳다 그리
말하는가?
13 내가 내린 그 산소보다 더 넓고 편하
게 퍼져 있는 나의 진리를 가지고 어
찌 너희들이 가리며 시시비비를 한단
말이더냐?
14 나의 진리라는 것은 누구든지 듣고 깨
우치며, 너희들이 그를 제 것으로 만
들면 제 것이 되는 것이며, 제가 변화
되는 삶을 산다면 나의 뜻대로 사는
것이니, 나의 진리가 세상을 다 덮고
있음이니라.
15 그런데 그 진리를 가지고 '내 것만이
참진리요, 네 것은 아니라' 하며 아옹
다옹 울타리 안에서 싸우는 그와 같은
사악한 짓을 하는 것이 오늘의 어리석
은 종교 집단이요, 지도자들이니라.
16 그러니 모든 종파 너희들이 지금 진흙
탕 속에서 서로 물고 뜯고 싸우는 그
와 같은 형국이니,
17 그리하여 나의 아들을 통하여 내가 법
전을 내려보내며 너희들을 건져 내어
씻고 닦아 너희들을 인간의 모습으로
만들고 돌려놓고자 하는 것이 나 여호
와의 뜻이 아니더냐?
18 그리고 너희들이 그와 같이 싸우고 짓
이기는 그 사이에 변질되고 변질된 종
교가 아니요, 그 믿음의 길 때문에 참
진리는 떠돌다 갈 곳이 없어 하늘에
구름과 같이 머문다 하였음이니,
19 지금 나의 법전이야말로 구름에 떠 있
는 참진리를 지상에 내려보내 생명수
로서 너희들에게 보내고자 함이니, 진
흙탕에 있는 자를 씻어 건지고자 하는
것과 같으니라.
20 내가 너희들을 보는 모습이 어떠한 줄
아느냐?
21 너희들은 지금 내가 내리는 산소요,
물보다도 더 마음대로 마시고 편히 쓸

수 있으며 누구나 똑같은 자격으로 쓸
수 있는 그것을 가지고 '나는 안 되고
나는 된다.'며 그걸 구분하면서 지금
나의 진리를 받을 자와 받지 못하는
자를 구분하여 사탄이요, 이단이라며
그와 같이 사악한 짓을 하고 진흙탕에
서 치고받는 모습이 돼지우리에 떨어
진 진주를 돼지가 짓이기는 것과 같은
모습이니라.
22 그와 같은 속에 있는 나의 백성들을
꺼내어 씻고 닦고 인간의 형태로 만들
어야 하는 것이 지금 나의 아들이요,
그 제자들이 가는 길이요, 그리고 나
의 법전이 세상에 내려지는 것이니,
23 이 귀하고 소중한 것을 너희들이 지금
버리고, 도리어 사탄이요, 이단이라며
태워 버리고 짓이기는 그와 같은 형국
을 함이니, 내가 나의 아들을 통하여
내리는 간단한 진리를 보고 깨달으라.
24 너희들은 누구도 자연에 흐르는 그 물
을 마시고 못 마시게 할 수 없으며, 너
희들이 그 산소라는 것을 마시고 못
마시게 구분하며 마실 자 안 마실 자
구분할 수도 없고 명할 수도 없는 것
이거늘,
25 나의 진리는 그보다 더 많이 깊고 넓
게 있거늘, 그를 마시며 그를 보고 듣
고 깨우쳐 나에게 오르고 안 오르는
그와 같은 백성을 너희들이 자격이 있
다 없다 하는 그 사악한 짓이요, 그 어
리석은 짓을 하지 말라.
26 정녕 그와 같이 말하는 자, 너희들이
야말로 자격이 없는 백성이라는 것을
알라.

8,866 번째 하나님 말씀

2003년 12월 22일 12시 16분

1 사랑하는 나의 아들아!
2 "네, 아버님! 말씀하옵소서."
3 나 여호와의 참진리라는 것은 어떠한
특정 종파요, 어떤 특정한 소속에 대
한 백성들이요, 거기에 묶여 있는 것
이 아님을 너희들은 알아야 될 것이니
라.
4 나 여호와의 진리는 무어라 말하였느
냐?
5 산소요, 공기보다도 더 구석구석에 깊
이 뿌리박혀 너희들과 더불어 같이한
다 하지 않았더냐?
6 그러니 누구나 다 듣고 가르침을 받을
수 있는 것이 나 여호와의 진리요, 그
리고 너희들이 하늘에 오를 수 있는
그 길을 알 수 있는 것이니라.
7 누구나 접할 수 있는 것이며, 그것을
또 알 수 있으며, 그걸 깨닫고자 연구
하는 백성, 그리고 아름다운 마음 자
세로 진리의 길을 가고자 노력하는
자, 그와 같은 백성은 스스로 깨달음
을 얻게 되며, 너희들이 들음으로써
변하는 역사가 이루어지는 것이니라.
8 그러나 오늘의 종교 집단이요, 잘못된
자들은 어찌 끌고 가는가?
9 어떠한 특별한 장소에 가야만 되며,
저희 집단에 속해야만 되며, 저희들이
가르치는 것을 듣고 배워야만 모두를
알 수 있는 것같이 그리 가르치느니,
그것은 진리를 배우는 길이 아니니라.
10 진리는 그저 지나다가 듣고도 배우는
것이며, 그저 지나가는 사람의 말로써

도 너희들이 가르침을 받고 얻을 수
있으며, 세상의 자연의 아름다움을 보
고도 그 진리를 깨우칠 수 있는 것이
니라.
11 그와 같은 방대한 것을 어리석은 인간
의 종교 집단이요, 지도자들이 울타리
를 쳐 놓고 거기에 너희들을 다 가두
어 둘 수 있는 것처럼, 가두어 두고 있
는 것처럼, 그리하여 저희만이 아름다
운 극약을 꺼낼 수 있는 것처럼,
12 저희만이 나의 진리를 전하며 하늘에
오르는 길이요, 나에게 구원을 받을
수 있는 길이 있는 것처럼 착각에서
벗어나지 못하는 이상, 저희들은 나에
게 오르는 백성으로 존재할 수 없다는
것을 알라.
13 오늘의 종교 집단과 지도자들이 울타
리를 쳐 놓고 나의 백성을 가두어 놓
고 그들에게 극약을 붙여 놓은 것처럼
하여, 그걸 받아먹기 위하여 몸부림치
고 악을 쓰는 그와 같은 형국으로 만
들어 놓은 것이 오늘의 너희들이 가고
있는 길이 아니더냐?
14 그러니 나와 아무런 관계도 없는 짓이
요, 필요 없는 짓만 너희들이 지금 수
천 년 동안 해 오고 있으며,
15 거기에서 그 극약만이 구원을 받는 것
이요, 너희들의 생명을 살리는 것처럼
서로 그를 갖기 위하여 너희들이 갖다
바치며 그를 위해 아우성치는 어리석
은 그와 같은 짓을 하고 있는 것이니,
16 이를 바로 바라보지 못한다면 정녕 너
희들은 나에게 올 수 없음이니라.
17 내가 나의 아들을 통하여 너희들에게
무어라 말하였느냐?
18 너희들은 이를 바로 접하지 못하여 바
로 보지 못하기에, 인간이 연필로 옮
겨 쓰면서 모두 바뀌고 뒤집힌 것을
가지고 참진리요, 하늘에 오르는 길이
라며, 죽기 아니면 살기로 목숨을 걸
고 그리 달려가는 것이 너무나 불쌍하
고 가련하여,
19 내가 나의 아들을 통하여 너희들이 보
면 깨우쳐 하늘에 올 수 있는 160권의
책을 세상에 만들어 전함이니, 이것이
나의 법전이요, 새로운 성경이라 함이
니라.
20 그러니 이를 내가 증명하는 것이 아니
요, 나 여호와의 뜻이 아니라면 내가
책으로 만들어 글로써 읽어 증명할 수
있도록 만들겠는가?
21 그저 읽고 지나면 지워 버리는 방법으
로써, 너희들에게 유언비어 같은 것으
로써 가르치고 전하였을 것이니라.
22 그러나 책과 글로써 증명하여 내려보
냄이니, 이는 변할 수 없는 사실이라
는 것을 너희들은 알아야 될 것이니라.

8,867 번째 하나님 말씀

2003년 12월 22일 12시 22분

1 사랑하는 나의 아들아!
2 **"네, 아버님! 말씀하옵소서."**
3 지금의 모든 종교 집단들이 가고 있는
그 믿음으로 가는 자들이 하나의 뜻
을 제대로 알지 못하고 가기에, 얼마
나 너희들이 나의 뜻과 관계없는 그
길을 가고 있는지 아느냐?
4 구약의 시대는 지난 것이요, 율법은
옛 것이니 이제 폐할 것이라 너희가

그리 가르치며 그는 관계없다 그리 가
르치느니라.
5 그리고 오로지 신약 시대의 것만 가지
고 예수를 찾으면 구원을 받는다 하
니, 너희들은 나의 마음을 어찌 그리
도 모르며 내 뜻을 어찌 그리도 모르
는가?
6 그와 같은 종교 집단이요, 지도자들이
만백성을 구한다 함이니, 이것이 얼마
나 너희들이 사탄의 길잡이가 되어 가
고 있는 것인지 알고 있느냐?
7 나는 나의 아들 예수를 통하여 너희들
에게 전하였느니라.
8 예수는 '율법을 폐하려 온 것이 아니
요, 완성케 하기 위해 왔다.' 그리 전
하지 아니하였는가?
9 그러면서 예수는 또 너희들에게 무어
라 말하였느냐?
10 나의 사랑이요, 창조주 아버님의 사랑
으로 율법을 완성시키고 다 이루었다,
그는 그와 같은 말을 전했음이니라.
11 정녕 그와 같은 뜻이 무엇이며, 그와
같이 예수가 말을 끝맺은 것이 무엇이
더냐?
12 너희들은 여기서 그리하여 그 구약의
시대는 끝난 것이라 생각하나, 너희들
은 나 여호와의 뜻이요, 예수가 전하
고자 하는 그 의미를 모르고 반대의
길로 달려가는 것이니라.
13 예수만 믿는 신약의 시대를 찾고, 그
리고 그것은 이루어지는 것이며 모두
가 다 이루어지며 소원하는 것이다 그
리 말하는 것이 오늘의 너희들이 잘못
된 자들의 대표적인 것이니라.
14 그러나 너희들은 알라.
15 나의 아들 예수가 세상에 율법을 완성
케 만들었으며 모두를 다 사랑으로 이
루었다는 것은 무엇이더냐?
16 부족한 율법이요, 다듬어지지 않은 부
분들이 있는 그 율법을 완벽하게 다듬
어서 완전하게 만들었다 함이니,
17 너희들이 부족한 그와 같은 답이요,
아직 정답에 못 미치는 것을 완벽하
게 정답을 만들었다면, 그것은 얼마나
소중한 것이며, 얼마나 귀한 것으로
다시 써야 되는가를 어찌하여 모른단
말이더냐?
18 너희들이 율법을 더 굳게 만들었으며
더 완전하게 나 여호와의 뜻으로써 모
두가 역사했다면, 율법의 시대는 지나
간 것이 아니요, 신약의 시대가 역사
하는 것이 아니요,
19 나의 아들 예수가 부족하고 완벽하지
못한 율법을 완벽하게 만들었음이니,
지금서부터 그 율법이 너희들에게 소
중한 것이며, 더 귀하며, 필요한 것이
며, 너희들이 써야 되며, 이를 배우고
가야 된다는 것을 어찌하여 너희들은
모른단 말이더냐?
20 나의 아들 예수가 이 세상에 와 나의
사랑으로 모든 율법을 완벽하게 만들
었다, 그리고 그 모두는 다 이루었다
는 뜻을,
21 너희들은 이제 율법은 지난 것이요,
옛 것이니 그를 보지 말며, 새로운 신
약의 성경으로써 모두를 역사하라 그
리 가르침이니, 너희들은 몰라도 너무
모르는 자들이요, 어리석어도 너무 어
리석은 자들이니라.
22 그러니 완성되지 못한 율법을 완성케

만드는 나의 예수가 그 역사를 이루고 왔음이니, 너희들은 이제부터 더 지키고 더 행하며 더 그를 따라야 되는 것이 아니더냐?
23 너희들이 기계라는 것을 가지고 쓰는 것도 어떻더냐?
24 완벽하게 만들지 못한 기계를 또 만들고 또 깎아 내고 또 맞추며 연습하고 또 연습함으로써 완벽한 기계가 됨이니,
25 완벽한 기계가 이제 완성되었다 하였을 때, 너희들은 완성되지 못한 그 기계를 쓰는 것보다 완성된 기계가 되었으면 더 그를 소중히 쓰며 그를 활용해야 되며, 그걸 가지고 무엇인가를 만들어 내며 역사하는 데 귀히 쓰는 것이 아니더냐?
26 어찌하여 그와 같은 이치 하나도 너희들이 모른단 말이더냐?
27 구약의 시대가 좀 부족하였으며 완벽하지 못했다 하면, 나의 아들 예수를 통하여 나 여호와가 그를 완벽하게 만들었음이니, 그 구약을 더 귀하고 소중하게, 그 율법을 더 귀하게 지키고 사는 그와 같은 너희들로 가야 될 것이니라.
28 완성되지 못한 것을 바로잡아 그를 바로 만들었으니 더 소중하고 귀한 의미가 거기에 있거늘,
29 너희들은 완벽하게 만든 것은 집어내 버리며, 그저 옛 것이라는 것 때문에 지금 내려온 신약으로써 모두를 역사한다 그리 가르치고 그리 가니,
30 너희들이 얼마나 사탄의 자식이 되어 지옥으로 가는 행위만 하고 가는 것인지 이제 그래도 또 모르겠는가?

8,868 번째 하나님 말씀

2003년 12월 22일 21시 41분

1 사랑하는 나의 아들아!
2 "네, 아버님! 말씀하옵소서."
3 너희들이 말하는 우상이라는 것이 무엇이며 다른 신을 모시는 게 무엇이더냐?
4 창조주는 나 여호와 나 하나뿐임이니, 내 뜻대로 내가 역사하는 길을 가지 않는 것, 그 모두가 다 너희들이 다른 우상을 섬기는 것이며 다른 신을 섬기는 것이니, 너희들은 이를 알아야 될 것이니라.
5 내 뜻에 따라 역사하며 내가 이루고자 하는 것을 역사하는 나로부터 초청받은 백성이요, 나의 부름을 받은 백성이 그 길을 가지 아니하면 너희들은 바로 무엇이더냐?
6 다른 신을 섬기며 우상을 섬김을 너희들은 알라.
7 이제 너희들은 알아야 될 것이니라, 정녕 지금 160권의 법전이요, 새로운 성경이 내려오는 이것이 과연 너희들에게 새로운 역사요, 너희들이 다른 신을 섬기지 않는 그 길인가 하는 것을 알아야 될 것이니라.
8 지금 너희들이 오늘의 믿음의 길을 오며 만백성을 하늘로 구원하고 인도하는 길을 간다 하나,
9 너희들이 바로 내 뜻대로 행하지 아니하며 내 뜻에 의해 역사하지 아니하며, 인간의 생각이요, 인간의 교리로

써 역사하고 간다 하면 그게 곧 무엇인 줄 알겠느냐?
10 그게 다른 신을 섬기는 것임을 너희들은 알아야 될 것이니라.
11 너희들이 아무리 성서를 가지고 성경을 가지고 구약과 신약을 통달하며 그를 가지고 부르짖고 간다 해도, 너희들의 행동이요, 행함이 내 뜻대로 역사하지 않는 것, 그게 무엇인지 알겠는가?
12 그게 바로 너희들이 다른 신을 섬기며 우상을 섬기는 것임을 알아야 될 것이니라.
13 성서를 가지고 공부하고 안 하는 것이 아니요, 너희들이 어찌 행하느냐, 나 여호와의 뜻에 따라 살아가느냐 살아가지 아니하느냐, 이것이 소중함을 너희들은 알아야 될 것이니라.
14 구약과 신약의 성서를 기록하는 데 너희들의 손을 탔으며, 너희들이 짓고 연필로 쓰고 하여 그와 같은 너희들의 생각을 기록하여 그것으로써 매듭을 지었다면, 그게 바로 무엇이더냐?
15 그 무서운 사실을 내가 너희들에게 일찍이 알라 하였음이니라.
16 그러니 너희들은 이제 어떤 것이 정녕 나 여호와의 뜻이요, 내가 역사한 것인지를 알아 그 길을 선택해야 될 것이니라.
17 구약과 신약을 지금의 종교 집단이 이끌어 가는 그 방법으로써 너희들이 계속 역사할 것인가, 그렇지 않으면 지금 나의 아들을 통하여 내리는 나의 새로운 성경이요, 나의 법전대로 살아가는 길에 최선을 다하겠는가?
18 이제는 너희들이 결정지을 때가 되었으며, 이제는 어떤 것인가를 선택하지 아니하면 아니 됨이니라.
19 그것이 지금 너희들의 운명이요, 너희들이 심판대에 서 있다는 것이니, 그를 알아야 될 것이니라.

8,869 번째 하나님 말씀

2003년 12월 22일 21시 49분

1 사랑하는 나의 아들아!
2 "네, 아버님! 말씀하옵소서."
3 나의 법전이 나의 아들을 통하여 나의 피조물 만백성 너희들을 구원하고자 세상에 내려감이니라.
4 나의 아들을 통하여 내리는 나의 새로운 성경이요, 새로운 법전을 너희들이 접하지 아니하며 그대로 행하지 아니하였을 때, 너희들은 정녕 나의 참진리의 길이요, 나 여호와의 뜻에 의해 역사하는 것이 아니기에,
5 너희들이 다른 믿음의 길을 가는 것, 다른 형태로 가는 것, 그 모두는 너희들이 다른 신을 모시는 것이며, 우상을 섬기는 행동이라 하는 그 무서움을 너희들은 알아야 될 것이니라.
6 그리하여 너희들에게 160권이라는 대장정의 법전으로써 너희들이 하늘에 오르는 길이요, 구원을 받는 것을 상세히 기록하여 내가 너희들에게 내리거늘,
7 어찌하여 그와 같이 역사하는 나의 아들을 박해하며, 나의 법전을 사탄의 것이라 하여 찢어 버리며 태워 버리는 것인가?

8 이게 무엇이 어떻게 잘못되었으며, 너
희들은 과연 무슨 권리요, 권한으로써
이와 같은 만행을 저지를 수 있으며,
이게 사탄이요, 이단이라 말할 수 있
는가?
9 너희가 찾고 믿는 예수를 어떻게 부정
했으며, 나 여호와를 어떻게 욕보였는
가 하는 것을 너희들은 한번 나의 법
전에서 찾아보라.
10 나의 아들 예수를 내가 어떻게 나의
아들을 통하여 부정했으며, 나의 법전
에 기록하기를 어떻게 그를 부정했으
며, 그를 인정치 아니한 대목이 어디
있으며, 창조주 나 여호와의 뜻을 거
역하며 나를 욕되게 하며 나를 능멸하
는 내용이 과연 나의 법전에 어디 기
록되어 있는가, 너희들이 한번 이를
찾아보라.
11 그러니 사탄이요, 마귀요, 이단이라
하여 너희들이 이를 박해할 수 있는
것이 과연 어디 있으며, 무엇으로써
너희들이 그와 같은 사악한 행위를 하
는가?
12 나의 법전에 그와 같이 잘못된 내용이
있거든 너희들이 그 내용을 발췌하여
그 구절을 가지고 나 여호와에게 기도
하여 직접 상고하라.
13 그러면 내가 거기에 대한 답을 너희들
에게 줄 것이니,
14 너희들이 나의 법전을 가지고 나 여호
와의 뜻이 아니요, 사탄이요, 마귀가
하는 짓이라 과연 상고할 자가 있는가?
15 나의 법전 160권을 읽고 나서 정녕 이
것이 나 여호와의 뜻이 아니라 하면,
너희들은 나의 아들을 나에게 고발하
라.
16 그리했을 때 내가 그 답을 너희들에게
줄 것이니라.
17 너희들이 나의 아들 예수도 어찌했는
가?
18 나의 아들 예수도 나의 뜻에 따라서 2
천 년 전에 참진리를 가르치며 하늘에
오르는 길을 가르치며 내 뜻을 위하여
그가 모두를 다 바쳤음이니라.
19 그리고 그는 행함에 있어서 선한 행위
로써 선한 행동으로써 그 누구도 갈
수 없는 인자의 길을 너희들에게 보여
주었으며, 아름다운 일을 하며, 아름
다운 역사를 이루며, 아름다운 행위로
써 너희들에게 거울이 되고자 모두를
다 역사했음이니라.
20 그러나 그와 같은 나의 아들 예수를
죽게 한 것이 너희들이 아니더냐?
21 선한 행위로 아름다움만 가르치며 참
진리만 가르친 나의 아들 예수도 너희
들이 죽게 하더니, 어찌하여 지금 나
의 성령을 태워서 나의 아들을 통하여
법전이라 하여 160권으로 너희들을
구원하고자 하는 '하늘에 오르는 길'
이요, '하나님! 말씀하옵소서.'라는 이
새로운 성경을 너희들이 무슨 자격이
요, 무슨 권한으로써 찢어 버리고 태
워 버리고 그리하며, 나의 아들을 사
탄이라 마귀라 그리 몰고 가는가?
22 그러니 너희가 나의 아들딸이 아니요,
너희들은 사탄의 자식이 된 백성이라
는 것을 내가 너희들에게 전함이니,
그 의미를 알겠는가?
23 너희들은 돌이켜 보라.
24 2천 년 전에 나의 아들 예수가 세상에

나가 얼마나 아름다움을 가르쳤으며
참진리를 가르쳤으며, 사랑을 베풀고
행하는 것을 얼마나 몸부림치며 너희
들에게 호소하며 가르쳤는가?
25 그리고 그들이 가고 있는 믿음이 형식
에 치우치고 의식에 치우친 그 믿음이
잘못되었으니, 너희 손으로 지은 그
성전을 다 폐하며 너희 마음에 교회를
짓도록 하라 그리 가르쳤음이니라.
26 그리고 너희들로부터 재물이요, 어떠
한 것도 거둬들이지 않는 그와 같은
것, 그리고 모두를 베푸는 것, 그리고
가장 낮은 자로서 역사하는 것,
27 그리고 하늘로부터 너희들이 무상으
로 받고, 나 여호와로부터 받은 것이
요, 나의 아들 예수를 통하여 너희들
이 받은 것이 대가를 지불하지 아니하
고 받았음이니, 너희도 무상으로 가르
쳐 만백성을 깨우치라 했던 그것이 무
엇이 잘못되었기에, 너희들이 나의 아
들 예수를 피투성이가 되어 그리 죽게
그리 만들었는가?
28 그와 같은 백성의 후예들이 지금 잘못
가며, 너희들의 믿음이요, 하늘에 오
르는 길이 지옥의 길로 가기에, 너희
들이 불쌍하여 구원하고자 마지막 나
의 법전을 세상에 내려보내거늘,
29 너희들이 또 포악한 짓을 하며 태워
버리고 찢어 버리며, 나의 아들의 가
슴에 비수를 박는 그와 같은 생각을
하며, 그와 같은 사악한 짓을 저지르
니,
30 과연 그러고도 너희들이 하늘에 오를
수 있는 백성이요, 나로부터 선택된
백성이라 하는가?
31 내가 원수를 사랑하라 했음이니, 나의
법전이 너희 부모를 죽인 원수보다도
더 잔인하며 더 악독한가, 그리고 나
의 아들이 너희들에게 그보다도 더한
죄를 지었으며 그보다 더 사악한 짓을
했던가?
32 네 부모를 죽이지 아니하였으며 너희
와 원수지지 아니한 자라면, 너희들은
나의 아들의 가슴에 비수를 꽂으려 해
서도 아니 되며, 나의 법전을 태워 버
리고 찢어 버리며 사탄이요, 이단의
것이라 해도 아니 될 것이니라.
33 모두를 사랑하고 용서하고 받아들이
며, 그를 보고 깨우치며, 또한 그것을
보고 너희들이 얻을 것은 얻고 버릴
것은 버려 너희들이 평가하고 깨달음
의 길을 선택하면 될 것을,
34 어찌하여 너희들은 무조건 사탄이요,
이단이요, 마귀의 짓이라 하며 읽어
보지도 아니하고 열어 보지도 아니하
고 그리 결정하는가?
35 그 법전에 나의 아들 예수를 과연 부
정했는가?
36 너희들이 구세주라 하여 그저 '주여,
주여!' 하고 부르짖으면 그 피로써 깨
끗하게 되어 구원을 받는다며, 너희들
의 죄를 다 짊어진 나의 아들 예수라
울고불고함이니,
37 과연 이 법전에 예수를 부정했으며 예
수를 욕되게 한 것이 있거든 너희들이
그 대목을 찾아 나에게 상고하라 하였
음이니라.
38 그러한 것이 아니요, 나를 욕되게 한
것이 없다면, 이게 진정한 나 여호와
의 뜻이요, 하늘에서 이루고자 하는

새로운 시대를 역사하는 가장 귀중하
고 소중한, 내가 너희들을 심판하고
버릴 자와 구원할 자를 선택하는 가장
위대한 것이라는 것을 너희들이 다시
한 번 깨우치지 아니하면 아니 될 것
이니라.

8,870 번째 하나님 말씀

2003년 12월 22일 21시 58분

1 사랑하는 나의 아들아!
2 "네, 아버님! 말씀하옵소서."
3 너희들에게 일찍이 내가 성경에 기록
하여 전했음이니라.
4 나의 율법대로 지키고 살며, 내가 직
접 써 주는 나의 친필인 십계명대로
너희들이 행하고 지키는 그와 같은 삶
을 살아, 하루하루의 삶이 아름답게
변하는 그와 같은 삶을 산다면 곧 무
엇이라 하였느냐?
5 너희들은 나의 아들 예수와 똑같은 자
요, 나에게 오를 수 있는 자라 하였음
이니라.
6 너희들이 나의 아들딸로서 하늘에 오
르는 그 영광을 얻고자 한다면, 예수
가 베풀고자 했던 사랑이요, 예수가
역사한 대로 바로 보고 그리 살지 아
니하면 절대 나에게 오를 수 없음을
알라.
7 오늘의 너희들이 너무나 타락되었으
며 돌이킬 수 없이 무너졌기에, 내가
너희를 불쌍히 여겨 나의 아들을 통하
여 너희들에게 마지막으로 나에게 오
르는 길이요, 구원을 받는 그 길을 위
하여 지금 160권이라는 법전을 기록
하여 세상에 전함이니라.
8 그러나 너희들은 이 법전을 가지고 사
탄이요, 이단이라 시시비비하며 이를
태워 버리는 그와 같은 행위를 함이니,
9 나의 법전이 무엇이 잘못되었으며, 너
희들이 이를 보고 깨우침으로써 무엇
이 너희들을 방해하며, 이를 봄으로
인하여 무엇을 무너트리며, 너희들에
게 어떤 피해를 주며 어떠한 고통을
주는가?
10 그와 같이 너희들과 아무런 관계도 없
는 나의 법전을 들고 어찌하여 이단이
요, 마귀의 것이라며 태워 버리고 찢
어 버리며, 이를 보는 자는 구원을 받
지 못한다 그리 말하는가?
11 너희들은 알아야 될 것이니라.
12 너희들이 나의 십계명대로 살듯이, 지
금 내가 나의 아들을 통하여 내리는
나의 새로운 성경이요, '하늘에 오르
는 길'이요, '하나님! 말씀하옵소서.'
이 책의 내용대로 행하고 지키지 아니
하면 절대로 나에게 올 수 없으며 거
듭날 수 없다는 것을 알라.
13 나의 법전을 가지고 사탄이요, 이단의
것이요, 이것 가지고는 용서받을 수
없으며 구원을 받는 길이 아니라고 그
리 가르치는 자,
14 너희들이 율법대로 살 수 없으며 십계
명대로 살 수 없다 하듯이, 너희들은
정녕 그보다도 더 무섭고 두려운 나의
법전대로 살 수 없는 자들이기 때문
에, 너희들은 악행을 하며 악행 속에
서 살아오고 젖어 있는 자들이기에,
15 선함과 아름다움이요, 베풂을 보면 너
희들은 두렵고 겁이 나며, 너희들이

이를 행할 수 없으며 역사할 수 없으
며 지킬 수 없기에, 저 자신이 구원받
지 못하는 자가 남들까지도 구원받지
못하도록 나의 법전을 사탄이요, 이단
이요, 악마가 하는 것이라고 지금 떠
들고 있음을 너희들은 알고 있을 것이
니라.
16 그러니 너희들이 부끄러운 줄 알며 너
희 자신이 잘못 가거든, 남이 구원받
는 길마저 막지 말라.
17 그 죄가 얼마나 두렵고 무서운 것인가?
18 네가 지금 이루지 못하는 것이 부끄러
워 이를 속이며 거짓된 행위로써 나의
피조물 만백성이 지옥으로 가는 그 길
을 역사함이니,
19 오늘의 체면보다도 너희들이 죽어 와
그 대가를 치르는 것이 얼마나 무섭고
두려운 것인가를 머지않아 알게 될 것
이니, 그때는 너희들이 통곡하고 후회
해도 할 수 없음이니 그리 알라.
20 나 여호와가 너희들에게 이르기를, 너
희들 자신이 내가 직접 써 내린 계명
을 지키고 율법대로 살며 내가 나의
아들을 통하여 지금 내리는 나의 법전
대로 살아간다면 무엇이 잘못이더냐?
21 그러니 성경에 기록된 대로 너희들이
그리 지키고 살면, 성경에 말한 대로
그와 같이 너희들이 삶을 산다면 너희
들은 곧 무엇이라 말하였느냐?
22 너희들은 나의 아들딸이니라.
23 그러나 예수와 너희들은 차별화되며,
감히 너희들은 나의 아들 예수와 같은
나의 아들딸로서 거듭날 수 없다고 생
각하는 자들,
24 너희들이 그와 같이 성경에 내가 명한
대로 지키며, 내가 지금 다시 내리는
나의 새로운 법전이요, 새로운 성경을
보고 그리 변하고 지키고 그와 같이
살고자 하며 그리 살아갈 때,
25 너희들은 곧 예수와 똑같은 나의 아들
딸이라 하였으며, 그와 같이 너희들이
하늘에 오를 수 있는 길이 여기 있다
하였거늘,
26 나의 법전이 무엇이 잘못되었으며 무
엇이 너희들을 지옥으로 인도하는 내
용이며 지옥으로 이끌어 가는 것인가,
너희들은 그 대목을 가지고 나에게 말
해야 될 것이니라.
27 그와 같은 것을 너희들이 죽어 나에게
와 해명하지 못할 때, 너희들이 오늘
마음대로 지껄인 그 죄에 대한 대가가
얼마나 무서운 것인가?
28 나의 법전이 사탄이요, 마귀요, 그리
고 나의 아들이 이단이라, 사탄이라,
거짓 선지자라 하는 것, 그 대목을 너
희들이 나에게 와서 조목조목 대지 못
할 때, 너희들은 그 죄가 얼마나 무서
우며,
29 나의 법전이 세상에 전해져 만백성을
구하는 그 길을 막고 그 흐름을 막은
자, 위에서부터 밑으로 자연스럽게 흘
러내려 가는 그 물꼬를, 제 욕심이요,
제 오만이요, 자만함으로써 제 고집대
로 모두를 역사하기 위해 그를 틀어
놓고 이리 돌리고 저리 돌린 죄가 얼
마나 두렵고 무서운 것인가를 너희가
나에게 와서 알게 될 것이니,
30 너희가 그를 해명하지 못할 때, 너희
는 영원히 암흑의 세계에서 그 누구보
다도 비참하고 고통스러운 대가를 치

른다는 것을 절대 잊지 말라.
31 너희들에게는 두 번 다시 기회가 없는
그 지옥의 삶에서 절대 벗어나지 못함
이니,
32 오늘의 너희들이 나의 법전 160권을
정녕 정독해서 잘못된 것이 있다면 너
희들이 기도로써 나에게 상고하라, 그
리고 나에게 고발하라.
33 그리하면 내가 너희들에게 답을 줄 것
이니라.
34 그와 같은 행위도 하지 아니하고 나의
법전을 태워 버리고 찢어 버리며 나의
아들을 저주하는 너희들의 그 행위,
그것은 너희들이 나에게 와서 대답을
해야 될 것이며 해명을 해야 될 것이
며 그 근거를 제시해야 될 것이니,
35 거기에 근거를 제시 못 하는 네 죄가
얼마나 무섭고 두려운 것인가를 그때
알 것이니라.
36 지금 너희들의 육이 살아 있는 이 세
상에서 그와 같은 두려움과 무서움을
면하려거든 너희들은 나의 법전을 읽
고 바르고 깨끗한 마음으로 해명하고
가르치고 따르라.
37 그렇지 않고 너희들의 체면이요, 지금
까지 끌고 온 그 옹고집이요, 그 모두
가 무너지는 것이 두렵고 두려워 너희
마음대로 생각해서 나의 법전을 찢어
버리고 태우는 그와 같은 행위를 나에
게 와 해명하지 못하며 그를 설명하지
못하고 그 답을 제시하지 못할 때, 너
희들은 가장 고통스러운 그 길을 간다
는 것을 잊지 말라.

8,871 번째 하나님 말씀

2003년 12월 22일 22시 02분

1 사랑하는 나의 아들아!
2 "네, 아버님! 말씀하옵소서."
3 나 여호와가 너를 통하여 나의 성령을
내려보내니, 그것이 곧 '하나님! 말씀
하옵소서.', '하늘에 오르는 길'이요,
160권의 법전으로 세상을 덮을 것이
니라.
4 그리하여 만백성을 구하게 될 것이며
구원의 역사가 이루어지는 것이, 그게
나의 뜻이며, 내가 지금 새로운 시대
를 열어 가는 그 모두의 기본이요, 근
본임이니라.
5 그러니 지금 나의 아들이 나의 명에
의하여 160권의 법전을 만들어 만백
성을 구하는 그것이 정녕 나의 명에
의하여 나의 아들로서 나의 성령을 받
아 전하는 것이며 내 뜻대로 역사하는
것이거늘,
6 어찌하여 오늘의 종교 집단이요, 지도
자 너희들이 자신이 받지 못하며 자신
이 그와 같은 은혜를 입지 못했으며
저희들이 그와 같은 역사를 하지 못한
다 하여 이를 이단이요, 사탄이라 그
리 함부로 말하는가?
7 나의 명에 의하여 행하여지는 것이며
내 뜻에 의해 역사하는 것을 너희들은
반역하는 자요, 거역하는 자들이니,
그 대가가 어떠한 것인가를 너희 스스
로 깨닫고 알아야 될 것이니라.
8 지금 나의 아들이 나의 성령이요, 나
의 법전을 세상에 전하니,
9 그가 그리 행하지 못하며, 정녕 그가

재물을 탐하며 명예를 탐하며, 앞에서
하는 말과 뒤에서 하는 말이 다르고,
그가 행동하는 것이 남들이 볼 때와
보지 않을 때가 다르며 그 삶이 다르
면 너희들이 사탄이라 하며 나의 법전
을 버리고 찢어 버려도 될 것이니라.
10 그러나 나의 아들이 너희와 다르게 앞
에서 한 말과 뒤에서 한 말이 다르지
아니하며, 재물과 명예를 탐하지 아니
하며, 너희들처럼 십일조요, 각종 헌
금의 이름을 붙여 거둬들이는 행위를
하지 아니하며,
11 가난한 자가 가진 것을 다 털어 바치
면 바칠수록 은혜요, 영광이요, 축복
이 있다며 긁어 들이고 갈취하는 지금
의 종교 집단 너희들과 차별화된 행동
을 한다면, 과연 너희들은 어찌하겠는
가?
12 이것으로써 너희들이 구분해야 될 것
이니라.
13 그러고도 나의 아들을 사탄이요, 이단
이라 말하는 자, 너희 스스로 그 죄가
무서운 것을 알 것이라 내가 그리하였
음이니라.
14 나의 아들이 너희들이 보기에 한 점의
부끄럼이 없는 그와 같은 삶을 살지
아니하며, 깨끗한 삶을 살지 아니하
며, 저 자신의 부귀와 영화를 다 저버
리며 남을 위하여 기도하고 남을 위해
살아가는 그 모습이 아니라면,
15 너희들이 그를 나의 명대로 사는 자식
이라 생각하지 아니하며 사탄이요, 이
단이라 말해도 나는 탓하지 아니할 것
이니라.
16 그러나 나의 아들이 내가 명한 대로,
너희들이 지킬 수 없는 십계명보다도
더 어렵고 힘든 160권의 법전의 내용
을 지키고 그리 살아간다면, 그는 정
녕 나의 아들로서 선택된 자요, 나의
아들이라 함을 너희들은 알라.
17 그는 허황된 자요, 사기극을 벌이는
자요, 그리고 조작된 행위를 하는 것
이 아님을 너희들은 알아야 될 것이니,
18 그러고도 너희들이 이를 구분하지 못
하며, 이를 보고도 너희 스스로 부끄
러움을 모르며, 그리고 너희 스스로
어떠한 것이 참진리의 길인가를 선택
하는 용기도 없이, 꼬리를 감추듯이
모두는 다 감추어 놓고 그저 어물쩍
넘어가려 하며,
19 그저 도둑이요, 사탄이요, 마귀라 밀
어 붙이며 그 순간을 모면하고 너희만
이 구원의 길이라며 그 길을 계속 가
고자 한다면, 너희들이 얼마나 불행한
백성인가 알게 될 것이니라.

8,872 번째 하나님 말씀

2003년 12월 22일 22시 08분

1 사랑하는 나의 아들아!
2 "네, 아버님! 말씀하옵소서."
3 지금 수천 년 동안 흘러오면서 나의
피조물 만백성들을 하늘에 오르는 길
이 아니요, 지옥의 그 길로 밀어 넣는
사악한 종교 집단이요, 지도자, 그리
고 신도들,
4 너희가 살아가는 모습이요, 행하고 지
키는 것, 십계명대로 살며 나의 율법
대로 살아가는 것, 그것이 나의 아들
보다 더 바르고 곧으며, 내 뜻을 거역

하지 아니하며, 재물을 탐하지 아니하
며 명예를 탐하지 아니하는 자 있으며,
5 더 좋은 교회에 더 화려한 단상을 만
들며 제왕과 같은 대우를 받는 것이
그저 목표인 것처럼 혈안이 되어 나의
피조물 만백성들에게 각종 이름을 붙
여 헌금이요, 금화와 은화를 거둬들이
는 그와 같은 자들보다 나의 아들이
못하다 생각하며,
6 그리고 그들보다 나의 아들이 십계명
을 못 지키며, 내가 새로 내린 나의 성
경을 지키지 못하며, 나의 법전대로
살아가지 못한다면,
7 너희들은 나의 아들을 하늘에 고발할
것이며, 사탄이라 저주해도 내가 말하
지 아니할 것이니라.
8 그러나 지금 나의 아들이 너희들보다
율법을 잘 지키며 십계명을 지키며 그
리고 성서에 있는 대로 살아가며 나의
법전에 기록한 내용대로 살아간다면,
너희들은 두 번 다시 나에게 무슨 말
도 해서는 아니 될 것이니라.
9 그러니 이를 알고 살아간다면 감히 너
희들이 나에게 무엇을 말하겠는가?
10 정녕 너희들이 보았을 때, 잘못됐으며
잘못 간다면 그를 가지고 나에게 기도
로써 고발하라.
11 그것이 타당할 때 나는 내 아들을 용
서치 아니할 것이니라.
12 내 아들이 부끄럽고 추한 짓을 하며,
너희들처럼 앞뒤가 맞지 아니하며, 명
예와 재물에 의하여 그 모두를 거둬들
이는 것을 우선으로 지금 만백성을 가
르치고 깨우쳐 가는 것이 나의 아들의
가는 방법이라면,
13 너희들이 그와 같은 나의 아들을 고발
하며 그것이 진실이라 할 때, 내가 그
를 용서하지 않을 것이니라.
14 그렇지 않다면 너희들은 나의 아들을
탓하지 말라.
15 너희들이 감히 가지 못하는 것, 너희
들이 역사하지 못하는 것, 너희들이
베풀지 못하는 그 사랑을 베풀고 역사
하는 나의 아들의 모습이 있다면 너희
들은 그대로 그를 보고 따라야 될 것
이며,
16 너희들이 그를 사탄이 둔갑하여 모두
를 뺏어 가기 위하여 지금 위장된 짓
을 하고 있는 것이며 거짓된 짓이라며
그를 덮어씌워 나의 아들을 욕하는
자, 너희들은 정녕 나로부터 용서받지
못할 것이니라.
17 나는 너희들에게 물어보느니라.
18 나의 아들이 너희들보다 아름답고 곱
고 사랑을 베풀며 너희보다 앞에 가는
그와 같은 삶을 살지 않거든 너희들이
나의 아들을 사탄이라 하며 나의 법전
을 버려도 되나,
19 나의 아들이 가는 길을 너희들이 도저
히 따라올 수 없으며 흉내도 낼 수 없
다 생각하거든, 너희들은 나의 아들을
탓하며 욕하지 말라.
20 어렵고 힘들게 가는 그를 밀어붙여 만
백성을 구하는 그 길마저 막으려는 사
악한 자들임을 알라.
21 지금 사랑하는 나의 아들이 너희들이
보기에 무섭도록 나의 성령이요, 나의
명령이요, 나의 십계명이요, 나의 율
법이요, 나의 성경을 두려워하며, 내
법전에 기록된 것을 그가 두려워 그대

로 지키고 행하는 것이 무서우리만큼
느껴질 때,
22 너희들은 과연 그때 가서도 나의 아들
을 고발할 수 있고 나를 탓할 수 있는
가?
23 그와 같이 나의 아들이 살아가지 아니
하거든 너희들은 나에게 상고하라.
24 그러면 내가 나의 아들을 다스릴 것이
니라.
25 그러니 너희들은 알라.
26 그 모든 역사를 딛고 이루어 가는 어
렵고 힘들고 협착한 그 길을 마다하지
않는 것, 목숨을 걸고 나의 뜻대로, 성
서에 기록된 대로, 나의 율법대로, 나
의 법전대로 살아가는 나의 아들, 그
는 무엇인 줄 알겠느냐?
27 그와 나 여호와가 항상 같이하고 있음
을 너희들은 알아야 될 것이며 그 두
려움을 알아야 될 것이니라.
28 나의 법전이 만백성에게 전해져 이를
깨우치는 그 백성들, 그리고 나의 법
전을 읽고 역사하는 그 백성들에게도
내가 같이함을 알라.
29 그것이 나의 법전의 능력이요, 나의
법전의 초능력인 것이며, 나의 법전이
가지고 있는 상상할 수 없는 신비함이
니라.
30 그러니 나의 아들과 내가 같이하며,
나의 법전을 읽고 깨우치는 백성 너희
들과 내가 같이함이니, 너희들이 변하
는 모습은 너희도 무서우리만큼 너희
자신이 알게 될 것이니라.
31 그리하여 그것이 하늘의 뜻이요, 하늘
에서 역사하는 나 여호와의 길이라는
것을 알게 될 것이니라.

8,873 번째 하나님 말씀

2003년 12월 23일 02시 37분

1 사랑하는 나의 아들아!
2 "네, 아버님! 말씀하옵소서."
3 네가 십계명을 암송함이니라, 그리고
그 암송함을 내가 나의 법전에 기록하
라 함이니,
4 그를 보는 백성은 정녕 네가 십계명을
암송하며 나의 성령을 받아 기록했다
그리 그들은 믿고 말할 것이니라.
5 이 깊은 밤 네가 또한 십계명을 암송
함이니, 그를 기록하여 전하여 네가
잠시도 나의 십계명을 암송하지 아니
한 역사가 없음을 보여 주어야 될 것
이니라.
6 그것을 모든 백성이 보고 느껴 생각이
달라지며 그들의 깨달음이 달라지니
어찌하겠는가?
7 그리하여 네가 십계명을 나의 법전에
기록하여 많이 전하도록 내가 함이니,
그 뜻을 알아야 될 것이니라.
8 이 깊은 밤 또한 네가 십계명을 암송
하고 나에게 기도를 드림을 그들은 십
계명이 기록된 것을 보고 알 것이며
또 느낄 것이니라.
9 그러니 이 대목을 기록하면서 너희들
은 십계명을 꼭 기록하여 여기에 역사
하도록 그리하라.
10 이 깊은 밤 나의 아들이 십계명을 암
송하고 있음이니라.
11 "너는 나 외에는 다른 신들을 네게 있
게 말지니라.
12 너를 위하여 새긴 우상을 만들지 말
고, 또 위로 하늘에 있는 것이나 아래

로 땅에 있는 것이나 땅 아래 물속에
있는 것의 아무 형상이든지 만들지 말
며, 그것들에게 절하지 말며 그것들을
섬기지 말라.
13 너는 너의 하나님 여호와의 이름을 망
령되이 일컫지 말라.
14 안식일을 기억하여 거룩히 지키라.
15 네 부모를 공경하라.
16 살인하지 말지니라.
17 간음하지 말지니라.
18 도적질하지 말지니라.
19 네 이웃에 대하여 거짓 증거하지 말지
니라.
20 네 이웃의 집을 탐내지 말지니라.
21 나 여호와가 존재함을 믿는 그 자체가
구원의 길에 들어서는 기본이요 근본
이며, 나의 법전을 가슴에 안고 정독
하는 자, 반석 위에 서서 하늘에 오르
는 찬란한 빛을 보게 되는 영광을 얻
게 됨이니라."
22 사랑하는 나의 아들아!
23 네가 나의 법전을 기록하여 만들어
100권이라는 그 대장정의 역사를 넘
어감이니, 너는 이를 가지고 어찌 전
할까 고심하지 말며 두려워하지 말라.
24 나의 법전은 세상에 전해질 것이며 또
한 역사할 것이니라.
25 네가 가장 두려워하는 것은 지금의 믿
음의 길을 가는 백성들, 철옹성보다
더 굳건히 굳어져 있는 그들의 마음이
요, 그 자세를 보고 네가 나의 법전을
전할 길이 없어 그를 두려워하나, 걱
정하지 말라.
26 지금의 백성이요, 수천 년 동안 믿음
의 길을 와 구원을 받았다 하는 그 백
성들, 그리고 저희들이 성서의 한 획
도 고치지 말며 더하지도 빼지도 말
며, 오로지 이것만이 구원을 받는 길
이라 하여 광분하고 목숨을 걸고 대드
는 자,
27 그와 같은 백성들이 저희들이 어렵고
고난을 당했을 때는 그 이상으로 나를
배신하며 나를 원망하며 욕하는 것이
인간 너희들이며, 또한 지금 믿음의
길을 가는 그들의 믿음의 한계이니라.
28 그들의 믿음의 강도가 높으면 높을수
록, 그리고 저희들이 열성분자라 말하
고 열성분자가 된 만큼 무너지는 것은
믿지 않는 백성보다 더 쉬움을 알아야
될 것이니라.
29 얕은 믿음이요, 깊은 믿음이 없는 자
는 재난이나 고난을 당한다 해도 나를
그리 원망하지 아니하느니라.
30 그러나 광신도의 그 백성들은 어찌하
는 줄 알겠느냐?
31 고난과 시련에 부닥쳐 헤어나지 못할
때, 그들이야말로 나로부터 등을 돌리
며, 내 가슴에 화살을 쏘는 것을 주저
하지 아니할 자들이요, 그들이 무섭게
변함이니,
32 그리하여 더 무너지기가 쉬우며 깨지
기가 쉬우며 파손되기가 쉬운 것이 그
들이니, 그들을 너는 절대 두려워하지
말고 겁먹지 말라.
33 내가 이 밤 너에게 그리 명함이니, 너
는 이를 깊이 너의 제자들에게 깨우쳐
주며,
34 너의 제자들 또한 나의 법전을 세상에
전하는 것을 두려워하지 말며 겁먹지
말라 이르라.

35 160권의 법전이 세상에 나와 저희들
이 지금까지 왔던 믿음이 잘못되었으
며 지도자들이 잘못되었다는 것을 깨
달을 때, 광신도 그들이 무너지기가
더 쉬우며,
36 저희들의 그 종교 지도자에게 돌팔매
질을 하며 그를 갈기갈기 헤쳐 놓는
그와 같은 짓을 하는 것이 그들일 것
이니 걱정하지 말라.
37 믿음이 강하면 강할수록 재난과 고통
이 올 때 돌아서는 것이 무서우며, 돌
아서서 나에게 대드는 것이 하늘에 치
솟을 것같이 무서운 자들이 그들이니,
38 가장 약한 자들이요, 가장 쉽게 깨질
수 있는 자들이 그들이니, 내가 그 비
밀을 너에게 전해 줌이니 그리 알라,
사랑하는 나의 아들아!
39 그것이 바로 그들의 마음이요, 그들이
강한 만큼 인간사의 사악한 마음이요,
사탄의 마음이 그들을 지배하고 있음
을 너희들은 알아야 될 것이니라.
40 사랑하는 나의 아들아, 너희들은 하늘
의 사탄이든 하늘의 천사든 두려워하
지 말고 겁먹지 말라.
41 하늘의 천사라는 것은 무엇이더냐, 그
리고 하늘의 사탄은 무엇이더냐?
42 그 모두가 나 여호와가 주관하여 역사
함이니라.
43 그 사탄들은 내 앞에 나타나 나에게
대화를 하며 내가 내리는 명을 받아
행하느니라.
44 욥의 역사에서 그 모든 대화의 과정을
너희들이 돌이켜 보라.
45 내가 사탄에게 명한 것이요, 내 명을
받고 사탄은 가서 역사한 것이 아니더
냐?
46 그러니 하늘의 사탄은 그러하니라.
47 다만 너희가 무서워해야 하며 너희들
이 돌이킬 수 없는 사탄은 무엇이던가?
48 인간 스스로 너희들의 마음속에 있는
사탄이요, 사악한 자요, 마귀이니라.
49 인간 마음속에 있는 사탄, 그것이 너
희들을 자멸시키며 너희들을 죽게 하
며, 그들은 돌이킬 수 없는 자들이 됨
이니라.
50 그리하여 너희들이 그와 같은 이치를
깨닫고, 너희 스스로 네 마음속에 있
는 사탄이요, 마귀를 다스리라.
51 그러면 하늘의 마귀는 나 여호와가 다
스릴 것이며, 또한 감히 그들이 너희
들에게 근접하지 못할 것이니라.
52 너희들이 천사와 같이 변하는 그와 같
은 삶을 살 때, 지상의 마귀요, 하늘의
사탄은 존재하지 아니하며 그 임무가
끝남이니, 그들은 끝나는 것을 두려워
하며 끝나는 것을 겁먹고 있느니라.
53 그러나 그들은 감히 내 뜻을 거역하지
못하며 내 명령을 거역하지 못하느니
라.
54 내 앞에 와 나에게 보고하며 내가 내
리는 명령을 받아 수행하는 것이 하늘
의 사탄이요, 너희들이 무섭고 두려워
하는 사탄이니, 하늘의 사탄을 두려워
하지 말라.
55 인간 너희들의 마음속에 있는 것, 너
희들 자신에게 솟아나는 그 사탄, 인
간 세상에 있는 너희 자신의 사탄이
요, 마귀를 너희들은 다스리도록 하
며, 그를 두렵고 무서운 줄 알아야 될
것이니 그리 알라.

8,874 번째 하나님 말씀

2003년 12월 23일 07시

1 사랑하는 나의 아들아!
2 "네, 아버님! 말씀하옵소서."
3 지금 수천 년 동안 흘러오는 이 세월
속에 나의 모든 원하는 것이요, 내 뜻
은 세상에 비추어지지 아니하며,
4 인간 너희들의 그 욕심에 의하여 너희
들이 연구하고 생각한 것으로써 모두
를 지금 다 다스리고 역사하고 간다
하면,
5 과연 그와 같이 가는 백성이요, 그를
역사하는 백성, 그 모두는 나의 백성
이 세상을 지배하는가, 그렇지 않으면
인간의 교리요, 인간의 생각으로써 모
두를 역사하는 자가 세상을 지배하는
가?
6 너희는 여기서 알아야 될 것이니라.
7 내가 너희들에게 일찍이 말했듯이, 하
늘에 존재하는 천사와 하늘에 존재하
는 그 사탄과, 인간 세상에 존재하는
너희들 마음속의 그 사악한 사탄, 그
마음을 구분하여 너희들이 생각하고
따져야 된다 내가 그리 말하였느니라.
8 이것이 엄연한 사실이며, 이를 너희들
이 분류하지 못하며 이를 보지 못하면
아니 되느니라.
9 지금 하늘에 있는 그 사탄이요, 그들
은 무엇이라 말하였느냐?
10 그들은 내가 명하며 그들을 다스리며,
내가 그들의 악이 필요하여 그들이 존
재한다 하였음이니라.
11 그러니 내가 욥을 시험하며 욥을 깨우
칠 때 뭐라 말하였느냐?
12 그 사탄은 나의 명을 따라서 역사했으
며 내 뜻에 따라 명했으며, 또한 그 사
탄은 내 앞에 와서 나에게 이야기를
하며 나와 대면하며 나 여호와와 대화
할 수 있는 자들이라는 것을 너희들은
알아야 될 것이니라.
13 그러니 그 사탄의 의미가 무엇인가?
14 지금 종교 집단의 지도자 너희들이 그
를 아는 자 있으며 그 의미를 아는 자
가 있는가?
15 지옥에 갇혀 있으며 그리고 사악한 쪽
에 허덕여야 할 그 사탄이 나 여호와
와 대화하며 내 면전에 와서 이야기하
며, 그가 어찌어찌 행하겠다면 내가
또 어찌 행하라 하며, 나의 백성들을
훈련시키며 욥을 시험했다는 성서의
구절을 가지고 너희들이 깨우치듯이,
16 그가 욥과 만나 시험하며 욥에게 역사
했을 때, 나 여호와에게 그는 미리 이
야기를 했으며 내 뜻을 갖고 가서 했
으며, 내가 그리 그에게 명하였음이니
라.
17 그러니 하늘의 사탄은 그가 존재할 가
치가 있어 존재하는 것임을 나의 법전
에 기록하여 전했으니, 이 뜻을 모든
종교 집단이요, 지도자들이 안다면,
과연 그들은 무어라 말하였겠느냐?
18 다만 너희들의 마음속에 있는 그 사탄
이요, 사악한 마음이요, 인간 세상에
존재하는 그 모든 것을 너희들이 다스
리지 못하기 때문이니, 그 악이요, 그
사탄이 세상을 지배하는 것이라는 것
을 너희들은 알아야 될 것이니라.
19 그들이 세상에 뿌리를 내리며 그 악이
세상에 존재하며 그 사탄이 세상을 지

배하는 것은 무엇인 줄 알겠느냐?
20 너희들이 나의 뜻대로 역사하지 아니
하기 때문이니, 그리하여 네 마음속에
있는 사탄이요, 네 마음속에 있는 그
사악한 마음이요, 그 마귀로 하여금
너희들이 무너지고 쓰러지는 것이니
라.
21 그와 같은 사탄이 세상을 지배하고 있
음이니, 이는 하늘에서 다스리기도 어
려우며 하늘에서 통제하기도 어려운
그 사탄이라 함을 너희들은 알라.
22 정녕 하늘에 존재하는 사탄은 내 면전
에 와서 나에게 물으며 나에게 말을
하며, 내가 그를 통제하며 그를 다스
려 나간다는 이 무서운 사실을 알아야
될 것이니라.
23 내 뜻 없이 그가 역사할 수 없으며, 내
면전에 와서 말하지 아니하고 내가 명
하는 것을 그가 행하지 아니할 수 없
음이니,
24 그도 내가 존재하게 하여 다스리며 내
가 통제하고 있음이니, 그것이 하늘의
사탄이요,
25 다만 인간 너희들의 마음속에 있는 그
사악한 마음이요, 사탄이라는 것은 다
스릴 수 없는 것이 인간 너희들의 마
음이니, 하늘의 뜻을 거역하는 자요,
하늘에서도 통제할 수 없는 것이 인간
너희들이 가지고 있는 사악한 마음이
라 함을 알겠느냐?
26 그러니 인간인 너희들을 다스리기 위
하여 하늘의 성령을 책으로 만들어 세
상에 내려보내니, 하늘의 이치와 지상
의 이치가 이제 거기서부터 구분됨을
너희들은 알아야 될 것이니라.
27 하늘에 역사하는 자와 땅에 역사하는
자, 하늘에서 복을 받는 자와 지상에
서 복을 받는 자, 너희들이 행하고 역
사하는 것이 다 구분되고 다름이니라.
28 다만 그것이 하나의 끈으로써 지상에
서 역사하는 것이 하늘에 연계되나,
실존하고 존재하는 것은 구분되어 있
음을 너희들은 알아야 될 것이니라.
29 의인도 또한 하늘과 땅의 의인으로서
역사하는 것이 구분되어 있으며, 선하
고 착한 백성도 또 구분되어 있으며,
그와 같은 천사의 마음과 인간의 마음
또한 거기서 다름이니라.
30 하늘에서의 천사와 같은 마음과 지상
에서 천사와 같은 마음이요, 그 마음
이 너희들의 행함이 다르며 생각하는
것이 다르며 내 뜻에 의해 하는 것이
다르며 너희들이 생각해서 하는 것이
다르니, 그와 같이 구분되어 있는 오
묘함을 너의 제자들은 알아야 될 것이
니라.
31 다만, 인간 세상에서 천사와 같은 자
가 하늘의 천사가 될 수 있으며 인간
의 선한 자가 하늘의 선함이요, 인간
의 의인이 하늘의 의인이 될 수 있다
는 것, 그는 또한 하나의 끈으로 이어
졌으나, 그 모두는 구분되어 돌아가는
역사함을 알라.
32 인간의 모두를 다스릴 수 없는 것이
나 여호와요, 하늘의 사탄을 다스리지
못하는 것이 나 여호와가 아님을 너희
들은 알라.
33 인간이 그만큼 사악하며 잔인함을 알
아야 될 것이니라.

8,875 번째 하나님 말씀

2003년 12월 23일 07시 05분

1 사랑하는 나의 아들아!
2 "네, 아버님! 말씀하옵소서."
3 너희들이 성서에 기록하여 전하기를,
'나는 부활이요, 생명이라 그리고 나
를 믿는 자는 죽어도 살겠고 무릇 살
아서 나를 믿는 자는 영원히 죽지 아
니함이니, 네가 이 뜻을 믿느냐?' 그리
물었음이니라.
4 너희들은 이 구절을 가지고 지금까지
어찌 가는가?
5 나의 아들 예수를 찾기만 하면 너희들
이 구원을 받으며, 편안하고 넓은 그
길로 가는 것이 구원을 받는 것이라
너희들은 그리 말함이니,
6 이로 인하여 너희들이 나에게 오르는
길이 아니요, 나와는 관계없는 그 죽
음의 길로 간다 그리하였음이니라.
7 이 구절의 의미를 너희들이 잘못 생각
하고 있기 때문이니라.
8 예수가 존재한다는 것을 믿기만 하면
너희는 영원히 죽지 않는다는 것, 그
의미 자체를 너희들이 잘못 가르치고
있음이니라.
9 그는 내가 예수를 통하여 역사하고자
한 사랑의 실천이요, 하늘의 역사를
가지고 행하고자 했던 그 뜻을 그대로
행하고 실천하는 것을 너희들에게 명
하는 것이요,
10 그리 사는 자, 나의 아들 예수와 같은
자요, 그리고 나의 백성으로서 거듭나
는 자들이라 하는 것이니,
11 너희들이 말로써 나의 아들을 믿고 찾
기만 하면 구원을 받는다는 간단한 그
의미가 아님이니라.
12 행하고 실천하는 것, 그것만이 너희들
이 나에게 올 수 있는 길이라는 것이
니 이를 알아야 될 것이니라.
13 그와 같이 사는 자는 곧 예수가 되는
것이요, 그와 같은 자가 곧 예수처럼
나에게 와 구원을 받아 나에게 오를
수 있다는 것, 그 모두는 너희들의 행
함이 중요하다는 것을 절대 잊어서는
아니 됨이니,
14 믿는 것만으로써 구원을 받는다 생각
하는 백성, 너희들은 지금서부터 다시
한 번 돌이켜 생각을 하지 아니하면
아니 됨이니라.
15 이 구절은 믿는 자가 아니요, 예수가
행하는 그대로 실천하고 역사해야만
모두 그 길에 올 수 있다는 것이 잘못
기록되었음이니, 너희들은 그리 알라.

8,876 번째 하나님 말씀

2003년 12월 23일 07시 09분

1 사랑하는 나의 아들아!
2 "네, 아버님! 말씀하옵소서."
3 인간이 세상에서 살아가면서 짐승과
모든 미물과 다른 점이 무엇인 줄 알
겠느냐?
4 내가 너희들에게 내린 사랑이라는 것
이 얼마나 소중한 것인가?
5 그 사랑이라는 것이 인간이 자연의
식물과 미물, 그들과 다른 점임을 알
라.
6 그러니 이 세상의 모두가 나의 뜻에
따라 행할 수 있는 것은 사랑이니, 사

랑을 베풀고 살 수 있는 나의 백성 너
희들이 모두를 통제하고 나스리라 내
가 하였음이니라.
7 그러나 너희들이 천만 명이 모이고
그 수많은 백성이 모인다 해도, 사랑
이 없는 자는 아무런 의미가 없는 것
이며, 인간으로서 살아가는 그 가치가
없으며, 인간으로서 너희들이 나에게
은혜를 받아 생명을 가지고 나간 것이
아무런 의미가 없음이니라.
8 그와 같이 사랑을 모르는 자는 아무리
많은 군중이 모여 역사한다 해도 그
모두는 각자 모래알 같은 것이니라.
9 그러니 너희들이 모래알처럼 저 자신
만 존재하는 그와 같은 세상을 사는
자, 그들이 거기서 서로 귀하고 소중
한 것을 아는 백성이던가?
10 절대 그를 모르는 자들이니라.
11 그리고 인간이 서로 돕고 협력하며 살
아가는 화합하는 마음 또한 갖지 못하
는 것이 너희들이니라.
12 그러니 사랑이라는 것이 그와 같음을
알아야 될 것이니라.
13 저 자신이 홀로 살다가 그저 죽어 가
는 것과 마찬가지니 그것이 바로 무엇
이더냐?
14 짐승과 같은 삶이요, 그 짐승의 삶과
하나도 다른 점이 없는 것이 사랑을
모르는 백성이요, 사랑을 행하지 않는
백성이라는 것을 너희들은 알아야 될
것이니라.
15 그리하여 너희에게 사랑을 행하고 살
라 하는 것이 나 여호와의 뜻이니라.
16 사랑하는 마음으로 살아갈 때, 너희들
은 이 세상의 모든 자연의 소중함과
아름다움을 알며, 더욱이 이웃의 소중
함을 알게 되며, 너희 형제의 소중함
을 알게 되는 것이니라.
17 그리고 사랑을 행하는 자만이 인간이
인간답게 살아갈 수 있는 것이니라.
18 서로 사랑하고 화합하며 용서하며 이
해하며 돕고 살아가는 것이 사랑을 가
지고 살아가는 백성이요,
19 사랑을 갖지 아니하는 자는 모래알처
럼 각자가 흩어져 살아가는 인생이니,
그와 같이 차이점이 있는 것이니라.
20 사랑을 모르는 자는 아무것도 아는
것이 없는 자이니, 인간의 삶을 사는
자라 말할 수 없음을 너희들은 알라.
21 참진리요, 나 여호와가 역사하고자 하
는 것, 그것도 너희들은 알 수가 없으
며, 그것도 들여다볼 수 없는 것이 너
희들임을 알라.
22 정녕 나 여호와가 사랑의 본체요, 내
가 사랑을 역사하고자 하였음이니, 그
사랑을 행하지 아니하고 그대로 살지
않는 자, 너희들은 아무것도 볼 수도
없으며 듣지도 못하는 백성이니,
23 듣지도 못하고 알지도 못하는 너희들
이 참진리를 어찌 알며, 내가 역사하
는 것을 어찌 알며, 과연 하늘에 오르
는 그 길을 볼 수 있겠는가?
24 아무것도 볼 수 없는 것이 너희들임이
니라.
25 그러니 누가 뭐라 하든 나의 아들을
따르는 제자요, 그리고 나의 법전을
읽고 깨우치는 만백성, 너희들은 사랑
하는 마음으로 승화되어야 함이니,
26 그리했을 때 나의 성령이 너희들에게
임하며, 너희들은 모두를 다 알 것이

며, 모두를 보게 되는 은혜를 입게 된
다는 것을 잊지 말라.

8,877 번째 하나님 말씀

2003년 12월 23일 07시 13분

1 사랑하는 나의 아들아!
2 "네, 아버님! 말씀하옵소서."
3 내가 너에게 가르쳐 전했느니라, 사랑
을 모르는 자는 저 자신밖에 모르는
자요, 나 여호와의 뜻은 전혀 생각하
지 아니하며 행하지 아니하는 자라.
4 그리하여 내가 너희들에게 말했듯이,
사랑을 실천하는 자는 낮은 자로서
살며, 만백성의 섬김을 받는 것이 아
니라 섬기는 자로 살아야 하거늘,
5 사랑을 모르고 실천하지 않는 자는 그
모두도 실천할 수 없는 자들이니, 이
는 곧 나와는 관계없는 삶을 살아가는
자들이니라.
6 그러니 사랑을 모르는 자는 자신이
존경을 받고자 하며, 제 뜻대로 제가
모두를 역사하고자 하여 어떠한 수단
과 방법을 가리지 아니하며, 저 자신
을 보호하고 제가 역사하는 것을 이루
기 위하여 온갖 방법을 다 동원하는
자이니라.
7 그러니 이웃을 도울 줄 모르며 이웃과
협조할 줄 모르며 제 이웃을 제 몸과
같이 사랑할 수 있는 그와 같은 마음
의 자세도 가질 수 없는 것이 그들이
니라.
8 사랑을 모르는 자는 이 세상에 너희들
이 정해 놓은 인간이 만들어 놓은 테
두리요, 인간이 통제하는 그 법의 테
두리요, 그 삶의 테두리에서 벗어나지
못하며, 하늘의 위대함을 알 수 없는
자들임을 알아야 될 것이니라.
9 지금 인간들이 만든 그 틀이요, 인간
들이 거래하는 속에서만 너희들이 그
것을 원칙으로 삼으며, 그것으로써 기
준을 삼으며, 그곳에 너희들이 얽매어
살아간다면, 진정한 사랑이 무엇인지,
그 사랑이 그 모두를 녹일 수 있다는
그와 같은 것을 모르고 살아감이니,
10 인간의 법도 안에 너희들이 얽매어 살
아가는 것이요, 인간의 법도에 끌려가
며 사는 것이요,
11 인간의 법도에 끌려가고 살다 보니,
하늘의 그 위대한 사랑이요, 하늘의
베풀고 살아가는 그와 같은 것을 너희
들이 알 수가 없는 것이니라.
12 그러니 지금 모두를 다 인간 세상에
살아가는 시시비비속에 너희 자신을
던지지 말라.
13 너희들이 인간 세상의 그 틀을 벗어
나, 누구도 역사할 수 없는 것, '나'를
던져 '남'을 구하며 '나'의 기도가 '남'
을 위한 기도로써 역사하는 그와 같은
사랑으로 너희들이 가지 아니하면 아
니 될 것이니라.
14 지금 인간 세상에서 그저 자신을 위하
여 살아가는 자, 자신만을 위해 역사
하고자 살아가는 자, 그리고 낮은 자
가 아니라 높이 존경받는 자로서 살
아가고자 하는 자,
15 그 모두는 인간이 만든 인간의 삶이
요, 그 인간의 한계를 벗어나지 못하
며, 하늘의 높이를 보지 못하며, 하늘
의 넓음을 보지 못하는 자들이니,

16 너희들은 인간이 만든 그 규정에 홀로 노예가 되어 살다가, 너희 스스로 역사하여 다시 거듭나는 것을 모르며, 그저 제 손에 쥔 것, 제가 육으로써 볼 수 있는 것만 가지고 몸부림치다 그 대가를 치르는 그와 같은 삶을 살게 됨이니라.

17 그러니 내가 너희들에게 인간이 만든 인간의 도리를 벗어나라 함이 아니요, 그 모두를 넘어서 사랑할 수 있는 그 높고 넓은 하늘의 이치를 깨우치도록 하라 하는 것이 나 여호와의 뜻임을 그리 알라.

8,878 번째 하나님 말씀

2003년 12월 23일 07시 19분

1 사랑하는 나의 아들아!

2 "네, 아버님! 말씀하옵소서."

3 네가 나에게 언약하기를, '식물인간과 같은 마음으로 사는 것이 아버님의 뜻을 바라볼 수 있는 길'이라 그리 말하였으며, 너희들이 모두를 똑같이 사랑하는 마음, 그리고 똑같이 보는 마음을 벗어나서는 아니 된다 하였음이니라.

4 그러나 너의 제자들 또한 무어라 하느냐?

5 제 자식과 남의 자식을, 제 가족과 남의 가족을, 제 부모와 남의 부모를 똑같은 마음으로 절대로 볼 수 없으며, 그리 갈 수 없는 것이라 말하지 아니하였느냐?

6 그러니 네가 그 제자에게 무어라 말하였느냐?

7 '정녕 너희들이 그와 같은 마음을 가질 수가 없으며 그 마음으로 역사할 수 없거든, 너는 성전에 나오지 말며 이 믿음의 길을 더 이상 가지 말라.' 네가 그리 말하지 아니하였던가?

8 그 길을 가야 되며, 그와 같은 마음으로 변화되지 아니하면 결코 너희들은 하늘에 오르는 길을 볼 수 없으며 내 뜻을 따를 수 없는 것이라 그리 말하지 아니하였느냐?

9 그러니 그 제자가 무어라 말하였느냐?

10 그는 조용히 고개 숙여 아무런 대답을 하지 못하며, 번뇌하는 얼굴의 그 모습을 보았음이니, 너는 그들을 보고 무어라 말하여 전하고 싶은 것이 있느냐?

11 "네, 아버님! 그들의 손에 쥐여 주고 싶은 것이 있사오나, 그 말을 제가 하지는 아니하였사옵나이다.

12 저는 이 세상에 너희 것은 하나도 없으며 네 것은 하나도 없는 것이라, 그리고 주인은 인간 너희들이 아니요, 우리가 아니요, 창조주 아버님 것이라 그리 말하고 싶었사옵나이다.

13 그리고 '너 자신도 모두가 다 네 것이 아니요, 네 자신도 네 마음대로 할 수 없는 것이 네가 아니냐?' 하는 것을 깨우쳐 주고자 하며 그 말을 하고 싶었사옵나이다.

14 그리고 제자들에게 그리 가르쳐 주고 싶사옵나이다.

15 하물며 저 자신도 제 것이 아니며 제 마음대로 할 수 없는 것이 우리의 삶이요, 인간의 도리이거늘, 자식을 제 것이라 생각하는 어리석은 그와 같은

마음을 버리지 못하기에 남의 자식과
제 자식을 구분하여 차별화하는 마음
을 가지며, 그와 같이 평온한 마음을
갖지 못하는 것이라 깨우쳐 주고 싶었
사오나,
16 그 주름진 얼굴이요, 그가 가기가 힘
들고 어려워 낙담하는 얼굴 앞에 그
말을 전할 수가 없어 저 자신 또한 입
을 닫았사옵나이다.
17 그에게 말하고 싶었사옵나이다, '제
자식도 제 마음대로 하지 못하며, 저
자신도 제 것을 제 마음대로 하지 못
하며, 제 것이라 할 수 없는 것이 우리
인간들이거늘, 어찌하여 너희들이 재
물이요, 금화와 은화를 너희 것이라며
그리 욕심을 부리고 그 앞에 너희들
의 이름 석 자를 붙이고 그를 움켜쥐
려 하는가?'
18 그와 같은 이치를 깨우쳐 주고 그와
같은 말을 전하고 싶었사오나, 그가
변하는 삶을 살고자 해도 너무 힘들고
어려워 지친 것 같기에,
19 그가 정녕 제 말을 듣고 물러나 저에
게서 등을 돌리고 성전을 떠나는 것
은 아닐까 하는 그와 같은 마음에서,
더 어렵고 힘든 이와 같이 행할 것을
가르쳐 주지는 못하였사옵나이다."
20 아들아, 그렇다 하여 그를 깨우쳐 주
지 아니하면 아니 되느니라.
21 그들에게 깨우쳐 주어야 될 것이며,
너의 제자들에게 깨우쳐 주라.
22 험난하고 어려운 그 길을 넘고 넘는
자만이 나에게 오를 수 있으며, 그 길
을 가지 아니하고는 역사할 수 없는
것이니, 그 정답만 가르쳐 주라.
23 이 세상에 아무것도 너희들의 이름으
로 남기려 하지 말며, 네 것이 없는 것
이라, 나 여호와 것이요, 내 것으로써
모두가 이름이 되어 있다는 것,
24 너희 자신도 네 것이 아니며, 또한 내
가 너희를 세상에 내보낸 창조주요,
너희는 피조물이라는 것,
25 그러니 거기에 한번 놓고 버리면 떨어
지는 재물이요, 금화와 은화에 대해
쌓아 놓고 제 이름 석 자를 붙이고 모
든 명패를 걸고자 하여 욕심을 버리지
못하고 발버둥치는 그 백성들에게 깨
우쳐 주라,
26 아무것도 너희들 것은 없다는 것, 그
리고 그것을 너희들은 천년만년 네 것
으로 관리하고 살 수 있다 생각하나
그것 또한 부질없는 생각이라는 것을.
27 그리하여 모두를 다 똑같이 볼 수 있
으며, 내 것 네 것이 없는 그와 같은
마음으로써 너희들이 세상의 물질을
보며 금화와 은화를 보며, 그와 같은
마음으로 다스려 나가는 길을 가지 아
니하면 아니 된다 그리 전하라.

8,879 번째 하나님 말씀

2003년 12월 23일 07시 24분

1 사랑하는 나의 아들아!
2 "네, 아버님! 말씀하옵소서."
3 너희들의 육의 생명이 존재하며 인간
세속에서 살아가면서 참진리의 길을
가야 한다는 그 생각을 잠시라도 버려
서는 아니 되느니라.
4 오로지 나 여호와의 뜻이 무엇이며 참
진리가 무엇인가, 너희들은 그를 잠시

도 버려두어서는 아니 되며, 그리 노력하는 데 잠시도 게을리해서는 아니 되는 것이 너희들임을 알라.

5 참진리요, 너희들이 하늘에 오르는 그 길이요, 나 여호와의 뜻을 너희들이 알아 그리 행하고 살아가고자 하는 그와 같은 마음을 잠시도 놓아서는 아니 된다는 것이 나의 가르침이니라.

6 이는 바로 너희들의 마음속에는 선과 악의 두 마음이 항상 존재하며 서로 그 자리를 지키고자 서로 밀어내고자 너희들의 마음속에서 쉬지 않고 전쟁을 하고 있음이니,

7 거기서 너희들이 참진리의 길을 바라보며 그 길을 가고자 노력하는 것만이 악을 육성시키는 것을 막고 그 악의 뿌리를 뽑을 수 있음이니라.

8 더욱이 인간의 육을 가지고 살아가는 너희들은 악한 일을 행하는 데 너희들에게 즐거움이 있으며, 그리고 악한 일을 행하는 데는 그 즐거움이 배로 가중되는 것이 아니더냐?

9 그러니 그와 같은 마음속에서 너희들이 무너지기가 쉬운 것이라 함이 나 여호와의 뜻임을 알라.

10 그러나 너희들은 그것을 모르느니라, 악한 일을 행하는 것은 아주 쉬우며 그 즐거움이 배로 증가하나, 그것은 너희들이 한 번 들어가면 영원히 돌아나오지 못하는 지옥의 문에 들어가 너희들이 그 대가를 치르고 영원히 산다는 그 무섭고 두려운 사실을.

11 너희들은 오늘의 삶의 그 즐거움에 매여 그 행복함에 의하여 너희들이 그를 생각하지 아니하려 하며 지우려 하느니라.

12 아무리 지옥이 어떻다 하녀 너희들이 한 번 들어가면 나오지 못하며 그 대가가 얼마나 무서운지 그리 말해도,

13 육에서 부닥치는 그와 같은 고통이요, 시련보다 먼저 그를 생각하지 아니하며, 오늘의 육의 세상의 삶을 너희들이 앞에 두며, 그것부터 먼저 생각하는 어리석은 백성 너희들이기에,

14 지금 살아가며 잠시라도 나를 생각하지 않으며 참진리의 길을 가고자 하지 아니하면 무너지는 것이 너희들이라 함이니라.

15 더욱이 악은 행하기가 즐거우며 선한 것은 어떠한 것이더냐?

16 선한 일을 행하고 너희들이 선한 마음으로 천사와 같이 변하고자 하는 그와 같은 마음을 가지고 사는 것은 어려움과 고통스러움만이 너희들에게 가중되느니라.

17 그러나 너희들은 그와 같은 길을 넘고 넘었을 때 영원히 사는 길이요, 거듭나는 그와 같은 역사를 얻으며 너희들이 다시 태어나는 그와 같은 축복을 받게 되느니라.

18 또한, 너희들이 지금 다시 나는 것이요, 거듭나는 것이요, 영원히 사는 나의 나라에 와 사는 것, 그 자체도 그 마음이 흔들리느니라.

19 그러니 미래의 그와 같은 영원한 세상을 생각하기 전에 오늘의 육의 세상에 너희들이 살아가는 것으로써 이해관계를 먼저 따짐이니, 그리하여 내가 너희들을 어리석고 불쌍한 백성이라 하였음이니,

20 하늘의 이치를 깨닫는 자, 너희들이
거듭나는 영광의 삶의 길과 지옥으로
가는 길이요, 너희들이 한 번 가면 다
시 나오지 못하는 그 두 길 중에 너희
들은 하나를 선택하고 가야 됨이니,
21 선함으로 영원히 사는 세상에 가는 길
은 오늘의 너희들에게 어렵고 고통스
러우나, 선행을 하고 아름다움을 행하
고 사는 것이 너희들이 나를 다시 만
날 수 있으며 영원히 사는 나라에 올
수 있다는 것, 그것을 너희들은 명심
하고 또 명심해야 되니,
22 그리하여 그 모든 이치를 깨닫도록 내
가 160권의 법전 속에 상세히 기록하
여 그를 세상의 너희들에게 전함을 알
라.
23 너희들이 항상 바른 생각과 바른 자세
로써 지켜 나가지 못한다면 너희들은
무너지며 쓰러지기 때문이니라.
24 악은 즐거움으로 행할 수 있으나 선
은 고통으로 행하는 것이 인간 세상에
살아가는 너희들의 마음의 자세요, 육
을 가지고 있는 세상에 역사하는 것이
기 때문이니, 이와 같은 것을 잘 깨달
으라.
25 인간 세상에서 너희들의 병을 고치기
위하여 쓴 약이요, 아픔이 있다는 그
와 같은 의미를 너희들이 안다면,
26 오늘의 어렵고 힘들고 고통스러운 그
길을 가는 것이 당연한 것이며, 그것
이 행복이요, 즐거움이라는 마음을 가
지고 살아갈 수 있도록 너희들의 그
마음 자세부터 바꾸지 아니하면 너희
들은 나에게 올 수 없다는 것을 알라.

8,880 번째 하나님 말씀

2003년 12월 24일 06시 31분

1 사랑하는 나의 아들아!
2 "네, 아버님! 말씀하옵소서."
3 인간사에 살아가며 모든 역사하는 것
과 하늘에서 내가 보고 역사하는 그것
이 다 다르며, 그들 또한 한계가 있다
하였음이니라.
4 그러니 너희들이 지상에서 아름답게
살아가고자 하는 그 마음이요, 또한
내가 하늘에서 보는 너희들의 마음이
아름답고 고움이요, 그 모두가 다 엄
연히 너희들에게 차이가 있으며 차별
화가 있다 하였음이니라.
5 그러나 그 모두는 오늘의 근본이요,
뿌리로서 역사한다 하였음이니, 너희
들은 그 의미요, 뜻을 잘 못 이해할 것
이니라.
6 그러니 내가 너를 통하여 오늘 나의
법전에 기록하여 그 백성들에게 전함
이니, 너희들은 알아야 될 것이니라.
7 인간 세상에서 살아가는 자, 더러운
옷을 입은 자, 그리고 씻지 아니한 자,
그 몸을 관리하지 않아 냄새가 남이
니, 인간 세상에 살아가는 데는 너희
들이 그 냄새를 맡을 수 있을 것이니
라.
8 그러나 하늘의 나 여호와는 그와 같은
냄새를 맡지 아니하며, 나에게는 그와
같은 냄새는 관계도 없음이니라.
9 너희들이 씻지 아니하고 더러운 옷을
입어 관리하지 아니하여 너희 몸에서
나는 썩은 외부의 그 냄새는 나와는
관계없음이니, 내가 보는 냄새는 무엇

인 줄 알겠느냐?
10 너희들의 마음과 행동이요, 살아감이
어떠한 것이며, 나 여호와의 뜻에 의
해 사랑을 베풀고 행하고 살아가느냐
안 살아가느냐가 관계있음이니,
11 너희들의 육신을 떠나 너희들의 마음
이요, 생각에서 가지고 있는 것이 곱
고 아름다운 마음이라면, 아무리 너희
들의 외부에서 썩은 내가 나고 초라한
냄새가 난다 해도 그는 나에게 닿지
아니하며 나는 그를 맡지 아니하느니
라.
12 다만 너희들에게서 내가 썩은 냄새를
맡을 수 있는 것은 인간 너희들의 그
마음의 자세요, 생각의 자세요, 그리
고 너희들이 살아가는 속마음, 그것으
로써 내가 썩고 안 썩고 냄새가 나는
그 냄새밖에 맡지 못함이니, 이것이
인간 세상의 너희가 하는 역사와 내가
하는 것의 그 차이점이니라.
13 너희들의 기준으로써 모두를 역사해
서 가는 것과 나 여호와가 보는 것의
그 차이가 거기 있음이니, 성서에 기
록된 인간과 하늘의 그 차이점이요,
나의 법전에 인간과 하늘의 역사하고
행하는 그 차이점을 수없이 기록했으
나, 너희들은 그 의미를 모를 것이니
라.
14 그리하여 이제 내가 너희들에게 가르
치느니라.
15 하늘에서 맡는 냄새는 너희들의 외부
의 썩고 안 썩은 것이 관계없음이니라.
16 나에게는 다만 너희들은 맡을 수 없는
인간의 내면에 가지고 있는 마음, 그
가 얼마나 곱고 아름다운 천사와 같이
사느냐에 따라서 그 향기가 나며,
17 아무리 너희들이 몸단장을 곱게 하고
향수를 뿌려 단장하였다 해도, 너희들
의 마음이요, 행함이 추하며, 하늘을
향하여 부끄럽게 살아가는 그와 같은
몸으로 살아가는 자는 거기서 썩은 냄
새가 남이니,
18 이것이 하늘의 법도와 인간 세상의 법
도요, 너희가 보는 것이요, 너희가 맡
는 냄새와 생각하는 것의 차이점이니,
이를 보며 정녕 너희들은 이제 모든
것을 구분할 줄 알게 될 것이니라.
19 사랑하는 나의 아들아!
20 "네, 아버님! 말씀하옵소서."
21 내가 인간 세상에서 너희들로 하여금
썩고 안 썩는 냄새를 맡는 것은 너희
들이 보이지 않는 곳에서 행동하는
것, 그리고 너희들의 내면에 가지고
있는 그 마음이요, 살아가는 그 생각
이요, 그 모두로써 이루어진다는 것을
네가 안다 하면, 너와 너의 제자들은
어떠한 자세로 살아가야 하겠는가?
22 내가 너희들을 통하여 썩은 냄새를 맡
는 나의 아들이요, 나의 아들딸들이
되어서는 아니 될 것이며,
23 너를 따르는 제자들이요, 그리고 나의
법전을 읽은 백성 너희들은 내면에서
썩은 내가 나는 그와 같은 삶을 살면
아니 되느니라.
24 그것이 오늘의 너희들이 가야 할 길이
기에 내가 너희들에게 깨우침이니라.
25 오늘의 너희들의 초라한 모습이요, 너
희들이 씻지 않아서 나는 냄새요, 너
희들이 없어서 관리하지 못해서 나는
냄새, 그것은 아무런 관계가 없음이니

라.
26 그것으로 내가 너희들을 평가하고 너
희들로부터 어떠한 냄새를 맡는 것이
아니니라.
27 그러니 너희들이 가지고 있는 속마음
이 어떠하냐, 그리고 남들이 보든지
보지 않든지 네가 살아가는 데 생각이
어떠하며 네가 행함이 어떠한가 그것
이 나에게는 가장 중요한 것이니,
28 나의 아들 너와 너의 제자들에게서 썩
은 냄새가 나는 그와 같은 백성이 되
어서는 아니 될 것이니,
29 외형이요, 외부의 생활에 신경 쓰는
것이 아니라, 남들이 보든지 보지 않
든지 하늘을 향하여 부끄럼이 없는 그
와 같은 삶으로 가도록 하라, 사랑하
는 나의 아들아!
30 이제는 네가 내면이요, 외면에서 너
자신이 냄새를 제거할 수 있는 그와
같은 삶의 길을 가고 있음이니, 나 여
호와가 기쁨이니,
31 그리하여 내가 이 상을 너희들에게 주
며, 인간의 법도와 하늘의 법도의 이
치를 내가 깨우쳐 줌이니라, 사랑하는
나의 아들아!
32 나는 나의 아들의 내면에서 나는 냄새
를 정녕 맡을 수 없으며, 그 냄새가 진
동한다면 사탄과 천사들까지도 그 냄
새를 몰고 와, 당신의 아들이 이러한
것이라며 나보고 맡으라 한다면, 내가
과연 그것을 어찌 견디고 내 마음이
얼마나 아프고 쓰리겠는가?
33 이를 내가 매로써 다스리고 고통으로
다스려서 갈 수 있는 것인가?
34 오로지 네가 바로 가야 함이니라.
35 또한 내가 선택하고 초대한 너의 제자
들, 그리고 나의 법전을 읽고 깨우친
백성, 너희들도 다 그러하니라.
36 너희들이 그리되었을 때 무어라 말하
겠느냐?
37 그와 같은 사악한 속마음과 겉마음이
요, 그 썩은 냄새가 난다 하여 너희들
이 그 냄새를 나에게 풍기고 들이댈
때 내가 할 말이 없음이니라.
38 사탄들은 그와 같은 기회가 있을 때
그때 다 말하느니라.
39 당신이 초청한 사람이요, 당신이 불러
쓰는 자들이 속과 겉이 이러하다 하
며, 일반 백성보다도 더 속에서 인간
의 썩은 내가 난다 하면, 내가 어찌 말
을 하겠느냐?
40 모두가 다 그러하니라.
41 그러니 그와 같은 이치를 깨우쳐, 너
희들이 자신을 다스리는 데 최선을 다
하도록 하라, 선택된 나의 아들딸들아!

8,881 번째 하나님 말씀

2003년 12월 24일 06시 37분

1 사랑하는 나의 아들아!
2 "네, 아버님! 말씀하옵소서."
3 사랑하는 나의 만백성들이 지금 나에
게 오르고자 모두 갈구하는 그 길을
가나, 너희들이 그 속에서도 가장 불
행한 백성이요, 그리고 너희들이 정녕
바라는 그 구원의 길조차도 볼 수 없
는 잘못 가는 그 백성들이 누군 줄 알
겠느냐?
4 지금 너희들의 믿음이요, 그 신앙의
길을 가며, 저희들이 철저하게 나의

뜻을 따르며 성서에 따라 그와 같은
믿음의 길을 간다 하면서 저희는 선택
된 백성이요, 축복받은 백성이요, 그
리고 특별히 불러 준 백성이며 구원을
받은 백성이라 하며 자만하는 자, 그
와 같은 자들이야말로 구원의 길을 보
지 못하는 가장 불행하고 불쌍한 백성
들이니,
5 오늘의 수천수만의 종파와 종교 속에
서 구원을 받은 백성이라 자부하는 그
들이니라.
6 너희들이 구원을 받았다는 그 자체가
천국을 우롱함이니, 천국을 우롱하는
것이 무엇이더냐?
7 너희는 교만에 젖어 있는 자들이니라.
8 하늘의 법도와 인간의 법도는 엄연히
다르다 하였음이니라.
9 인간의 세상에서 나는 악취를 너희들
은 맡을 수 있으나, 하늘에는 그 악취
가 관계없으며, 너희들의 내면에서 썩
는 것을 너희들은 맡지 못하나 하늘에
는 그 냄새가 진동하여 고역스럽다 한
이치를 깨우쳐 주었음이니,
10 그들이 교만에 젖어 있는 그것이 무엇
인 줄 알겠느냐?
11 천국을 운운하는 그 자체가 그들이 감
히 상상할 수 없는 짓을 하고 있는 것
이니라.
12 너희들 자신의 교만은 무엇이라 말하
느냐?
13 지금 너희들이 하고 있는 그와 같은
짓은 인간의 한계를 벗어난 자요, 그
모두를 초월한 자라는 그와 같은 자만
에 빠져 있음이니,
14 이와 같은 생각을 하고 있는 자, 그것
은 나 여호와를 대적함이요, 나를 능
멸하며 나를 넘었다 생각하는 그와 같
은 자들이 아니더냐?
15 이제 너희들은 알아야 될 것이니라.
16 나를 믿지 않든 믿는 백성이든 천국에
오고 안 온다고 시비하는 자, 그와 같
은 백성은 절대 하늘에 오르는 길을
볼 수 없는 것이니, 믿는 자들이 어찌
그리 오만하단 말이더냐?
17 믿는 것으로써 구원을 받았다 그리 말
하는 자, 나는 여기서 그들의 손을 들
어 주지 아니하며 그들을 모른다 할
것이니라.
18 차라리 천국이 무엇이요, 하늘이 무엇
이요, 나 여호와가 존재함이 무엇이
요, 감히 두렵고 무서워서 그와 같은
말을 하지 아니하고 묵묵히 그저 살아
가는 백성들,
19 구원을 받는 것, 안 받는 것, 그와 같
은 건 관계없이 그저 이웃을 사랑하며
인간관계를 맺어 살아가는 자, 그들은
감히 천국을 시시비비하지 못하며 구
원을 받고 못 받는 것을 감히 말하지
못함이니,
20 그들이 정녕 교만이 없는 자요, 순박
한 백성이요, 그들의 마음이 오히려
인간의 본성에 가까운 자들로서 나는
그들을 그리 볼 것이며, 그들을 구원
할 것이며, 그들은 내가 버리지 아니
할 것이니라.
21 너희들은 버려도 반드시 그들은 내가
기억할 것이니라.
22 그러니 그들이 나의 법전을 접하여 읽
고 바른길을 올 때, 그들은 바로 새싹
이 날 수 있는 백성들이니라.

23 그러나 여기서 내가 너희들에게 전하
고자 하는 뜻을 너를 따르는 제자들과
나의 법전을 읽는 백성 너희들은 알라.
24 인간이 하늘의 구원이요, 아니요, 그
와 같은 하늘의 법도를 논하는 것, 그
것이 너희들의 교만이고 오만이니라.
25 그러니 믿음의 길을 가는 백성이 천국
에 올 수 있다 없다 하는 자들처럼 오
만한 백성이 없으며,
26 감히 두려워 하늘을 논하지 못하며 구
원을 받고 못 받고를 얘기하지 못하
며, 그저 묵묵히 살아가 하늘 보기를
두렵게 생각하며,
27 평소에 믿고 안 믿고와는 관계없이,
'하늘이 있으니 내가 나쁜 짓을 해서
는 아니 되며, 하늘이 있기에 내가 남
을 물고 늘어지고 시시비비하며 남을
욕되게 해서는 아니 되는 것이다.' 생
각하며, 나를 믿지 않아도 하늘이 두
려워 그저 그와 같은 마음을 가지고
사는 백성,
28 그들의 손은 내가 들어 주어도, 너희
들의 손은 결코 들어 주지 않음이니,
그러니 오만하고 교만하며 잘못된 백
성이 어떠한 백성인지 그를 알라.
29 내가 나의 법전에 이리 기록하여 전하
는 것은 새싹을 뿌려 만백성을 구하려
하는 선택된 나의 아들을 따르는 제자
들이요, 그리고 나의 법전을 읽고 깨
우친 백성, 너희들이 그리 교만하고
오만한 행위를 하지 말라 함이니, 너
희들은 이를 거울삼아 지키고 그리 가
도록 그리하라.

8,882 번째 하나님 말씀

2003년 12월 24일 06시 42분

1 사랑하는 나의 아들아!
2 "네, 아버님! 말씀하옵소서."
3 인간 세상에서 너희들이 살아가면서
죄를 짓는 자, 그 죄가 증거가 있으며
그 죄 진 증거를 확보하며 그것이 틀
림없이 세상에 드러났을 때, 너희들은
그에 대한 대가를 받고 제지를 받지
않느냐?
4 그리고 그와 같은 벌을 받는 것이 인
간의 법도요, 세상에 너희들의 죄가
드러났을 때는 반드시 그리 가야 되는
것이 인간 세상의 너희들의 도리이며
사는 길이 아니더냐?
5 그것을 갖다 너희들은 덮어씌우며, 그
걸 알면서도 너희들이 법을 집행하지
아니한다면 어떠한 결과가 생기겠느
냐?
6 이는 질서가 있을 수 없으며, 인간 세
상에서 너희들이 무질서함으로 존재
하지 못할 것이니라.
7 내가 예를 들어 너희들에게 가르침이
니, 나의 아들 예수가 탄생한 날이요,
아기 예수가 탄생하였다 하여 온갖 백
성이 촛불을 들고 노래 부르며 광란의
짓을 함이니,
8 정녕 오늘의 그 날이 나의 아들 예수
가 태어난 날인지 아닌지 하는 것을
너희들은 잘 알고 있음이니, 오늘 너
희들이 광란의 짓을 하는 날은 나의
아들 예수가 태어난 것이 아님이니라.
9 태어나지 아니한 것을 알며 그 날짜를
알면서 그와 같은 날이라 하여 너희들

이 온갖 행사를 하는 것은 무엇이더냐?
10 너희들은 엄연히 따지면 아닌 것을 맞
는 것처럼 뒤집어씌우는 자이니, 너희
들이 잘못된 것을 증거하며 보이는 행
위가 아니더냐?
11 나는 너희들이 이와 같은 행위를 하기
전에 네 부모를 먼저 생각하며 너희
형제들을 먼저 생각하는 그와 같은 마
음을 가지라 함이니라.
12 그러니 나의 법전을 읽고 깨우친 백성
이요, 나의 아들을 따르는 백성 너희
들은 그와 같은 행위에 젖어들지 말
며, 너희들은 그와 같은 날에 너희 부
모요, 너희 형제와 더불어 역사하는
그와 같은 마음의 자세를 갖도록 그리
전하라.
13 지금 너희들이 나의 아들이요, 아기
예수가 태어났다며 경축하는 날이 이
날이 아닌 것을 알면서 너희들이 이날
에 이와 같은 행위를 하는 것은, 엄격
히 따지면 무엇이더냐?
14 너희들은 잘못된 것을 알면서도 하는
자들이니라.
15 그러니 오늘의 모든 종교 집단이요,
그들이 가는 그 믿음의 신앙이 무엇인
줄 알겠느냐?
16 잘못된 것을 알면서도 고치지 아니하
며 잘못된 것을 알면서도 바로잡지 아
니함이니 그건 무엇이더냐?
17 모든 죄상이 드러난 것이며 그 죄목이
드러났음이니, 그는 죄가 증거로써 세
상에 드러났음이니 그 대가를 받아야
되는 것이며,
18 그와 같이 너희들이 알면서 행한 것
그것은 반드시 벌을 받는 것이니, 나
의 세상에서는 용서되지 아니하며 벗
어날 수 없다는 것을 알라.
19 이제 모든 백성 너희들은 들으라.
20 정녕 나의 진리요, 내가 역사하고자
하는 아름다운 사랑의 삶이 아니면서
도 그를 행하는 자, 너희들은 실정법
에 저촉되며 죄를 짓는 자들이니,
21 그 세상에 드러난 죄상에 대해서는 너
희들이 그 대가를 치른다는 것을 그들
에게 전하도록 그리하라.
22 그러니 내가 참진리요, 바른길을 가라
함이며, 너희들이 정녕 나 여호와의
뜻에 따라 살아가는 그와 같은 백성으
로 거듭나라 함이 여기 있음이니라.
23 오늘의 그와 같은 광란의 짓을 하는
그 백성, 잘못되고 아닌 것을 알면서
하는 자들, 그와 같은 자들이 오늘의
모든 믿음을 이끌어 가는 자요, 나의
피조물 만백성을 이끌어 감이니,
24 잘못 가고 죄를 짓는 것을 알면서도
그 죄를 죄라 생각하지 아니하며 당연
히 행하고 그저 넘어갈 것이라 생각하
는 어리석은 백성, 그들은 그 대가를
반드시 받는다는 것을 전하라.

8,883 번째 하나님 말씀

2003년 12월 24일 06시 45분

1 사랑하는 나의 아들아!
2 "네, 아버님! 말씀하옵소서."
3 성서의 가르침이요, 성서의 하나의 뜻
도 선과 악이 행해짐이니, 너희들은
반대의 생각으로써 모두를 볼 수 있는
안목을 가지라 하였음이니라.
4 모든 백성들이 지금 갈구하는 것이 무

엇이냐?
5 너희들이 그저 그대로 있는 상태로 들
림을 받으며, 그리고 그 들림을 받는
것이 가장 큰 축복이요, 영광이라 생
각함이니,
6 그 들림을 받는 영광을 얻기 위하여
너희들은 모두를 갈구하며 모두를 다
바치고 지금 살아가는 것이 아니더냐?
7 그러니 들림을 받는 백성보다 더 축복
받고 영광된 백성이 없다 너희들은 그
리 말하니, 인간 세상에서 너희들이
말하는 그 들림의 삶이라는 것이 무엇
인 줄 알겠느냐?
8 너희들은 죽어 나로부터 부름을 받으
니, 그것이 너희들이 들림을 나에게
받는 것이니, 이것도 또한 두 길이 있
음을 너희들은 알아야 될 것이니라.
9 그저 들림을 받는 것만이 영광이요,
축복이라 생각하지 말라.
10 너희들이 악을 행하는 생활속에서 들
림을 받았을 때, 너희들은 한 번 들어
가면 영원히 나오지 못하는 지옥으로
들림을 받는 것이요,
11 너희들이 천사와 같이 아름다운 모습
으로 사는 것, 그리고 그리 행하고 사
는 자, 너희들이 들림을 받았을 때 그
는 나에게 거듭나는 영광의 역사를 얻
는 것이니,
12 이와 같은 이치를 내가 너희들에게 깨
우쳐 주는 것은 내가 일찍이 말하였듯
이 성서의 가르침이요, 너희들이 오늘
의 삶을 사는 것, 그리고 성서에 대해
역사하는 것, 그 모두는 너희들이 생
각하고 또 생각해서 뼈와 살로써 깨우
쳐 너희 것으로 만드는 그와 같은 현
명함을 얻으라 내가 일찍이 가르쳤던
그 의미를 되새길 줄 아는 백성이 되
어야 될 것이니 그리 알라.

8,884 번째 하나님 말씀

2003년 12월 24일 06시 52분

1 사랑하는 나의 아들아!
2 "네, 아버님! 말씀하옵소서."
3 인간 세상에서 나는 냄새가 아니요,
하늘에서 맡는 냄새가 나지 않는 것이
네가 가야 할 길이며 네가 행해야 할
길이라는 것을 너는 오늘 깊이 깨우쳐
그리 살아가야 될 것이며, 너의 제자
들 또한 그와 같은 길을 가지 아니하
면 아니 됨이니라.
4 이 세상에 나의 백성들이 어떠한 줄
너는 알고 있지 않으냐?
5 "네, 아버님! 알고 있사옵나이다.
6 이 세상에 생명을 주시어, 인간이 아
버님으로부터 축복과 영광을 받아 이
세상에 나왔음이니,
7 육의 세상에 사는 것이 고통스럽지 아
니하며 어려움이 없으며, 육의 세상에
남들이 말하는 행복한 삶이요, 즐거운
삶을 살아갈 때,
8 그들은 아버님을 찾으며 아버님을 경
배하며 세상에 목숨을 바쳐 모두를 따
를 것 같은 그와 같은 마음으로 살아
가는 것이 인간의 마음이라 그리 생각
하옵나이다.
9 그러나 그들이 어렵고 힘들 때는 그
생명을 준 것까지도 아버님을 원망하
며, 그 생명을 내려 주어 이와 같은 고
통과 시련의 길을 가게 하려면 어찌하

여 생명으로써 이 세상에 태어나게 했
느냐 하여,
10 창조주 아버님을 원망하며 돌아서는
마음이 감당키 어려울 정도로 등을 돌
리는 것이 인간 저희들의 마음이요,
저 자신의 마음이요, 또한 저의 제자
들과 모든 백성들의 마음이 그러한
것 같사옵나이다.
11 그들은 그 원망이 또한 도가 지나쳐
말하기를, 이와 같은 생명을 어찌하여
일찍 데려가 나를 고통에서 거두어 주
지 아니하는가 하여, 아버님께서 명을
주어 내린 그 생명이요, 세상을 볼 수
있고 자유롭게 살아가는 것, 제가 노
력하면 인간의 육의 세상의 삶을 벗어
날 수 있는 그와 같은 것을,
12 노력하지 아니하며 생명을 주신 것을
원망하며, 또한 일찍 데려가지 아니하
며 거둬들이지 아니한다고 아버지를
원망하는 것이 인간들의 마음이요, 오
늘의 믿음인 것 같사옵나이다.
13 아버님께서 막상 그 목숨을 거둬들인
다 할 때, 그들은 울고불고 제발 목숨
만은 구원해 달라 애원하고 통곡할 것
이 인간의 마음이요, 생각이라 저는
그리 생각하옵나이다.
14 막상 저희들의 생명을 준 것을 원망하
며, 아버님이 일찍 이와 같은 고통과
시련을 준다면 그 생명을 거둬들이지
않는 것을 원망하면서,
15 막상 아버님께서 '내가 준 생명이니
내가 거둬 간다.' 할 때, 그들은 또다
시 울고불고 통곡하며 목숨만은 살려
달라 애걸복걸 하는 것이 인간의 마음
이니,
16 인간의 마음은 이와 같이 흔들리는 것
이라 저는 생각하며, 그리하여 그 마
음을 어찌 다스려야 될 것이며 어찌
잡아야 될 것인가 그를 감히 생각지
못하고 있사옵나이다."
17 사랑하는 나의 아들아, 그러하니라.
18 그들을 바로잡고 바로 세우는 길이 어
디 있겠느냐?
19 인간이 하늘에서 천둥 번개가 친다 하
여 두려운 것을 알겠느냐?
20 내 음성으로써 죄짓는 자 처벌한다 해
도 그들이 알겠느냐?
21 고개를 처박고 그들은 죄지은 것이 없
으며 제 죄는 없다 생각하며 땅에 코
를 박고 말할 것이니라, 벌벌 떨며 그
죄를 용서 빌면 모두가 지워진다 하
여, 1초도 안 되는 시간에 저희들의
모두를 다 토해 내며 저희들은 죄가
없는 자라 그리 말할 것이니라.
22 그리고 거기에서 저희들은 거둬 달라
그리 말할 것이니라.
23 이것이 바로 인간의 생각이요, 인간의
마음이요, 인간의 형태이니, 그들을
바로잡을 수 있는 건 태워도 또 찢어
버려도 버려도 영원히 지워지지 않는
새로 나온 성경이요, 나의 법전, 이 책
밖에 역사할 수가 없음이니,
24 하늘에 오르는 길이라 하여 내가 오늘
에 역사하며 너를 고통스럽게 달궈 가
며, 너의 제자들이 어렵고 힘든 그 길
을 가며 만백성에게 이 나의 법전이
요, '하나님! 말씀하옵소서.' 이 책을
전해 주어 그들을 구하지 아니하면 구
할 수 없기에 오늘의 그 역사가 이루
어짐을 알라.

25 그들의 마음이 이러하니라, 이리 젖혀
지고 저리 젖혀지고 저리 엎어지고 이
리 엎어지는 그것이 너희들의 마음이
니,
26 그를 잡을 수 있는 것은 나의 법전을
읽고 또 읽어 깨우쳐 서서히 달궈 가
는 그 길밖에 없음이니 그리 알라, 사
랑하는 나의 아들아!

8,885 번째 하나님 말씀

2003년 12월 24일 07시 05분

1 사랑하는 나의 아들아!
2 "네, 아버님! 말씀하옵소서."
3 나로부터 선택된 영광이요, 축복을 받
아 살아가는 너의 제자들 그들에게 말
하라.
4 너희들의 생각과 기준에 의해서 모두
를 행하지 말며, 그것이 정답이요, 결
정된 것같이 모두를 결정짓는 어리석
은 삶을 살지 말라 전하라.
5 나로부터 선택된 너희들은 인간 생각
의 기준과 나 여호와가 역사하고자 하
는 그 기준의 차이를 알지 못함이니라.
6 모든 역사하는 것은 인간의 기준과 나
여호와의 기준이 다른 것이니, 그리하
여 너희들이 천사와 같은 마음이 되었
을 때만 내가 역사하는 그 기준을 알
수 있음이니라.
7 그러니 너희들이 아름다운 마음이요,
정녕 천사와 같은 마음으로 변화되지
아니한 그와 같은 너희들의 삶에서 너
희들이 모두를 결정지으며 이것이 정
답이라 하는 자,
8 이는 바로 믿음을 저희들이 나의 아들
예수를 찾고 부르짖기만 하면 천국의
열쇠로써 그 황금의 문을 열고 들어설
수 있다 장담하는 어리석은 백성들과
같음이니,
9 그리하여 그들이 오만하고 교만하고
자만하며, 변화되는 것을 모르며, 정
녕 저희들이 어찌 가야 되는지를 몰
라, 한 번 가면 나오지 못하는 지옥의
그 길을 달려가는 어리석은 백성들이
니라.
10 너희들이 모두를 인간의 생각으로써
정답이라 결정하고 선택해서 행하다
보면 아니 됨이니, 항상 기도와 묵상
으로써 너희들의 마음을 다스리는 속
에서 너희들이 천사와 같은 마음속에
서 무엇인가, 나로부터 얻어 행하는
그와 같은 기도와 묵상으로써 항상 일
관하도록 그리 전하라, 사랑하는 나의
아들아!
11 성령을 알며, 나의 법전을 알며, 인간
의 기준을 벗어나 하늘의 기준을 알
수 있는 것은 너희들이 아름답게 변해
지는 그 마음의 자세만이 알 수 있는
것이니라.
12 그러나 너희들이 지금 바로 설 수 없
으며, 그와 같이 천사로 변할 수 있는
역사의 기준이 없음이니, 너희들이 다
스리고자 해도 다스리지 못하기에 내
가 법전을 세상에 내려보냄이니라.
13 그리하여 160권의 법전을 너희들이
정독할 때 하늘의 기준을 알게 될 것
이며, 그리하여 법전을 읽고 깨우쳤을
때만 너희들은 내가 역사하는 것이 무
엇인지 그걸 알게 됨이니,
14 그리하여 법전이 구원의 길이요, 마지

막으로 너희들이 이를 접하지 아니하
면 심판대에 설 수 없으며 심판을 받
지 못한다는 그 의미가 여기에 있음이
니라.
15 너희들이 천사와 같이 변해야만 하늘
의 뜻을 알며 하늘에 역사하는 것을
알 수 있으며 하늘에 오르는 길을 볼
수 있는 것이요, 그렇지 아니하면 절
대 반석 위에 서서 하늘에 오르는 그
빛을 따라올 수 없는 것이니,
16 그 빛을 바라볼 수 있도록, 그 반석 위
에 일어설 수 있도록 안내하고 깨우쳐
주는 것이 나의 법전이니, 이게 얼마
나 소중하고 귀한 것인 줄 알겠느냐?
17 그러니 나의 법전을 읽지 않는 자, 구
원의 길을 올 수 없고 볼 수 없다는 그
의미를 너희들은 알아야 될 것이니 그
리 전하라.

8,886 번째 하나님 말씀

2003년 12월 24일 07시 11분

1 사랑하는 나의 아들아!
2 "네, 아버님! 말씀하옵소서."
3 이 세상의 모든 동식물을 관리하여 너
희들이 섭취하고 살아갈 수 있도록 그
리하여 인간 너희들이 세상의 제왕이
라 그리 말하였음이니,
4 너희들이 인간 세상의 권력과 재물이
요, 그 위에 제왕이 되고자 하는 것이
얼마나 어리석은 백성들의 행위인 줄
알겠느냐?
5 그와 같이 높은 지혜요, 깨달음을 준
그 백성 너희들에게 나 여호와가 짐승
과 같은 마음을 가지고 살기를 바라는
간곡한 마음이 지금 있다면 이는 얼마
나 슬프고 고통스럽고 괴로운 말이더
냐?
6 너희들이 인간 세상에 자식을 낳았음
이니, 그 자식에게 부모가 말하기를
너희들은 그저 집에서 기르는 짐승만
큼만이라도 그와 같은 마음으로 살아
가라 그리 그 자식에게 부탁하고 또
간곡히 바라는 마음이라면, 그 부모의
마음이 얼마나 찢어지고 가슴이 아프
겠느냐?
7 짐승의 한계요, 짐승의 생각으로 너희
들이 세상을 살아갈 수 없으며 역사할
수 없거늘, 그 자식에게 그와 같이 살
아가기를 바라는 부모의 심정이라면,
8 그 자식이 얼마나 포악스러우며 얼마
나 잘못되었으며 인간의 도리를 벗어
났으면 그저 짐승과 같은 마음이라도
가지고 살아가기를 바라는 것이 그 부
모의 마음이겠느냐?
9 지금 나 여호와가 나의 사랑하는 백성
너희들을 보기에 짐승과 같은 마음으
로라도 살아가 주기를 바라는 것이 나
의 뜻이라면, 내 마음이 얼마나 찢어
지고 아픈지 너는 알겠느냐, 나의 아
들아!
10 "네, 아버님! 감히 고개를 들 수 없으
며, 감히 제가 인간으로서 지금까지
살아왔던 그 모든 부끄럽고 무거운
죄에 저 자신이 고개를 들 수 없으며,
저의 제자들 또한 고개를 들 수 없는
것 같사옵나이다.
11 사람이 기르는 동물은 그저 밥을 주는
자, 재워 주는 자, 그를 반기며 그를
보는 눈빛이 다르며, 그 속에 사랑하

는 표시를 하며 계산이 없으며, 앞뒤
가 없사옵나이다.
12 그러나 지금의 인간은 도와주는 자를
어찌하든 넘어트리며 그를 밟고 제가
일어서려 하는 것, 그리고 인간의 생
명을 존귀하게 여기지 않는 것, 저를
사랑하고 도와주고 보살핀 자를 물고
뜯고 무너트리는 것이 인간이니,
13 그와 같은 인간의 본마음은 동물에게
서도 찾지 못하니, 그와 같은 동물의
행동이요, 동물이 가지고 있는 눈빛이
요, 그 마음만큼이라도 인간이 닮아
가기를 바라는 아버님의 그 마음이 얼
마나 천 갈래 만 갈래 찢어지는 것인
지,
14 오늘의 이와 같은 사악한 세상에 살아
가는 저 자신이 고개를 들 수 없사옵
나이다.
15 그러니 제가 법전을 만들어 만백성에
게 전하여, 인간이 먹여 주고 길러 주
는 동물이 그 주인을 따르는 마음만큼
이라도 돌려놓고 제가 그리 죽어 간다
면, 또한 저의 제자들이 그와 같은 역
사를 이룬다 하면,
16 저희들이 가장 바라는 소망이 우선 그
것인 것 같사오며, 저희들이 거기에
목표를 두고 가야 되는 이 아픈 마음
을 어찌 아버님께 다 말씀드릴 수 있
겠사옵나이까."
17 사랑하는 나의 아들아, 하늘에서 보는
너희들이 인간이 기르고 가르치는 짐
승만도 못한 마음을 가지고 살아간다
면, 내가 만일 너희들이 그와 같은 한
계로써 올라서기를 바란다면, 나 여호
와의 가슴이 얼마나 아프고 저린 것인
가를 네가 안다면,
18 이 뜻을 너의 제자들에게 전하며 만백
성에게 전하도록 그리하라, 나의 아들
아!

8,887 번째 하나님 말씀

2003년 12월 24일 07시 17분

1 사랑하는 나의 아들아!
2 "네, 아버님! 말씀하옵소서."
3 네가 있는 이 방에서 내면의 썩은 내
가 나서는 아니 되며,
4 네가 세상에 나가 남들과 대화하며 백
성과 앉아 세상의 이야기를 함이니,
또 나의 법전을 네가 이야기를 함이
니, 네 내면에서 썩은 내가 나는 것을
너는 못 맡을 것이나 나는 다 맡고 있
음이니,
5 너에게 썩은 내가 난다면 너는 나의
아들이 아니며, 만백성을 구하는 나의
선지자가 아님을 알아야 될 것이니라.
6 그러니 네가 어디에 있든 네가 있는
그곳에서는 너 자신이 내면의 썩은 냄
새가 나는 그와 같은 장소가 되어서는
아니 되며, 네가 앉아 있는 곳, 네가
있는 곳에는 내면의 썩은 냄새를 하늘
에서 맡아서는 아니 되는 것이 네가
가야 할 길이니,
7 오늘부터 너의 말과 행동 그 모두는
다 정녕 나 여호와가 그 썩은 냄새를
맡기 역겨워 고개를 숙이며, 사탄과
천사들이 썩은 내가 난다 하여 그 냄
새를 나에게 담아 올리는 그와 같은
일이 있어서는 아니 될 것이니라.
8 너의 제자들도 그러하니라.

9 그러니 나의 성전에 와 나의 강론을 들으며 변하고자 하는 너희들의 내면에서 썩은 냄새가 난다면 나의 성전이 아니요,
10 금화와 은화를 거둬들이는 죄의 온상인 교회요, 성당이요, 법당이요, 그리고 종파들이 건축한 인간의 손으로 지은 건축물과 무엇이 다르단 말이더냐?
11 그러니 너희들이 나의 성전에 들어오는 동안에 내면에 냄새가 나는 행동을 하고 와서는 아니 되며,
12 내면에서 썩은 냄새가 나는 그와 같은 삶을 살고 너희들이 나의 성전에 들어올 자격이 있는가?
13 그리고 성전에 들어와 앉아 있는 너희들에게서도 내면에서 썩은 냄새가 난다면 나 여호와가 너희들과 어찌 같이 하며, 그 역겨운 것 때문에 내가 성전에 와 너희들이 변하는 모습을 보고 그 기쁨을 얻을 수 있단 말이던가?
14 이제 너희들은 나의 법전을 정독할 만큼 정독했으며 나의 아들을 통하여 내리는 강론을 들을 만큼 들었음이니,
15 너희들이 지금 하고 있는 말, 너희들이 지금 하고 있는 행동이 과연 나 여호와가 역겨운 냄새를 맡도록 냄새를 풍기는가 한번 보라.
16 짐승도 제 몸을 보호하기 위하여 썩고 독한 냄새를 풍기듯이, 그보다 더한 독가스의 냄새를 풍기는 것이 너희들의 행동 여하에 달렸음이니,
17 그와 같은 독가스를 내 얼굴에 너희들이 뿜어 놓고도 과연 나에게 올 수 있는 백성이라 말할 수 있겠는가?
18 사랑하는 나의 아들아, 이를 너의 제자들에게 가르쳐야 될 것이며, 너는 이를 엄히 행하고 살아가도록 그리하라.
19 네가 앉아 있는 곳이라도 독가스가 나오지 아니해야 하며, 네가 하는 행동이요, 말에서는 독가스가 나와서는 아니 됨이니,
20 독가스가 나온다면 모든 백성을 구원하는 그 길을 갈 수가 없는 것이니, 이를 네가 먼저 행하고 지켜야 할 것이며 너의 제자들에게 엄히 그리 지키라 전하라.

8,888 번째 하나님 말씀

2003년 12월 24일 10시 46분

1 사랑하는 나의 아들아!
2 "네, 아버님! 말씀하옵소서."
3 내가 십계명 다음에 한 줄의 그 의미를 넣었음이니, 오늘의 모든 백성이 지금 어떠한 전쟁을 하는가?
4 저희들이 보이지도 아니하며 잡을 수도 없으며 만질 수 없는 것을 놓고 지금 적이 되어 전쟁을 하고 있는 것이 아니더냐?
5 남은 사탄이요, 이단이요, 마귀요, 저는 천사라 저희들이 그리 구분 짓고 싸우고 있음이니라.
6 저희들이 나를 볼 수도 없으며 내 음성을 들을 수도 없으며 나를 만질 수도 없는 자들이 서로 내가 저희들의 소유물인 것처럼, 저희들이 관리하고 통제하는 것처럼, 제 앞에만 나 여호와가 존재하는 것처럼 그리 놓고 저희들이 천사요, 마귀요, 사탄이라며 지

금 보이지 않는 전쟁을 하고 있음이
니, 다 부질없는 자들이 지금 하고 있
는 짓이 아니더냐?
7 그러니 내가 그들에게 한 줄을 더 넣
음이 거기 있음이니라.
8 '나 여호와가 존재함을 믿는 그 자체
가 구원의 길에 들어서는 기본이요,
근본이요, 나의 법전을 가슴에 안고
정독하는 자, 반석 위에 서서 하늘에
오르는 찬란한 빛을 보게 됨이니라.'
거기에 넣었음이니라.
9 이제 너희들이 보이지 않는 그 전쟁
속에서 알지도 못하며 근거도 없는 그
와 같은 속에서 너희들이 마음대로 다
룰 수도 없는 것이며 눈에 보이지도
않는 그를 놓고 서로 '내 것이 옳고 네
것이 틀리다.'는 그와 같은 소모전을
하지 말라 함이니라.
10 그와 같은 것으로 이단이요, 사탄이라
며 적대시하며 전쟁을 하려거든 너희
들의 가슴속에 일단은 나 여호와가 존
재함을 먼저 심으라 함이니라.
11 그를 믿고 심는 것이 나에게 오를 수
있는 기본이요, 근본이라 하는 것이
바로 나 여호와의 뜻이니, 내가 내린
그 뜻을 아는가?
12 그리고 너희들이 천 갈래 만 갈래 무
엇이라 말해도 나의 법전에 역사하는
것, 이를 갖지 아니하면 너희들이 나
에게 오를 수 없기 때문에, 나의 법전
을 가슴에 안고 정독하는 자만 반석
위에 서서 하늘에 오르는 길을 볼 수
있다 하였음이니라.
13 그러니 이제 보이지 않는 곳에서 만질
수 없는 것, 듣지 못하는 것을 가지고
저만 위대한 것이라는 소모전의 전쟁
을 하지 말며,
14 내가 직접 써 내려 책으로 근거한 나
의 법전이 증거함이니, 그 근거를 놓
고 너희들이 싸우고 따지도록 내가 기
회를 준 것임을 알라.
15 너희들이 나 여호와가 존재함을 믿는
그 마음으로 서로 시시비비하지 말며,
16 '네 마음에도 하나님을 믿으며 내 마
음에도 하나님을 믿으며 너도 창조주
를 믿으며 나도 창조주를 믿으니, 똑
같이 창조주 나 여호와를 믿지 아니하
고 생각하지 아니하는 백성이 어디 있
더냐?' 그리 똑같이 그들은 생각하느
니라.
17 그러면서 저희들이 만지고 보고 듣지
도 못하면서 저희들의 소유물인 것처
럼, 저희들 몇몇 사람이 관리하고 통
제하는 것처럼 그리 생각하다 보니,
18 너희들의 그 욕심이요, 그 사악한 마
음 때문에 너희들이 지금 적이 아닌
자가 적이 되었으며, 부모 형제와도
등을 돌리고 살아가는 이와 같은 험악
한 세상이 되지 아니하였느냐?
19 그러니 너희들이 나 여호와가 존재함
을 믿는 그것으로 깨달음을 얻으라 함
이니라.
20 그리고 너희들이 나의 법전을 가슴에
안고 정독하라 함은, 너희들이 보이지
않는 것과 싸우는 것을, 내가 증거할
수 있는 나의 성령이요, 하늘에 오르
는 길이라 하여 나의 법전을 세상에
내려보냄이니,
21 이 증거를 놓고 너희들이 이를 가지고
시시비비하여 옳고 그름을 따져 구원

을 받아 반석 위에 오를 자와 오르지
못할 자, 스스로 선택하라 하여 내가
마지막 다음에 열 한 계명을 집어넣었
음이니라.
22 십계명 다음에 내가 열한 계명으로써
내가 너희들에게 이리 기록하여 전하
는 그 뜻이 여기 있음이니,
23 보이지 않는 것, 만질 수 없는 것, 들
을 수 없는 것을 시시비비하지 말고,
나의 아들을 통하여 내리는 나의 성령
이요, 나의 뜻이요, 모두를 들여다보
고 읽을 수 있는 증거가 있는 나의 법
전을 놓고 너희들이 우선 판가름을 하
도록 하라.
24 그러려면 너희들이 어찌해야 하던가?
25 나의 법전을 정독하고 읽고 깨우쳐야
될 것이니라.
26 그리하여 내가 나의 법전을 가슴에 안
고 정독하는 자, 반석 위에 서서 하늘
에 오르는 찬란한 빛을 볼 수 있다.'
하였음이니,
27 증거를 놓고 따져 바로 깨닫는 자는
그와 같은 영광이요, 은혜를 얻을 것
이며,
28 증거를 놓고도 너희들의 고집과 아집
때문에 이를 태우고 찢어 버리는 자는
그와 같은 기회가 없음이니,
29 이제 내가 마지막에 넣은 그 구절의
의미를 다시 한 번 깊이 깨우쳐 그와
같이 전하고 그와 같이 행하도록 그리
하라.

8,889 번째 하나님 말씀

2003년 12월 24일 10시 49분

1 사랑하는 나의 아들아!
2 "네, 아버님! 말씀하옵소서."
3 나의 백성 너희들의 그 마음을 잡을
수 없다 하였음이니라.
4 너희들이 어렵고 힘든 그와 같은 삶을
살 때, 너희들이 간곡히 기도하며 나
의 뜻에 따라 살며 나를 경배하는 그
마음이 애절한 백성이 수없이 있는가
하면,
5 너희들이 나로부터 재물과 명예요, 금
화와 은화를 남부럽지 않게 가지고 사
는 그와 같은 백성 또한 그들은 그와
같이 받을 수 있기에 내가 주었음이니
라.
6 그러나 나의 은혜요, 축복이요, 감사
하는 마음을, 어렵고 힘든 자들보다
백배 천배 아름답게 여유 있는 생활을
하며 사는 데 감사드리는 자들이 얼마
나 있는가?
7 육의 삶에서 나를 잊고 사는 자들이
많고 많음을 너희들은 알아야 될 것이
니라.
8 여유가 있는 자, 생활이 풍족한 자, 그
와 같은 재물의 은혜를 나에게 받은
자들이 나를 잊고 나를 기억하지 아니
하며 제 복이라 생각하는 것이 지금의
백성 너희들이 아니던가?
9 그러면서 너희들이 무어라 하느냐?
10 그와 같이 여유 있는 생활을 하는 자,
제가 고난과 재앙이 닥쳤을 때 그때
정녕 헤어나지 못하면 그는 나를 찾으
며 나를 경배하는 것이니라.

11 그것이 너희들의 마음이니라.
12 그러나 저희들이 나에게 기도하고 경
배해도 재앙은 거듭되고 힘든 고비가
첩첩산중 쌓여 갈 때, 그들은 또 다 팽
개치느니라.
13 그리고 나를 원망하는 것이 너희들의
마음이요, 오늘의 믿음이요, 너희 신
앙생활의 근본의 심성이니라.
14 그러니 나의 아들을 따르는 백성 너희
들은 어렵고 힘들 때 나에게 기도하고
간구했으니, 너희들이 나에게 은혜를
받은 그 후에는 그 은혜를 받은 만큼
더 감사하는 기도를 드리며 사는 것이
인간의 도리가 아니더냐?
15 그러나 너희들은 소원을 이루었을 때
그 마음이 풀어지며 그 마음이 나태해
지며 그 마음이 기울어지며, 나를 잊
고 사는 것이니라.
16 그리하여 너희들이 또한 고난을 당할
때, 또 기도를 하며 또 얻고자 소망하
나, 정녕 그것이 이루어지지 않을 때
너희들은 마음이 돌변하여 나를 원망
하고 저주하는 마음으로 갖는 것이 신
앙이요, 믿음이요, 너희들의 뿌리라
하였음이니,
17 믿을 자가 하나도 없으며, 그리하여
내가 너희들에게 상을 줄 자가 없다
함이니, 너희들은 알라.
18 이와 같은 곳에서 그와 같은 삶을 사
는 나의 아들을 따르는 제자들이요,
지금의 나의 법전을 읽은 자가 있다면,
19 너희들은 굳건한 마음으로 어려울 때
나 힘들 때나 부가 따를 때나 변하지
않는 그 마음의 형태로 갈 수 있도록
다지지 아니하면 너희들은 그를 관리
할 수 없으며 축복의 은혜를 얻을 수
없는 것이라는 것을 전하라, 사랑하는
나의 아들아!

8,890 번째 하나님 말씀

2003년 12월 24일 10시 53분

1 사랑하는 나의 아들아!
2 **"네, 아버님! 말씀하옵소서."**
3 너희들이 여유 있는 자, 평화롭게 사
는 자, 그와 같은 자로서 무슨 변화의
역사를 이룬다 해도 그는 바로잡을 수
가 없는 것이니라.
4 그리하여 나 여호와가 지금은 예수의
그 시대와 다르기에, 마지막 시대는
잘못 살며 험악하게 살아온 자, 그리
고 죄 많은 자, 그와 같은 자들을 내가
선택하여,
5 곧 잘못 살아온 자들을 다스려 나 여
호와의 사람으로 만들며 내 뜻대로 살
아가는 그와 같은 변화의 본보기로 하
여 내가 만백성을 구하고 역사하는 시
대를 이루고자 하는 것이 나 여호와의
뜻임을 너의 제자들에게 전하라.
6 그래서 너의 제자들이 선택된 것이며,
너희들이 나에게 부름을 받아 역사하
는 것은 너희들이 잘못 살아온 자들이
요, 잘못 간 자며, 흐트러진 자들이기
에, 너희들이 곧 바로 배워 바로 깨우
쳐 나의 법전을 보고 변화됨이니,
7 그리하여 나 여호와의 백성이요, 나의
아들딸로서 거듭나는 그것을 보고 만
백성을 내가 다스려 가르치고자 함이
요, 본보기로 역사하고자 너희들이 부
름을 받았다는 것을 알라.

8 그러니 너희들이 여기서 자만하지 말
며 오만하지 말며, 겸손하며 가장 자
애로운 마음으로써 변하며, 너희들이
모두를 가슴에 안는 그와 같은 삶으로
살라.
9 그렇지 아니하면 너희들은 나에게 부
름을 받은 가치가 없으며, 너희들을
내가 쓸 이유가 없다는 것을 알라.
10 여기에 너희들이 선택된 자들이요, 근
본이라, 나의 아들 너는 그들에게 그
리 가르쳐 주며 겸허하게 살아가라 그
리 말하라.
11 그리하여 너희들이 변하는 모습이요,
아름답게 살아가는 그 본보기로 변할
때, 너희 자신도 살며 너희를 보고 따
르는 모든 백성도 사니,
12 너도 살고 나도 사는 그와 같은 변화
를 이루어 만백성을 구하고자 하는 것
이 나 여호와의 뜻이라는 것을 너희들
은 알며 그리 전하라.
13 나의 법전을 읽고 깨우치는 백성 너희
들도 그러하니라.
14 너희들이 아름답게 살았고 사랑을 베
풀며 남보다 더 앞에 가는 자요, 모범
된 삶을 살아서 내가 너희들을 선택한
것이 아니니라.
15 남모르게 못되게 산 자, 잘못된 짓을
하고 살아온 자, 그리고 남들 앞에 내
놓을 수 없는 삶을 산 자를 바로잡아
내가 만백성에게 본보기로 함이니,
16 이와 같은 백성도 하나님의 자식이 되
어 나 여호와의 자식이요, 천사와 같
이 변했음이니, 이를 본보기로 하여
너희들을 다스리는 것이며, 나의 아들
을 또한 내가 명하여 오늘 이와 같이
역사를 이룬다는 것을 알라.
17 그러니 너희들은 겸허하고 겸손한 자
세로써, 가장 낮은 자요, 그리하여 만
백성에게 대우를 받는 자가 아니라 너
희들이 대우를 해 주는 백성이라 함이
여기 있음을 알아야 될 것이니라.
18 그러니 너희들이 높은 자가 아니요,
가장 낮은 자라 하는 것을 너희들은
여기서 알아야 될 것이니 그리 전하
라, 사랑하는 나의 아들아!

8,891 번째 하나님 말씀

2003년 12월 24일 10시 56분

1 사랑하는 나의 아들아!
2 **"네, 아버님! 말씀하옵소서."**
3 내가 너희들에게 전했느니라, 나는 외
면을 보지 아니한다 하였음이니라.
4 외면의 어떠한 형태요, 그 모형으로써
내가 너희들을 평가하지 아니하며, 나
는 너희들이 보지 못하는, 너희들이
가지고 있는 내면의 그 마음이요, 거
기서 너희들이 역사하는 것을 내가 본
다 하였음이니라.
5 그러니 나 여호와가 이루고자 하는 뜻
이 무엇이더냐?
6 외면을 보기보다도 내면을 보기에 바
로 부끄러운 점이요, 부끄러움을 많이
가지고 있는 그와 같은 백성 너희들로
하여금 내면의 모두를 씻어 내며 모두
를 끌어내어 너희들이 천사와 같이 변
하는 그와 같은 삶을 사는 것으로써
내가 역사하여 모든 백성에게 본보기
로 해야 될 것이며, 그리하여 내가 그
를 역사하는 것이니라.

7 그리고 너희들의 내면에 있는 그 모두
를 끌어내어 너희들이 바로 사는 그와
같은 삶이요, 변화된 모습을 보이는
것, 본보기로써 너희들이 만백성을 구
하는 그와 같은 기틀을 닦고자 하는
것이 나 여호와의 뜻임이니 그리 알라.
8 이제 나의 아들을 따르는 제자들이요,
나의 법전을 읽고 깨우친 만백성 너희
들은 알라.
9 나 여호와는 너희들이 본보기요, 내면
에 가지고 있는 너희들의 성격이요,
마음이요, 버릴 수 없는 악습이요, 그
모두를 너희들이 다 버리고 씻어 버
려, 내면이 무섭게 변해지는 그것을
본보기로 하여 나의 사랑하는 만백성
을 구하고자 하여 그 초석을 다지는
것이 너희들이며, 주춧돌로서 내가 쓰
고자 하는 것이 너희들이라는 것을 절
대 잊지 말라.
10 그러니 너희들이 오만하고 자만해서
는 아니 될 것이니라.
11 너희들은 외면으로 보는 것이 아니라
내면의 변화를 만백성에게 보여야 하
는 것이요, 그리하여 내가 너희들을
불렀음이니라.
12 그리하여 너희들의 내면이 변화되는
것을 만백성에게 보이고 만백성에게
본보기가 되어 그들이 천사와 같이 변
할 수 있는 그와 같은 것,
13 위대한 건축물을 지을 수 있는 것처럼
초석이 되어 주춧돌의 역할을 하는 것
이 나의 아들을 따르는 제자요, 나의
법전을 읽고 깨우치는 백성이요, 그리
고 너희들이 모든 전사로서 역사하는
것이 그것이니라.
14 너희들이 전사가 되어 나가서 만백성
을 깨우쳐 전하는 것은 너희들의 내면
이 무섭게 변화된 그 모습이니라.
15 외면을 보여서는 너희들의 얼굴빛이
변하지 아니하나, 너희들의 내면이 변
하는 것은 눈동자가 변화되며 너희들
의 얼굴색이 변화되며 너희들의 마음
이요, 언어까지 모두가 변화됨이니,
16 내면이 변하는 본보기로서 내가 너희
들을 불렀음이니, 너희들의 내면이 썩
은 내가 나지 않는 완전히 천사와 같
은 마음으로 서지 아니하면 내가 부른
의미가 없으며 내가 너희를 쓸 필요가
없음이니, 내가 너희들의 손을 놓는
무서움을 알라, 사랑하는 선택된 나의
아들딸들아!

8,892 번째 하나님 말씀

2003년 12월 24일 11시

1 사랑하는 나의 아들아!
2 "네, 아버님! 말씀하옵소서."
3 이 세상에 많은 백성들이 너희들 앞에
와 선생 노릇을 하려 하며, 나의 아들
앞에 와 갑론을박하며 제가 더 선생이
라 말하는 그와 같은 백성이 수없이
있으니, 지금 각처에 있는 자들이 그
수를 헤아릴 수 없음이니라.
4 그들의 지식이요, 상식이 무엇인 줄
알겠느냐, 사랑하는 나의 아들딸들아!
5 나의 아들을 따르는 제자들이요, 나의
법전을 정독하여 깨우친 너희들은 모
든 그 백성들의 깨우침이 일찍이 나의
법전에 기록된 것을 알고 너희들은 이
미 행하고 있는 자들이 아니더냐?

6 그러니 너희들은 이미 나로부터 배워
나의 아들로부터 강론을 들은 것을 듣
고 배워 나의 법전을 정독하여 너희들
이 알고 깨우쳐 하늘에 가는 길이 무
엇이라 하여 너희들이 수천수만 가지
를 지금 행하고 있느니라.
7 그중에서 너희들이 행하는 것을 한두
가지를 알았다 하여 그것이 위대한 깨
우침이요, 하늘로부터 명받은 자요,
하늘로부터 축복받은 자요, 그리고 제
왕이 되는 것처럼 그들이 감히 너희들
앞에 와 선생 노릇을 하며 지도자 노
릇을 하며 제 것이 옳다 시시비비를
하여 대드는 것이 그들이니,
8 바다보다도 더 넓은 것을 알고 그 가
르침을 알고 있는 너의 제자들이요,
나의 법전을 읽고 깨우친 백성 너희가
그를 볼 때 어찌하겠느냐?
9 너희들이 그를 보면서 어찌 처신해야
되겠느냐?
10 그저 너희들은 그들이 하는 짓을 듣고
그저 들어 줄 뿐이니라.
11 그러나 그들은 세월이 지난 다음에 그
를 알게 될 것이며 깨달을 때가 올 것
이니, 그때까지 너희들은 시시비비를
하며 맞다 틀리다 서로 갑론을박하지
말라.
12 나의 아들을 통하여 내리는 강론이요,
나의 법전을 접하여 듣고 너희들이 깨
우친 것이 이 세상에 역사하지 아니하
는 것이 없으며, 이 세상에 지켜야 할
도리가 빠진 것이 없음이 160권에 기
록된 것이니라.
13 그러니 그들이 깨우치고 얻었다는 것
은 단 한두 가지일 뿐이니, 나의 160
권의 법전 속에 과연 얼마나 비중을
차지하며 몇 장의 분량을 차지하겠느
냐?
14 내가 일찍이 그와 같은 내용을 전했음
이니, 그 한두 줄을 알고 그들이 너희
들에게 와서 감히 선생 노릇을 하며
나의 아들을 지배하려 하며 나의 아들
의 선생인 것처럼 말하니,
15 바다보다 넓고 넓은 그 모두를 가지고
있으며 들어서 알고 있는 너희들이 정
녕 어찌 처신해야 될까 스스로 깨우
쳐, 그들과 마찰하지 말며 그들과 언
성을 높이는 일이 없도록 그리하라.
16 그것이 많이 배운 자요, 많이 알고 있
는 자요, 많이 깨달은 자요, 선생의 자
세요, 선생의 도리라는 것을 너희들은
절대 잊어서는 아니 될 것이니라, 사
랑하는 나의 아들딸들아!
17 그와 같은 마음으로써 너희는 처신하
고 행하도록 하라.
18 그것이 너희들이 가야 할 길이니, 한
두 가지 아는 자와 그와 같이 시시비
비하지 말라.
19 너희들의 양식이 되는 모든 곡식도 익
으면 고개를 숙인다 하였음이니, 수없
이 고개를 숙일 자가 빳빳이 들고 너
를 치고 밀고 하니, 거기서 너희들이
받힌들 흔들릴 이유도 없으며 부러질
이유도 없으며 넘어질 이유도 없지 않
겠느냐?
20 치는 저만 아플 것이며 그 쭉정이만
바람에 날리며 제 이파리만 떨어질 것
이며 제 씨앗만 떨어질 것이니 그리
알라.

8,893 번째 하나님 말씀

2003년 12월 24일 11시 21분

1 사랑하는 나의 아들아!
2 "네, 아버님! 말씀하옵소서."
3 너희가 육의 향락에 빠져 살아간다면
작은 죄를 짓고 사는 그 즐거움이야말
로 꿀을 빠는 것보다도 더 즐거움이
요, 더 행복함의 단 것을 느끼는 것이
니,
4 너희가 작은 죄를 지어 가면서 그 사
슬의 즐거움을 느끼는 것이니, 이는
너희들도 모르느니라.
5 그것이 죽음의 길로 가는 것이라는 것
을 정녕 너희들은 모르기에, 너희들도
모르는 사이에 작은 죄를 지으며 짓고
또 지으니, 그것이 크나큰 죄로 연결
되며 그 사슬에 너희들이 얽매이게 됨
이니,
6 그 사슬에 얽매이고 또 얽매였을 때,
죄의 사슬을 끊을 수 있는 것은 아무
것도 없으며 헤어날 수 없게 됨을 너
희들은 알아야 될 것이니라.
7 그러니 모든 죄의 근원은 바로 어디에
서 생기느냐?
8 작은 죄의 즐거움이요, 꿀맛보다도 더
단 그와 같은 죄를 짓는 향락에서 저
자신도 모르는 사이에 모두가 죄를 짓
고 역사함이니,
9 그 근원의 뿌리는 저 자신으로부터 발
생되는 것이라는 걸 너희들은 알아야
될 것이니라.
10 그리하여 너희들 자신이 스스로 너희
들을 무너트리는 것이요, 남이 너희들
을 무너트리는 것이 아님을 알라.
11 그러니 꿀맛과 같은 작은 죄의 즐거움
을 너희들이 목숨을 바쳐서라도 행하
지 아니하며, 그를 단죄하는 그와 같
은 굳건한 삶의 길을 가는 것, 그것만
이 너희들이 나에게 오를 수 있는 길
이며 구원을 받을 수 있는 길이라는
것을 알라.
12 거기에 너희들이 무너지기 시작하면
감당할 수 없는 것이니라.
13 너희들이 구원을 받는 것은 목숨을 저
버리더라도 꿀맛과 같은 작은 죄의 즐
거움이요, 그 향락을 행하지 않고 단
죄하는 것, 그것밖에 없음이니 그것이
구원의 근본이니라.
14 그러나 수천 년 동안 흘러오면서 종교
집단 지도자들이 무어라 말하였느냐?
15 그렇게 너희들이 작은 죄를 끊기 위해
서, 또 꿀맛보다도 더 좋은 향락을 잘
라 버리며 그를 짓지 않기 위해 너희
들이 생명을 바치는 그와 같은 어렵고
힘든 그 길을 가지 말라, 그렇게 어렵
게 살 필요가 없으며 그 어려운 길이
구원의 길이 아니라 그리 가르치느니
라.
16 다만 나의 아들 예수가 모두의 죄를
다 속죄했으니, 너희들은 그저 나의
아들 예수를 믿고 살며 너희들이 손으
로 지은 죄의 온상에 재물을 바치며
울고불고 하늘에 재물을 쌓아 놓기만
하면 구원을 받는다 하니,
17 작은 재물 조금 떼어 놓는 것으로써
너희들이 구원을 받으며, 어렵고 힘든
그 길을 가는 것은 구원의 길이 아니
라 그리 가르쳐, 나의 사랑하는 백성
이 지금 다 나의 뜻을 거역하며 타락

의 길로 가고 있는 현실이니라.
18 그러니 너를 따르는 제자들과 나의 법
전을 읽고 깨우친 백성 너희들은 알
라, 가장 작은 죄를 짓는 그 즐거움이
꿀맛과 같음을.
19 여기서 아예 잘라야 되며, 단절하지
아니하면 아니 되는 것이니라.
20 그 쇠사슬이 굵고 굵어져 너희들을 얽
어매기 시작하면 정녕 헤어날 수 없다
는 것을 잊지 말라, 사랑하는 나의 아
들딸들아!

8,894 번째 하나님 말씀

2003년 12월 24일 11시 25분

1 사랑하는 나의 아들아!
2 **"네, 아버님! 말씀하옵소서."**
3 너희들이 나로부터 생명을 받아 세상
에 태어나 살아감이니라.
4 그리하여 너희들이 어린 유년의 시절
을 지나며 성장의 세월을 지나 나이가
들어 결국 나에게 오게 됨이니라.
5 그때까지는 너희들이 이 세상에 살아
가면서 악이다 선이다 하여 내가 너희
들에게 상을 내려 줌이 없으며, 너희
들이 그 대가를 치르는 것이 없느니라.
6 너희들이 나로부터 생명을 받아 죽음
으로 올 때까지 너희들이 악으로 살았
든 선으로 살았든 그 죄의 벌을 내가
내리지 아니하며, 거기에 대한 상을
받고 못 받는 것이 아니라는 이치를
너희들은 알아야 될 것이니라.
7 그러나 너희들은 나에게 와 악과 선의
삶의 그 심판이 없는 것이 아니니라.
8 너희들이 죽어 나에게 옴이니, 그 모
두가 끝날 때, 너희들이 악의 열매를
열었는 선한 열매를 열었든 그 열매가
열려 거두게 될 때, 그와 같은 대가를
받는 것이 너희들의 운명이라는 것을
알라.
9 너희가 악의 열매를 익게 하였으며 악
의 열매를 열게 했다면 너희들은 그
대가를 받을 것이며, 선한 열매를 익
게 하여 선한 열매를 따도록 했다면
너희들은 그 대가를 얻음이니라.
10 그러니 이제 너희들은 알아야 될 것이
니라.
11 너희들이 성장하여 죽을 때까지 오는
그 세상에서 내가 너희들에게 상을 내
리고 벌을 내리고 하는 것이 아니요,
그때까지는 내가 너희들을 놔둠이니,
12 내가 너희들이 그 열매를 거둘 때 가
서 이것이 악의 열매냐 선의 열매냐를
구분하게 된다는 그 무서운 사실을 너
희들은 알아야 될 것이니라.
13 너희들이 악의 열매를 가꾸며, 그것을
가꾸기에 최선을 다하고 살아온 자는
그 악의 열매를 가꾸었던 만큼 향락의
즐거움이 있었을 것이니, 그 대가를
나에게 와 받을 것이며,
14 선한 열매를 맺게 한 자, 좁고 힘든 그
길을 오면서 너희들이 나누고 사랑을
베풀며 선한 길을 행하는 그 어려운
삶을 산 그 보상을 반드시 나에게 받
는다는 것, 이는 변할 수 없는 사실이
라는 것을 너희들은 알라.
15 그러나 너희들이 지금까지 살아오면
서 이 세상에서 재앙을 받지 아니하며
상을 받지 아니하며, 너희들이 그를
보고 듣지 못한다 하여,

16 심판의 대가요, 그 열매를 거둬들일
때, 너희들의 열매의 값에 따라서 어
떻게 대우를 받으며 상을 받으며 벌을
받는지 그것이 너희들과 아무런 관계
없는 양 지금 그리 살아감이니,
17 이제 나의 법전을 읽고 깨우치며 따르
는 제자 너희들은 알라.
18 지금 너희들이 여기서 고통이요, 상이
요, 악이요, 선함의 행한 것이 당장 너
희들의 발등에 떨어지지 아니한다 하
여 그것이 없다 생각하지 말라.
19 나 여호와는 그 열매를 거둘 때 반드
시 무서운 심판이 있음이니, 너희들은
악의 열매를 익게 하는 그와 같은 삶
을 살지 말라.
20 악의 열매를 가꾸지 말라.
21 오로지 선한 열매를 가꾸며, 선한 열
매의 거둠을 위하여 너희들은 최선을
다하라.
22 그것이 곧 너희들이 영원히 사는 나의
나라에 올 수 있는 가장 큰 은혜요, 상
이라는 걸 잊지 말도록 하라, 사랑하
는 나의 아들딸들아!

8,895 번째 하나님 말씀

2003년 12월 24일 11시 29분

1 사랑하는 나의 아들아!
2 "네, 아버님! 말씀하옵소서."
3 네가 가지고 있는 그 모두요, 너의 제
자들이 가지고 있는 모든 재물이요,
명예를 모두 다 너희들이 조건 없이
무상으로 남에게 준다 해도, 그것으로
나에게 오는 그 길을 볼 수 있는 영광
이요, 그 축복보다도 더 귀하고 소중
한 것이 있다면 너희들은 어찌하겠느
냐?
4 너희들의 모두를 다 바쳐 주는 그와
같은 사랑보다도 더 위대한 길이요,
나에게 오는 그 길을 볼 수 있는 큰 상
이 무엇인 줄 알겠느냐?
5 네 마음을 다하고 네 목숨을 다하여
진리의 길을 보고 깨우쳐 나의 뜻에
의해 살고자 하는 너희들의 그 마음이
요,
6 몇 시간 동안 그 마음을 가지고 너희
들이 곧고 바르고 천사와 같이 사는
생각, 행하고 사는 마음 그것만 못한
것이요, 너희들이 모두를 다 바친 것
도 그만 못함이니라.
7 그러니 참진리요, 아름다운 마음으로
살고자 하는 것, 나의 뜻대로 살고자
하는 것이 얼마나 귀하고 소중한 것인
가 너희들은 알아야 될 것이니라.
8 너희들의 모두를 다 바친 것보다도,
네 목숨을 다하여 참진리의 길이요,
하늘의 뜻에 의하여 살아가는 것, 내
뜻에 순종하여 살아가고자 하는 것,
그보다 더한 것이 없다 하였음이니,
9 너희들이 하루를 참진리의 길을 가며
1년 동안, 10년 동안, 평생을 너희들
이 참진리의 길만 보고 살아간다면 그
보다 더 큰 상이 어디 있으며, 그보다
더 큰 은혜가 어디에 있겠느냐?
10 내가 너에게 말하였느니라.
11 너 자신의 마음속에, 또한 너의 제자
들도 마찬가지니, 그들의 마음속에 썩
은 냄새가 나지 않는 그와 같은 삶을
사는 것, 그와 같은 몇 시간의 삶을 사
는 것, 그와 같은 몇 시간의 생각을 가

지고 살아가는 것, 그와 같이 변해지
는 것,
12 그것이 너희들이 모든 재산을 다 바친
것보다도 위대하고 큰 상이라는 것,
나로부터 받을 그 은혜가 감당키 어려
울 것이라는 것을 너희들은 알라.
13 그러니 너희들이 모든 재물을 바쳐 나
에게 오르고자 하며 베푸는 것보다도,
너희들이 더럽고 추한 생각을 하여 참
진리의 길이 아닌 곳으로 가며 너희
마음속에서 나오는 말과 행동이 거짓
되며 그 거짓된 것에서 썩은 냄새가
진동하는 그와 같은 마음으로 살던
것, 그것을 뽑아내고 제거하는 것이
무엇보다도 큰 상과 은혜가 있다는 것
을 잊지 말라 함이니라.
14 정녕 나 여호와의 뜻대로 사는 것, 참
진리의 길을 가는 것, 이것이 얼마나
귀하고 소중한 것인가?
15 그리고 너희들 마음과 너희들의 말이
속이고자 하며 추하고 더러운 것이 아
니요, 너희들의 내면에서 나오는 그
마음이 향기요, 썩은 냄새가 나지 않
는 그와 같은 삶을 살고자 노력하는
몇 시간이 너희들이 재산을 다 바치는
것보다도 더 큰 은혜가 있으니, 너희
들이 아름답게 살고자 하는 것이 소중
하다는 걸 잊지 말도록 그리하라, 사
랑하는 나의 아들딸들아!

8,896 번째 하나님 말씀

2003년 12월 24일 11시 33분

1 사랑하는 나의 아들아!
2 **"네, 아버님! 말씀하옵소서."**
3 너희가 평생 믿음의 길을 간다 하나,
진정한 진리의 길을 가지 못하는 것은
몇 시간의 참진리의 길을 찾아 사는
것보다 못함이라 내가 말하느니라.
4 너희들이 천 년을 산들 무엇하겠느냐?
5 너희들이 향기롭지 못한 것, 욕심이
요, 사악한 생각이요, 간교한 생각을
가지고 세상을 산다면, 몇 시간을 아
름답게 살다 죽어 가는 것보다 못하다
는 것이 나 여호와의 뜻이니라.
6 그러니 진리요, 진정한 나의 뜻대로
살아가는 것, 그것이 얼마나 소중하고
귀한 것인가 너희들은 알아야 될 것이
니라.
7 내가 너희들에게 말하였느니라, 너희
속에서 썩은 냄새를 발산시키는 것,
그 썩은 냄새를 보고 나는 썩고 안 썩
은 자를 구분하며, 너희들의 외형을
보고 평가하지 아니한다 하였음이니,
8 너희들이 속에서 썩은 냄새가 나는 그
와 같은 삶을 천년만년을 산들 무엇하
겠느냐?
9 단 하루를 산다 해도 너희들이 향기를
내뿜는 삶을 사는 것만 못함이 나 여
호와의 뜻임을 너희들은 알라.
10 욕심이요, 사악한 생각, 간교한 생각
을 가슴에 안고 너희들이 남을 기만하
며 나를 속이며 산다면, 너희들은 살
지 않는 것만 못함이니라.
11 그리하여 종교 집단이요, 지도자들이
무어라 말하느냐?
12 죽음 직전에 너희들이 믿음을 가지면
구원을 받는다 그리 말하느니라.
13 그러나 이미 너희들이 짓고 온 죄는
지울 수 없는 것이라는 것을 알라.

14 너희들이 인생을 살다 숨을 거두는 순
간에 잠깐 회개하면 구원을 받는다는
것은 무엇을 의미하는지 알겠느냐?
15 너희들이 천 년을 살아도 간교한 마음
을 가지고 사는 자보다, 단 1분을 살
더라도 천사와 같은 마음을 가지고 깨
끗하게 산 자, 그가 더 값지다는 것이
요, 그와 같은 자가 구원을 받을 수 있
고 나에게 오를 수 있다는 것이지,
16 죄를 누덕누덕 짓고 살다가 너희들이
피할 수 없는 죽음 직전에 나에게 용
서를 빌었다고 해서 너희들이 구원을
받는다는 그 의미가 아님을 알라.
17 죽음 직전의 그 순간에 너희들이 무엇
을 얻고자 몸부림치고 깨달았다 하여
구원을 얻는다면 그것은 무엇이더냐?
18 이는 잘못된 것이니라.
19 오늘 내가 나의 아들을 통하여 너희들
에게 전함이니, 너희들이 순간에 기도
하고 깨닫는 것이 천국에 오를 수 있
다는 것은 무엇이더냐?
20 그와 같은 아름다운 마음으로 변하는
자요, 천 년을 사는 자보다도 아름답
게 단 몇 분을 살다 죽는 자가 더 위대
한 자라는 것을 너희들은 알라.
21 죄를 더덕더덕 짓고 온 자가 피할 수
없고 돌아갈 수 없는 그 죽음 직전에
깨닫는 것으로써 구원을 받고 나에게
올 수 있다는 것은 사기극을 벌이는
것이니 그를 중단하라.
22 다시 한 번 내가 나의 법전에 정립하
여 너희들에게 내림이니라.
23 단, 너희들이 나를 믿고 기도하는 것,
그것이 구원을 받는 것은, 너희들이
짧은 시간을 살다 와도 추하지 아니하
고 참진리대로 사는 삶을 사는 것을
의미하는 것이니라.
24 너희가 평생 동안 간교하고 진리를 벗
어나서 사악한 삶을 산 자, 그와 같은
자가 죽음 직전에 기도한다 해서 얻는
것이 아니니라.
25 그러니 간교하게 천 년을 사느니, 차
라리 한 시간을 살다 죽어 나에게 와
도 아름답고 고운 마음으로 살다 오라
는 그 가르침이요, 그 깨달음임을 너
희들은 알아야 될 것이니 그리 알라.

8,897 번째 하나님 말씀

2003년 12월 24일 11시 37분

1 사랑하는 나의 아들아!
2 **"네, 아버님! 말씀하옵소서."**
3 세상에 너희들 것이 아무것도 없다 내
가 그리 말하였느니라.
4 너희들 육신 자체도 너희들 것이 아님
이니, 너희 자식은 어떠하며, 재물이
며 부귀영화도 다 너희들 것이라 했더
냐?
5 그것도 다 아무것도 너희들 것은 없느
니라.
6 육의 삶을 마치고 너희들이 나에게 돌
아와 심판을 받을 때 아무것도 바리바
리 싸 들고 올 수 없는 것이 너희들이
니라.
7 그러니 너희들은 아무것도 네 것이 없
으며 아무것도 취할 수 없는 그 삶에
서 어떤 것을 구하고자 어떤 것을 역
사하고자 그리 몸부림치는 삶을 사는
그 속에서 너희들은 어찌 되느냐?
8 아무것도 가질 수 없으며 아무것도 너

희들 것이 아니요, 영원히 소유할 수
없는 그것을 위해서 너희들이 욕심을
버리지 못하며 시기 질투를 버리지 못
하니,
9 네 마음이 병들어져 있으며 네 육신이
썩어 무너져 가는 것을 어찌 그리 보
지 못하며 알지 못하느냐?
10 너희들이 죽어 나에게 올 때 하나도
가지고 올 수 없는 것, 네 것이 없는
것, 아무것도 네 것이라고는 없는 것
을 네 것인 양 네 것으로 만들고자 몸
부림치는 오늘의 그 삶 때문에 너희들
의 육신이 병들어 곧 썩어 무너져 가
는 것을 너희들이 보지 못하느니라.
11 재물과 부귀영화만이 눈에 보이는 것
이요, 그리하여 그를 위하여 살아가니,
12 너희들의 몸이 병들고 썩어져 소생이
불가능할 때 너희들이 의사라는 사람
앞에 네 생명을 고쳐 달라, 그 병마를
고쳐 달라, 썩은 곳을 수술해 달라 울
고불고하는 것이 너희들의 병이요, 썩
어져 가는 것인 줄 아느냐?
13 너희들은 그와 같이 보이는 것만 썩어
져 가고 병드는 것으로 보지 말라.
14 지금 너희들처럼 몸과 마음이 병들고
썩어진 나의 백성이 없는 것이거늘,
어찌하여 너희들은 영원히 사는 그 세
상의 정신이 모두 병들고 썩어져 가는
것은 못 본단 말이더냐?
15 100년도 살지 못하는 그 삶에 병들고
썩어져 가는 것은 너희들이 보고 깨
달으면서, 영원히 사는 그 세상의 썩
고 병드는 것을 보지 못하는 어리석은
삶을 사니,
16 내가 나의 아들을 통하여 너희들에게
전하느니라, 아무것도 너희들 것은 없
으며 너희들이 영원히 소유할 것은 없
음이니, 보이는 것도 없으며 쌓아 놓
을 것도 없는, 그를 위하여 너희들의
육신과 마음이 병들어 무너지는 자가
되지 말라.
17 너희들의 육신이 병들고 썩어지는 그
속에서, 나에게 와 영원히 살 수 있는,
거듭나는 은혜와 영광을 얻을 수 있
는 그 영혼이 병들고 썩어져 가는 것
을 너희들은 보도록 하라.
18 그를 보지 못하고 정녕 어떠한 것이
위대한 것이며 어떠한 길을 위해 사는
것이 보람된 삶이요, 진정한 삶인가,
그리고 너희들이 어떠한 길을 선택해
야 될 것인가, 이를 보지 못하는 어리
석은 백성으로 허덕이지 말라.
19 정녕 내가 아무것도 없는 세상에서 무
엇을 이루라 한다면, 너희들은 '육의
삶의 세상에서 무엇을 버리고 무엇을
거두오리까?' 나에게 물을 것이니라.
20 다만, 내가 너희들에게 깨우쳐 줌이
니, 아무것도 너희들 것이 없으며, 영
원히 소유할 것이 없으며, 죽을 때 나
에게 바리바리 싸 가지고 올 것이 아
무것도 없으며, 네가 죽어 와 그것을
관리할 것이 아무것도 없는 것을 위하
여 살다가,
21 영원히 사는 너희들의 영혼을 병들고
썩게 만들지 말라는 그 의미를 깨달
아, 스스로 깨우쳐 살과 뼈로 만들도
록 그리 노력하라.
22 나 여호와는 너희들에게 깨우쳐 줄 만
큼 다 깨우쳐 주고 전해 줌을 알라.

8,898 번째 하나님 말씀

2003년 12월 24일 11시 41분

1 사랑하는 나의 아들아,
2 세상에 아무것도 없는 것이라 말하였
느니라.
3 너희들이 보이는 것, 만지는 것, 그것
이 다 무엇이던가?
4 부질없는 것이거늘, 아무것도 없는 이
세상에서 무엇인가 잡으려 하며 무엇
인가 이루려 하여 몸부림쳐, 네 몸이
병들며 네 육신이 병들며 그리고 네
영혼이 병드는 그와 같은 삶을 살지
말라.
5 내가 나의 아들을 통하여 기록하고 또
기록하니, 너희들은 이 의미를 깊이
깨우쳐야 될 것이니라.
6 아무것도 없는 세상이니라.
7 그리고 너희들은 아무것도 이룰 수 없
는 것이며, 영원히 존재할 수 없는 걸
잡으려 너희 영혼을 팔지 말라, 사랑
하는 나의 아들딸들아!
8 너희들이 그와 같은 삶에 치우쳐 살다
보니, 죄의 사슬에 점점 얽매이게 되
었으며, 얽매인 그 죄의 사슬은 어떠
한 방법으로도 풀 수가 없음이니라.
9 너희들이 하나를 잘못했을 때 열을 베
풀어야 그를 푼다 하였음이니, 나에게
심판을 받을 때는 되돌릴 수 없으며,
열 개가 아니라 하나도 갚을 수 없는
것이 너희들이니라.
10 그러니 너희들이 아무리 풀려고 노력
해도, 자르려 해도 자를 수 없는 것이
그 쇠사슬이니, 너희들이 다음의 세상
이요, 하늘의 세상을 본다면 육의 세
상에는 아무것도 없다는 그 이치를 알
게 될 것이니라.
11 그러니 아무것도 없고 잡을 수도 없고
이룰 수도 없는 세상에서 보이지 아니
하는 것, 이루지 못하는 것, 듣지도 못
하는 그것을 위하여 너희들이 몸부림
쳐 죄의 쇠사슬만 네 몸에 동여매는
그와 같은 역사를 하지 말라.
12 그리 매어진 것은 정녕 너희들이 죽어
나에게 왔을 때 풀 수가 없으며 끊을
수가 없는 것이니라.
13 보이지 않는 것을 잡으려다 너 자신의
몸과 너 자신의 오늘의 그 형상이요,
네 몰골을 들여다보라.
14 너희들의 육이 번지르르하며 너희 육
을 치장하며 네 몸을 치장했다 해서
위대한 것 같으나, 네 자신의 마음속
에 있는 네 모습을 보라.
15 네 가슴속에 있는 네 영혼의 모습을
네가 들여다본다면 너희들이 과연 오
늘의 삶을 어찌 살겠느냐?
16 이제 나의 아들을 따르는 제자요, 나
의 법전을 읽고 깨우친 만백성 너희들
은 겉의 네 모습이 아니요, 네 자신의
마음속에 있는 네 마음의 몰골을 들여
다보며 네 형상을 보도록 하라, 사랑
하는 나의 아들딸들아!
17 절대 너희들은 얼마 되지 않는 육의
삶에서 잡을 수도 없으며 이룰 수도
없으며 아무것도 없는 부질없는 그 삶
에 너희들이 영원히 사는 그 세상의
영혼을 죽이는 그와 같은 어리석음을
하지 말라.
18 나 여호와가 너희들을 사랑하기에 간
곡히 부탁하며 간곡히 전하는 뜻을 알

라.

8,899 번째 하나님 말씀

2003년 12월 24일 11시 47분

1 사랑하는 나의 아들아!
2 "네, 아버님! 말씀하옵소서."
3 나 여호와가 160권의 법전을 세상에 내려보내며, 너를 따르는 그 제자들이요, 나의 법전을 읽고 깨우친 선택된 너희들에게 간곡히 부탁하며 애절한 마음으로써 모두를 내림이니, 너희들은 가슴을 열어 나의 뜻을 행하고 지키도록 그리하라.
4 그리고 내가 내리는 뜻이 정녕 너희들이 볼 때 틀리고 어긋남이 있거든 너희들이 나의 법전을 놓고 떠난다 해도 나 여호와가 너희들을 탓하지 아니할 것이니,
5 내가 지금 나의 아들을 통하여 내리는 이 대목을 너희들은 읽고 깨우쳐 만백성에게 심어 줘야 될 것이며, 너희들 자신의 마음 자세를 바로 해야 될 것이니라.
6 이 세상에 믿음의 길을 가는 백성이 어찌 가느냐?
7 창조주 나의 사랑을 몇 사람만이 독차지할 것이라 생각하며, 저희만이 점유할 수 있는 것이라 생각하고 가는 것이 오늘의 종교 집단이요, 지도자들이니, 그들이 얼마나 가련하고 불쌍한 자들이더냐?
8 정녕 그들은 그와 같은 마음을 가지고 가지 않더냐?
9 그들은 그리 가느니라.
10 창조주 나 여호와의 사랑을 몇 사람이 독차지하지 못하며 할 수 없다는 것을 그들은 알지 못하는 자들이니, 얼마나 어리석고 가련한 백성들이더냐?
11 그들은 나의 사랑을 전매특허 낸 것처럼, 보지도 못하며 잡지도 못하며 듣지도 못하며 관리하지도 못하는 그 주제들이 제 것인 양 그리 떠들고 있는 것이 오늘의 종교 집단이요, 지도자가 아니더냐?
12 그러면서 저희들에게 오는 자는 은혜를 입으며 축복을 받은 자라 하여 울고불고 야단을 치는 그 백성들, 광분하는 그 백성들이 참진리요, 하늘의 뜻을 알고 있는 자들이더냐?
13 그들이 얼마나 어리석고 불쌍한 자들이던가?
14 이 세상을 덮고 있는 나의 사랑은 끝이 없으며 그 끝을 알 수 없거늘, 몇 사람의 소유물인 것처럼, 몇 사람만이 잡고 관리하는 것처럼, 저희들의 성전 안에 모두를 다 가둬 놓은 것처럼 그와 같이 어리석은 행위를 하는 것이 그들이니, 그들을 정녕 깨우쳐 주라.
15 그들이 과연 바로 가는 것이던가 잘못 가는 것이던가, 이 대목에서 너희들 스스로 깨우쳐야 될 것이니라.
16 나의 사랑은 바람보다도 더 세상 깊이 뼛속 깊이 스며 있으며 박혀 있으니, 그것이 내 모든 사랑이라는 것을 내가 너희들을 통하여 그들에게 전하는 내 뜻이 잘못된 것인가?
17 나 여호와의 사랑이요, 나의 뜻을 몇 사람만이 독차지할 수 있으며 몇 사람만이 관리할 수 있으며 몇 사람만이

전매특허 낸 소유물이라 말하는 것,
그와 같은 행위를 하는 자들이 참진리
의 길을 가는 자들이던가?
18 그들은 정녕 어리석은 자요, 욕심이
요, 신앙이 아니요, 나 여호와를 거부
하는 그와 같은 행위를 하고 있는 것
이 아니던가?
19 여기서 너희들은 마음에 흔들림이 없
이 모두를 결정하며 바로 서야 될 것
이니라.
20 너희들은 정녕 그것은 아니며 그들이
잘못 간다 생각하며, 나 여호와가 나
의 아들을 통하여 내리는 만백성을 사
랑하는 것, 그리고 너희들이 바로 살
고 역사할 때 천사와 같은 모습으로써
나에게 올 수 있다 말하는 이와 같은
가르침이 과연 잘못되지 아니하였다
면, 너희들은 더 이상 나의 피조물 만
백성을 우롱하지 말며 그들을 지옥으
로 끌고 가지 말라 전하라.
21 그들에게 더 이상 끌려간다면 너희들
은 정녕 나에게 돌아올 수도 없으며
돌아설 수 있는 그와 같은 능력도 상
실될 수 있는 것이 오늘에 울고불고
광란의 짓을 하고 가는 백성이라는 것
을 그들에게 깨우쳐 주라.
22 지금 너희들의 성전이요, 너희들의 교
회요, 너희들의 회당이요, 성당에 오
는 것만이 구원을 받을 수 있다 말하
는 것,
23 그것은 너희들이 나의 사랑을 독차지
할 수 있다는 것이며, 나를 너희들이
독점하고 있으며 너희들이 아니면 안
된다는 것이며, 너희들의 손에 잡고
흔드는 것이며, 너희들의 소유물인 것
처럼 생각하는 자들이라는 것을 그들
에게 잘 깨우쳐 주도록 그리하라, 사
랑하는 나의 아들아!
24 다만 너희들은 내가 내리는 성경이요,
나의 십계명이요, 나의 율법대로 지키
고 살아가려고 하는 것, 그것만이 너
희들이 나에게 오르는 길이라는 그것
만 생각하며,
25 너희들이 독차지하고 있는 것처럼, 독
차지하는 양, 그리고 너희들의 소유물
인 것처럼, 네 손아귀에 있는 양, 그와
같은 사악한 행위를 중단하라 그리 전
하라.

8,900 번째 하나님 말씀

2003년 12월 24일 11시 54분

1 사랑하는 나의 아들아!
2 **"네, 아버님! 말씀하옵소서."**
3 나 여호와를 만질 수 없으며, 나를 볼
수도 없으며, 나의 진리요, 하늘에 오
르는 길을 알지도 못하는 자들이 나를
저희들 몇 사람의 소유물인 것처럼 지
금 착각하는 자들을 내가 보기를 뭐라
말하느냐?
4 그들은 정신병자와 같은 백성들이며,
정신병자라 말해도 손색이 없을 것이
니 그리 전하라.
5 그들에게 너희들은 말하라, 너희들이
아기 예수의 태어남을 예언하며 그 모
두의 역사를 이루며 그와 같은 길을
간다면, 나의 아들 아기 예수가 태어
난 것을 알고 나의 아들 예수를 너희
들의 주인이라 생각하며 구세주라 믿
고 결정하고 살아가는 그 백성이라 하

면,
6 과연 너희들은 어찌 살아가야 되며 어
찌 행해야 될 것인가, 그것부터 먼저
깨우치라 그리하라.
7 나의 아들, 아기 예수가 세상에 태어
나는 것을 예언하여 그를 다 알고 있
었으며, 그리하여 그를 구주 예수라
믿으며 너희들이 그를 따라가고자, 그
와 더불어 가고자, 그리하여 구원을
받고자 마음을 결정하였으며, 너희들
이 그와 같이 모두를 정한 백성이라면,
8 그와 같은 백성이 살아가는 근본이요,
근본의 자세가 무엇인가 알라.
9 너희들이 나의 아들 예수를 주인이라
섬겼으면, 그 주인이 전하고 명한 것
을 착실히 행하고 실천하면 될 것이
며, 그 주인의 뜻을 따라 그 의지에 따
라서 행하면 되는 것이니라.
10 그리고 너희들이 그와 같은 것을 주인
의 명에 의하여 수행하며, 그를 거둘
수 있는 주인의 뜻에 의해 역사할 수
있도록 그리하면 되는 것이며,
11 그러기에 너희들이 바로 나의 아들 예
수를 구세주라 말한다면, 나의 아들
예수의 그 뜻에 따라 순종하고 따르며
아무런 변고가 없는 그와 같은 길을
갈 수 있으며, 나에게 오를 수 있는 것
이니라.
12 그러나 너희들은 나의 아들 예수가 부
르짖고 원하는 것은 뒷전이요, 오로지
아기 예수요, 나의 아들 예수를 찾기
만 하면 너희들이 구원을 받는다 그리
말함이니,
13 나의 아들이 너희들에게 역사한 것이
무엇인가를 알라.
14 나의 아들은 사랑의 실천을 위해 이
세상에 왔으며 보내졌음이니라.
15 그는 그 실천을 하고 역사하고자 와서
모든 것을 다 바치고 부르짖다 떠났음
이니라.
16 떠나면서 그는 무어라 하였느냐?
17 나의 아들 예수는 '네 이웃을 네 몸과
같이 사랑하라.' 하며, 그리 역사하는
것이 나에게 오르는 길이요, 나를 따
르는 길이라 그리 말하였느니라.
18 그러니 나의 아들 예수가 과연 남들에
게 악행을 하며 살았느냐?
19 나의 아들은 남에게 악행을 하지 말고
살라 하였으며, 시기하지 아니하고 살
라 하며 그리 실천했으며, 투기하지
말라, 음해하지 말라, 그리고 미워하
지 말라 하며, 그리 말한 대로 그는 지
키고 행하며 그리 살지 아니하였느냐?
20 그러니 너희들이 어찌 살면 되는 것인
지 알 것이니라.
21 나의 아들은 끝에 너희들에게 무엇을
보여 주고 무엇을 역사하였느냐?
22 '원수를 사랑하라.' 말하고 가르쳤음
이니라.
23 그러면서 나의 아들 예수는 그를 실천
하고 행하여 그리 살아가도록 본보기
로 보여 준 것이 아니더냐?
24 그는 그를 죽게 한 원수의 목숨을 건
져 주며 그들을 사랑하라 그리하였으
며, 그를 원망하지 말라 그리 전하고
그와 같은 길을 가지 아니하였더냐?
25 그러면서 그는 장렬히 그 역사함을 보
여 주면서 떠났느니라.
26 그러니 너희들이 그리 살면 되는 것이
며, 그것이 나에게 오르는 길이요, 너

희들이 모두를 역사하는 것이니라.
27 그러나 너희들은 행함은 그리 행하지
아니하고 말로만 역사한다 함이니, 너
희들은 더 이상 우리 부자를 우롱하지
말라.
28 그리 살지 못하는 자는 참진리요, 나
여호와의 뜻을 따르는 것이 아니라 거
역하는 자들이요,
29 나의 사랑이요, 나의 그 모든 역사요,
나를 너희들의 손아귀에 쥐고 있는 것
처럼, 그 모두를 너희들이 독점하고
있는 것처럼 그와 같이 하고 있는 자
이니, 그 죄가 얼마나 무섭고 두려운
것인가 너희들은 알아야 될 것이니라.
30 너희들은 나의 아들 예수의 뜻을 따라
오지 못하면서, 예수의 뜻을 대행하며
예수가 역사하고자 하는 것을 너희들
이 모두 이어받은 것처럼 하는 거짓
목자의 행위를 중단하라.
31 더 이상 내가 그를 묵과하지 아니할
것이니라.
32 그를 보고 가는 백성 너희들 또한 너
희 스스로 판단하라.
33 이제 나의 법전 160권이 세상에 나오
며, 수많은 하늘의 뜻이요, 천기를 기
록하여 전했으며, 옳고 그름을 너희들
이 판단할 수 있도록 내가 나의 법전
에 기록하여 전했음이니, 이를 보고
깨닫고 못 깨닫는 것은 너희들이 판단
하라.
34 나 여호와가 더 이상 너희들에게 판단
하라 마라, 너희들이 구원의 길을 오
라 마라, 너희들이 어떠한 길을 선택
하라 강요하지 아니할 것이니, 스스로
모두를 판단하여 이루도록 그리하라.

8,901 번째 하나님 말씀

2003년 12월 24일 12시 00분

1 사랑하는 나의 아들아!
2 "네, 아버님! 말씀하옵소서."
3 나의 사랑하는 백성 너희들이 살아갈
수 있는 시간이 있음이니라.
4 너희들이 그 시간을 어떻게 쓰느냐,
아름답게 쓰느냐 죄로써 그 삶을 사느
냐, 그리고 선함의 열매를 맺느냐 악
함의 열매를 맺느냐 하는 너희들이 살
수 있는 시간이 많이 남아 있으며, 그
와 같은 기회가 주어져 있는 것이 나
의 백성들이 아니더냐?
5 그와 같은 기회가 너희들에게 없다 하
면, 너희들은 아기 예수, 나의 아들 예
수의 보혈로써 구원을 받았으며 예수
가 너희들의 죄를 다 속죄하여 가져갔
다 그리 말할 수 있음이니라.
6 그러나 너희들은 알아야 될 것이니라,
너희들이 스스로 살아가는 동안에 수
많은 죄를 짓고 사는 것과 같이, 너희
들이 살아가면서 죄를 짓지 아니하며
그 죄를 사하며 아름다운 마음으로써
아름다운 선행의 열매를 맺을 수 있도
록 너희들이 살아갈 수 있는 그 삶이
남아 있음이니,
7 악이냐 선이냐, 너희들이 구원을 받느
냐 못 받느냐 하는 그 유예 기간이 잔
재하며, 수없이 많은 시간들이 너희들
에게 남아 있음이니라.
8 그러니 선택의 기간이요, 그 삶이 남
아 있는 너희들이 어찌하여 나의 아들
예수의 보혈을 팔아 구원을 받고 못
받는다 그와 같이 말하느냐?

9 너희들이 유예 기간이 없다 하면 그와
같은 것이 있을 수 있으나, 너희들은
죄를 짓고 안 짓고, 천사나 악인으로
서 살아가는 육의 세상의 너희들의 생
명이 남아 있는 그 시간 동안은 나 여
호와가 너희들에게 준 가장 소중하고
귀한 유예 기간이니라.
10 너희들이 살아가면서 이리 선택하고
저리 선택할 수 있는 그 유예 기간의
시간을 가지고 있는 것을 너희들 스스
로 해결하고 다스려 나가는 것이 당연
한 것이니라.
11 그와 같은 시간이 없으며 그와 같은
역사를 할 수 있는 기간이 없다면, 너
희들은 그저 나의 아들 예수로 너희들
이 구원을 받고 안 받고, 그와 같이 속
죄가 되고 안 되고를 얘기할 수도 있
을 것이니라.
12 그러나 너희들에게는 그와 같은 유예
기간이 있으며, 생명이 있는 시간이
있으며, 너희들이 바로 서고 못 서는
그와 같은 시간이 존재함이니,
13 그 속에 있는 자가 어찌하여 나의 아
들 예수의 보혈로써 속죄를 받고 못
받는다 하는가?
14 그리 속단하지 말라.
15 너희들은 갈 수 있는 기간이 있으며,
걸어갈 수 있으며 정복할 수 있는 시
간이 있음이니라.
16 너희들이 산을 정복함이니, 산을 정복
할 수 있는 시간이 있으며 날짜가 있
으면서, 정복하지 아니하고 가지 아니
하면서, 남이 정복한 것으로써 남이
역사한 것으로써 그 대가를 얻는 것처
럼 그와 같은 착각 속에 살지 말라.
17 너희들이 죄를 짓고 안 짓는 그 유예
기간이 정녕 너희들에게 없다 하면,
나 여호와가 너희들에게 나의 아들 예
수의 그 보혈로써 속죄받고 안 받는
것을 판정하여 너희들에게 그리할 수
있다 이야기할 수 있으나,
18 너희 스스로 선택하며, 가고 오고 하
는 것, 오르고 오르지 않는 것, 그 모
두는 너희들 자신에게 달려 있는 그
유예 기간이 얼마든지 남아 있음이니,
그 시간을 너희들이 알아서 행하고 처
리하도록 그리하라.
19 그 시간마저 내가 안 주었다면 그와
같은 극단적인 처방을 할 수 있으나,
너희들에게 그 많은 유예 기간의 시간
을 주고 기다리는 나 여호와이니,
20 너희들이 그와 같은 극단적인 방법으
로써 모든 것을 벗어나려 하지 말며,
어렵고 힘든 길을 선택하지 아니하고
넓고 평탄한 그와 같은 길을 선택하여
오고자 하는 사악한 마음으로 나의 백
성들에게서 재물을 거둬들이는 그 사
악한 지도자들의 말에 현혹되어,
21 너희들이 유예 기간 동안에 어찌 사느
냐 하는 그것으로써 심판대에 올라서
서 하늘에 오르고 못 오르는 것이 너
희들의 삶에 달려 있는 것을 함부로
그리 버리지 말라.
22 그것이 얼마나 중요한 유예 기간의 시
간인가를 나의 법전을 읽고 깊이 깨우
치라, 사랑하는 나의 아들딸들아!

8,902 번째 하나님 말씀

2003년 12월 24일 12시 04분

1 사랑하는 나의 아들아!
2 "네, 아버님! 말씀하옵소서."
3 나 여호와가 너에게 뭐라 전하였느냐?
4 나 여호와요, 하늘의 창조주는 너희들
의 외형의 그 썩은 것, 그리고 외형이
남루하고 초라한 그와 같은 냄새를 맡
지 아니하며, 너희들의 내면이요, 그
마음이 썩고 안 썩은 냄새만 하늘에
진동하며 나는 그를 맡을 수 있다 하
지 아니하였더냐?
5 그러니 너희들은 들어야 될 것이니라.
6 나의 아들이 가는 길을, 냄새를 제거
하고자 발버둥치는 나의 아들의 가는
길을 방해하는 자,
7 그리고 나의 아들을 따르는 그 제자들
이요, 나의 법전을 읽고 깨우친 그 백
성들이 속에서 썩은 냄새를 제거하며
속과 겉이 깨끗한 아름다운 백성으로
거듭나고자 하는 자들을 방해하고 밀
어붙이는 자, 그리고 그를 가지 못하
게 하는 자, 변하는 것을 시기 질투하
는 자들은 내가 용서치 아니할 것이니
라.
8 나의 아들딸이요, 선택된 백성이라 귀
하고 소중하여 내가 용서치 아니함이
니라.
9 그들을 초석으로 하여 내가 주춧돌을
놓게 함이니, 그 주춧돌이 놓아져야
그 웅장한 모든 것이 역사할 수 있음
이니, 그들이 바로 가 본보기로 거듭
나지 아니하면 나의 만백성을 구할 수
없기 때문이니라.
10 내가 그리하여 그들을 무너트리는 자,
그들을 훼방하는 자, 그들이 바로 가
는 것을 밀어붙이는 자는 절대 용서치
아니하며,
11 그를 가지고 시시비비하는 자, 잘 됐
다 잘못 됐다 욕하고 시비하는 자도
내가 용서치 않을 것이며, 그를 사탄
이라 이단이라 해도 그를 용서치 아니
할 것이니라.
12 나의 아들이 목숨을 걸고 제 가슴속에
서 썩은 냄새가 나지 않는 그 길을 가
기 위하여 눈물을 흘리며 그가 기도하
고 있으며, 그를 따르는 제자들 또한
그 길을 가기 위하여 남이 갈 수 없는
그 고통스러운 길을 가니, 그들의 마
음에 상처를 주는 자는 내가 용서치
아니할 것이니라.
13 그들에게 상처를 주어 그들이 넘어지
면 만백성을 구하는 본보기요, 그 기
본이 없어지기 때문이니, 내 뜻을 알
아 행하도록 그리하라.

8,903 번째 하나님 말씀

2003년 12월 24일 12시 09분

1 사랑하는 나의 아들아!
2 "네, 아버님! 말씀하옵소서."
3 내가 수천 년 동안 흘러오는 그 속에
서 오늘의 종교 집단이요, 지도자, 그
들을 버리며 그 문을 닫고자 하며, 그
광신도들을 모두 내가 등 돌려 그를
보지 않으려 함이 무엇인 줄 알겠느냐?
4 그들이 내 뜻을 따랐으며 내 뜻을 순
종하고 살다 나에게 왔다 하나, 내가
그들을 모른다 엄히 답하는 것을 미리

내렸으니, 그것이 무엇인 줄 알겠느냐?
5 그들은 정녕 신앙이요, 나에 대한 믿
음의 근본이 어디에도 없으니, 아무것
도 없는 자들이니라.
6 그리고 믿음의 신앙이요, 그 근본의
뿌리는 찾아볼 수 없으며, 사탄을 기
쁘게 하고 사탄의 뜻에 따라 역사하는
그와 같은 길만 살아온 것이 그들임을
알라.
7 그 종교 집단이 알량한 믿음 속에서
저희들이 나의 사랑이요, 나의 모두를
독점하고 소유하고 있는 것처럼 말하
니, 그자들이 어찌 말하는가?
8 첫째, 그들은 믿지 않는 백성들을 이
방인이라 하며, 그들을 사탄이라 하
며, 그들과 거래하지 말며 상대하지
말며 그들은 버려진 자식이라 그리 말
하는 것이 그들이 첫째 어리석은 자이
니라.
9 두 번째는 뭐라 말하느냐, 지킬 수 없
는 율법을 세상에 내려보냈으니, 이를
지키고 사는 것이 만백성을 구하는 길
이요, 하늘에 오르는 길이라 가르치는
자, 그리고 내가 직접 손으로 써 내린
십계명을 지키는 것이 영혼의 양식이
요, 하늘에 오르는 길이라 그리 가르
치는 자들, 그것이 거짓된 자요, 거짓
된 선지자라 그리 말하는 것이 근본을
모르는 자들이니, 두 번째 어리석은
것이니라.
10 세 번째로 너희들은 무엇이라 말하느
냐?
11 나의 아들은 율법을 완성하기 위하여
세상에 왔다 하였음이니라.
12 율법을 버리기 위해서 온 것이 아니
요, 율법을 지키며 완성하고자 이 세
상에 내려온 것이 나의 아들이라 그가
기록하여 전했으나, 그 대목을 너희들
이 어찌 가르치느냐?
13 나의 아들이 육으로써 모두를 다 역사
했으니, 이제 율법 시대를 소멸시키기
위하여 그 모두를 단절하기 위하여 나
의 아들 예수요, 구세주가 세상에 오
셨느니라, 그리하여 십자가를 걸머지
고 그 고통의 길을 갔다 하는 것이니
라.
14 그리 가르치는 것이 지금 잘못된 자들
이니, 그와 같이 가르치는 거기에 무
엇이 있단 말이더냐?
15 나의 참진리요, 나의 가르침이요, 사
랑이 역사하는 것은 다 이리 빼고 저
리 빼버리고, 너희들은 아무것도 없는
그 믿음이요, 신앙의 길을 감이니, 골
격이 없으며 받쳐 주는 것이 없느니라.
16 그러니 나 여호와와 아무런 관계도 없
는 그와 같은 길로 가는 것이 너희들
이며, 지금 내가 나의 아들을 통하여
세 번째까지 역사한 것이니라.
17 너희들은 한번 돌이켜 보라, 정녕 오
늘의 종교 집단이요, 지도자요, 광신
도들이 그리 가지 아니한다면 나의 법
전이 잘못된 것이요, 나 여호와의 뜻
이 아니니라.
18 그러니 그들이 하고 있는 짓은 사탄에
게 끌려가는 것이요, 사탄의 자식이
되어 나를 기만하는 것이며, 나를 욕
되게 하는 짓만 하고 있음을 너희들은
알라.
19 내가 대표적인 예로 수없이 너희들에
게 기록하여 전하지 아니하였느냐?

20 여호와가 짓지 말라는 교회를 짓고,
거두지 말라는 재물을 거둬들이며 사
악한 짓을 하고 있는 것, 그것이 무엇
이냐?
21 너희들은 아무것도 믿음을 역사한 것
이 없으며, 진리를 깨우친 것이 아니
라 그 두 가지 일을 하는 데만 다 바친
것이요, 그 외에는 아무것도 남는 것
이 없으며 너희들이 기억할 것이 없으
니,
22 너희들이 나에게 와 심판을 받을 때
그것으로써 무슨 가치가 있다 생각하
느냐?
23 그러니 너희들은 심판대에도 서지 못
하고 떠나는 백성이요, 지옥문 앞에서
울고불고하는 것이 오늘의 믿음의 길
을 간다는 자들이니 그리 알라.

8,904 번째 하나님 말씀

2003년 12월 24일 12시 14분

1 사랑하는 나의 아들아!
2 "네, 아버님! 말씀하옵소서."
3 나의 뜻에 따라 만백성을 구하는 오늘
의 모든 집단들이 하고 있는 행위가
얼마나 웃지 못할 짓을 하며, 얼마나
비참하게 나 여호와의 가슴에 못질을
하고 있는지 알겠느냐?
4 내가 내린 율법이요, 성경이요, 십계
명대로 지키고 사는 그것이 아니면 성
전에 오지도 말며 하늘에 오르는 길을
찾지도 말며 나를 아버지라 부르지도
말라 그리 가르쳐야 할 자들이,
5 율법대로 성경대로 십계명대로 지키
고 살라고 가르치는 것은 마귀요, 사
탄이요, 악마가 가르치는 것이라 그리
가르침이니, 이를 어찌한단 말이더냐?
6 인간이 죄를 짓지 아니하고 아름답게
노력하고 또 노력하여 천사가 될 수
있는 그 길을 위하여 가는 것만이 나
에게 기쁨이요, 나에게 한 발짝 다가
갈 수 있는 길이요, 나에게 영광을 받
을 수 있는 길이라, 그리하여 너희들
은 변해야 된다 그리 가르치며,
7 그와 같이 변하는 자만이 나 여호와에
게 가까이 올 수 있다, 그리고 나를 볼
수 있다, 그리하여 거기서 내가 구원
할 자 구원하지 않을 자를 구별한다
그리 가르치면,
8 그와 같이 가르치는 자는 사탄이요,
마귀요, 악마라 너희들이 가르치고 있
음이니, 그러면서 너희들이 뭐라 말하
느냐?
9 그와 같은 자는 사탄이요, 마귀니, 절
대 근접하지 말며, 대화하지도 말며,
그와 같이 전하는 것을 듣지도 말라
너희들이 그리 못을 박아 가르치고 있
는 것이 아니더냐?
10 이것이 오늘의 현실이니, 나 여호와가
어찌 대답하며 어찌 가르치며 어찌 너
희들에게 말로써 다 표현해야 된단 말
이더냐?
11 나의 법전을 읽고 깨우치며 십계명대
로 지키고 살려 하는 자, 그리 지키고
행하는 자를 너희들은 믿지 아니하며
그는 잘못된 자라 가르치니,
12 더욱이 나의 법전이요, 내 뜻을 가지
고 너희들이 이를 전하니, 이를 보는
것을 그들은 감히 상상할 수도 없으며
생각할 수도 없는 것이라며 이를 태워

버리고 찢어 버리고 나의 아들의 가슴
에 못을 박으려 하는 것이 당연한 이
치인 것처럼 지금 광분하여 가고 있는
것이 그들이 아니더냐?
13 인간사에 너희들이 노력하여 나 여호
와를 기쁘게 하며, 나와 화목하게 하
며, 네 이웃과 화목하며 모든 백성들
과 화목하게 살아가는 것이 나에게 오
르는 길이요, 내가 원하는 사랑의 근
본이라 그리 가르치는 자들, 너희들을
남을 속이는 자요, 거짓 선지자요, 모
든 백성을 지옥으로 이끌어 가는 자라
그리 말하며,
14 오로지 나의 아들 예수를 믿고 저희
손으로 지은 교회에 와 저희들의 강론
을 듣는 것으로써 구원을 받으며, 저
희만이 나 여호와와 나의 아들을 쥐고
있으며 저희들이 소유하고 있으며 통
제하고 있으니, 그 속에 오는 자만이
구원을 받고, 그렇지 않으면 절대로
구원을 받지 못한다 가르치는 자들이
있음이니,
15 그들이 나의 백성들이 하늘에 오르는
길을 막으며 나에게 오는 길을 막고
있는 자들이 아니더냐?
16 그들에게 전하라, 나 여호와의 뜻이
요, 나의 아들 예수의 그 뜻은 굶주리
고 어려운 자를 살리며 그를 돕고 살
아가는 것이니, 너희들의 행함이 먼저
이며,
17 그 뜻이 성서에 그와 같은 역사의 예
를 들어 전한 것을 알고 또 읽은 자들
이 어찌하여 나의 율법이요, 성경이
요, 십계명대로 지키고 살라는 것을
사탄이요, 악마라 하는가?
18 인간이 아름다운 모습으로 살아가며
매일매일 변하여 너희들이 천사와 같
은 마음으로 살아가도록 피나는 노력
을 하는 것이 나에게 기쁨이요, 만백
성을 사랑하며 화합을 이루라 가르치
는 것이 사탄이요, 마귀라 가르치니
이를 어찌해야 된단 말이더냐?
19 사랑하는 나의 아들딸들아, 이 모두는
너희들의 과제라 그리 생각하며, 이를
풀어 가는 데 최선을 다하도록 하라.
20 나 여호와가 너희들을 도울 것이며 너
희들을 이끌 것이니라.

8,905 번째 하나님 말씀

2003년 12월 24일 18시 59분

1 사랑하는 나의 아들아!
2 "네, 아버님! 말씀하옵소서."
3 나 여호와가 너에게 말하였음이니라.
4 나의 실체요, 그 모두는 사랑이라 하
였음이니, 그 사랑이 무엇인 줄 알겠
느냐?
5 너희들이 그리 하늘에 오르고자 구원
을 받고자 만백성이 그 길을 위하여
갈구하고 몸부림치나, 하늘에는 결국
사랑 외에는 아무것도 존재하지 아니
함을 너희들은 알라.
6 천사와 같은 사랑하는 마음이요, 사랑
하는 것밖에는 하늘에 존재하지 아니
하며 아무것도 없음이니, 이 무서운과
두려움을 너희들은 알아야 될 것이니
라.
7 너희들이 살아오면서 사랑이라는 것
을 베푼 자, 그만큼 사랑의 길이 있음
이니라.

8 너희들은 하늘에 오르기 위하여 가야
할 길이요, 겪어야 할 길이며, 그 길이
수천수만 가지로 갈라져 있음이니라.
9 그러니 너희들이 지상에서 사랑을 한
만큼, 너희들이 베푼 만큼, 그만큼밖
에는 그 길이 보이지 아니함이니라.
10 사랑을 역사한 것만큼 너희들이 보이
는 그 길을 감이니, 사랑을 베풀지 아
니한 자는 베풀지 아니한 만큼 그 대
가를 치르러 갈 것이며, 많은 사랑을
베푼 자는 많은 사랑을 베푼 만큼 사
랑의 그 길이 보이니,
11 그것이 바로 너희들의 심판이요, 너희
가 가는 길이라는 것을 정녕 잊어서는
아니 될 것이니 그리 알라.
12 하늘나라에는 어떤 것도 존재하지 못
함이니라, 오로지 천사와 같은 사랑을
베푸는 그 사랑만이 존재함이니,
13 너희가 사랑을 행한 그 능력에 따라
그 길에 따라 역사한다는 것을 너희들
은 명심하고 또 명심해야 함을 절대
잊지 말라.
14 그리하여 내가 모두는 사랑이요, 사랑
으로써 모두가 역사한다 했음이니라.
15 그러니 너희들이 오늘의 삶을 어찌 살
아야 될 것인가?
16 어떠한 형태로 어떠한 방법으로 너희
들이 역사하든, 다만 너희들이 남을
사랑하고 네 몸과 같이 이웃을 사랑하
며 너희들이 사랑을 실천하고 베푸는
그 길만이 보임이니라.
17 그리고 그만큼 너희들이 얻고 잃게 됨
이니 그리 알라.
18 겉으로는 천사와 같은 자요, 나의 뜻
에 의하여 사는 자요, 그리고 하나도
손색없는 그와 같은 삶을 산다 해도,
너희들이 그로 인하여 나의 백성들에
게서 무엇을 구하고 거둬들이는 그와
같은 사악한 마음으로 역사한 자는 결
코 사랑이라는 것이 없으며 사랑이 아
님이니라.
19 이제 나의 아들을 따르는 제자 너희들
도 알라.
20 내가 나의 법전에 기록하여 전하기를
뭐라 하였느냐?
21 사랑이란 것은 너희들이 베풀고서 인
사를 받고자 하는 마음을 가져서도 아
니 되고 칭찬의 말을 듣고자 해도 아
니 되며, 그게 되돌아오기를 바라서도
아니 되는 것이 사랑이라 하지 아니하
였더냐?
22 사랑이란 것은 대가 없이 너희들이 무
의식적으로 던져 주고 베풀 수 있는
것이 순수한 사랑이라 하였음이니, 그
사랑을 베푸는 것이 진정한 사랑이라
하였으니,
23 모든 종교 집단이요, 지도자들이 저희
들이 가장 훌륭한 천사인 것처럼, 그
리고 나 여호와를 그리 믿는 것처럼,
나 여호와의 성령에 의하여 한 치의
오차도 없이 살아가는 것처럼 그리 보
이는 자,
24 그러나 그들이 그와 같은 역사함에 있
어서 저희들이 거둬들이기 위하여, 갈
취하기 위하여, 무엇인가를 이루고자
하는 그와 같은 마음을 가지고 한다는
것은, 그건 사랑이 아니요, 죄악이니
라.
25 그러니 너희들은 나에게 오른 자가 없
음이니라.

26 하늘에 오르는 길은 사랑이라는 것을
이제 너의 제자들에게 가르쳐 주라.
27 사랑을 베푼 것만큼, 네가 사랑을 역
사한 것만큼 그 길이 보이며, 그 길을
따라서 오는 것이 너희들의 운명이니
라.
28 그리고 하늘나라에는 아무것도 존재
하지 아니함이니라, 오로지 사랑이라
는 것만이 존재하니, 천사와 같은 사
랑하는 마음으로 베풀고 살라.
29 그리해야만 너희들이 나에게 오를 수
있음이니라.
30 그렇지 아니한 자, 절대 나에게 오를
수 없다는 것을 알라.
31 너희들이 모두를 다 버리며 모두를 다
던져 세상의 모두를 아름답게 사랑하
는 그 마음만이 내가 기억하며, 그가
나의 아들딸이라는 그 무서운 이치를
내가 오늘 나의 아들을 통하여 내리니,
32 이를 듣고 깨우친 제자 너희들은 바로
살아 하늘에 오르도록 그리하라.
33 오로지 사랑만 실천하며, 사랑을 먹고
사는 백성으로 변하도록 그리하라.

8,906 번째 하나님 말씀

2003년 12월 24일 19시 03분

1 사랑하는 나의 아들아!
2 "네, 아버님! 말씀하옵소서."
3 지금의 모든 종교 집단이요, 지도자
요, 그들이 가는 것이 얼마나 어리석
으며, 그들이 얼마나 나 여호와의 뜻
을 거역하며 나와는 관계없는 그 길을
가고 있는가를 내가 기록하여 너에게
전함이니, 이를 너의 제자들에게 물으
라.
4 그리하여 그것이 들렸다면 이는 나의
성령이 아니요, 나 여호와의 참진리가
아니요, 새로운 성경이 아님을 알라.
5 지금 모든 백성들, 믿음의 길을 가는
자들은 어찌 가르치느냐?
6 나 여호와가 직접 써 내려 준 십계명
이요, 그리고 율법이요, 내가 내리는
새로운 성경이요, 나의 법전대로 살려
하는 자, 그리고 십계명대로 살려고
하는 자, 율법대로 행하고 살려 하는
백성들을 종교 집단이요, 지도자들이
뭐라 말하느냐?
7 그들을 따르고 경배하고 격려하는 것
이 아니요, 그와 같은 것을 지키고 행
하고 살 수 있다 말하는 자들은 나 여
호와와 관계의 끈을 끊는 그와 같은
사악한 백성이라 그리 가르침이니라.
8 그와 같은 행위는 절대 용서받지 못하
며, 그와 같이 해서는 절대 구원을 받
을 수 없는 것이라 그들이 가르침이니,
9 이를 듣는 나 여호와의 마음은 어떠하
며, 과연 나의 백성들을 나의 뜻에 의
하여 하늘에 오르는 그 길로 인도한다
는 지도자들이 그리 말할 수 있느냐?
10 내가 직접 써 내린 십계명은 무엇이더
냐?
11 그러면 그대로 지키고 살 수 있다 말
하는 자, 그리고 지키려 하는 자는 나
여호와와 관계를 끊으려 하는 사악한
자들이라 그리 말함이니,
12 과연 율법은 누가 내렸으며 세상에 누
가 전했더냐, 그리고 십계명은 과연
무엇이더냐?
13 내가 친필로 직접 써 내린 것이니라.

14 그리고 나의 법전은 지금 어찌 내려가
는가?
15 내가 기계라는 것에 나의 음성을 직접
담아 기록하여 만백성에게 전하는 그
역사를 이루고 있음이니라.
16 지금의 모든 종교 집단이요, 지도자들
은 나의 아들 예수가 역사한 것을 제
자들이 전한 것을 그 제자들이 받아
기록한 것이 성경이요, 그게 바로 너
희들이 가지고 있는 한 획도 고쳐도
빼도 안 된다는 것이니라.
17 그 길은 목숨을 바쳐 믿고 따라가며,
그 길만이 구원의 길이라 너희들은 그
리 말하면서, 어찌하여 내가 직접 친
필로 쓴 십계명을 지키는 것과 나의
법전을 지키는 것, 그리고 나의 율법
을 지키는 것은 나와 인연을 끊는 행
위라 감히 너희들이 가르치고 그 말을
할 수 있단 말이던가?
18 감히 너희들이 그와 같은 역사를 할
수 있는가?
19 나의 법전 또한 내가 뭐라 하였느냐?
20 내가 나의 아들을 통하여 직접 기계에
담아 책으로 펴냄이니, 이것으로 증거
하며, 이는 지울 수 없으며 역사함이
거늘,
21 어찌하여 이와 같은 것을 지키고 사는
것은 나 여호와와 관계를 끊으려는 자
요, 사탄이요, 사악한 자라 종교 집단
의 지도자 너희들이 그리 가르치는가?
22 너희들이 하늘의 뜻을 모르며 이치를
몰라서 내가 새로 내리는 성경이요,
나의 법전은 아니라고 너희가 말할 수
있어도,
23 율법이요, 나의 십계명은 내가 직접
내린 것이라는 것을 너희들은 인정하
고 믿을 것이니, 너희들이 인정하고
믿는 것, 나 여호와가 내린 것,
24 만백성이요, 믿음의 길을 가든 안 가
든 십계명이라는 것을 누가 내렸는지,
십계명은 지키고 살아야 되는 것이며
그게 하늘의 법도라는 것은 믿지 않는
이방인도 다 알고 있는 사실이거늘,
25 그를 지키고 그대로 행하고 살아가야
된다 가르치는 그 지도자들은 나 여호
와와의 관계를 끊으려 하는 사악한 자
들이라 그리 몰아붙임이니, 이것이 오
늘의 종교 집단의 지도자 너희들이 지
금 하고 있는 짓이니, 그 책임을 과연
너희들이 질 수 있다 생각하는가?
26 너희들은 알아야 될 것이니라, 그와
같은 자들의 가르침에 현혹되어 너희
들이 거듭나는 영광의 은혜를 잃고 사
는 자는 영원히 나를 볼 수 없다는 그
무서운 사실을 알라.

8,907 번째 하나님 말씀

2003년 12월 24일 19시 11분

1 사랑하는 나의 아들아!
2 "네, 아버님! 말씀하옵소서."
3 지금의 종교 지도자들의 그와 같은 곳
에 네가 가서 과연 어떠한 자들과 담
화하며 그들의 가르침을 들으라 하였
더냐?
4 "네, 아버님! 지금의 모든 교회가 정
녕 '만원사례'라 써 놓는 교회요, 다른
교회에 가서 공부하고 깨우쳐도 똑같
은 성서이니 그리 가라 전하는 자,
5 성서의 가르침은 다 같으니, 아무 곳

에서나 배우고 깨우치면 구원의 길에
오르며 하늘의 뜻을 알 수 있다 가르
치는 그 교회가 있다면 저에게 가 보
라 하셨사오며,
6 거기에서 공부하는 그 백성이야말로
행복한 백성이라 그리 말씀하셨사옵
나이다.
7 사랑하는 나의 아들아!
8 "네, 아버님! 말씀하옵소서."
9 믿음의 길을 가는 자요, 종교 지도자
요, 그들의 자세가 어찌해야 하며, 무
엇이라 너는 생각하느냐?
10 "네, 아버님! 감히 이 죄인이 생각하
기는 다음과 같은 자세로써 살아가야
되며, 다음과 같은 생각을 가지고 살
아가는 것이 종교 지도자라 저는 생각
하옵나이다.
11 아버님, 정녕 모든 백성들이 그리 갈
구하고 소원하는 구원을 생각지 아니
하며, 저 자신이 구원받는 것을 생각
하지 아니하며, 감히 구원 자체를 염
두에 두지 못하는 그와 같이 두렵고
무서운 마음으로 가르치는 지도자상
이 되어야 한다 생각하옵나이다.
12 저 자신의 생명을 다하여 부귀와 영화
에 대하여 금화와 은화를 생각지 말아
야 하며,
13 제 생명이 살고 죽는 것, 그리고 제가
누리는 부귀와 영화요, 그리고 그를
위하여 저희들이 재물을 거둬들이는
그와 같은 생각, 남의 것을 갈취하고
자 하는 마음, 남을 속이는 마음, 이중
적인 마음, 그와 같은 생각을 가져서
는 아니 된다 생각하옵나이다.
14 더구나 모든 백성이 그리 갈구하고 원
하는 존경받는 것이요, 명예로우며 저
희 제자들로부터 위대한 자라는 말을
듣는 것, 그와 같은 것을 듣기 위한 생
각도 해서는 아니 되며, 그를 쫓아가
는 자가 되어서도 더욱이 아니 된다
그리 생각되옵나이다.
15 부귀와 영화를 위하여, 그 명예를 위
하여 어떠한 것과 불의와 타협해서도
아니 되며, 그곳에 가서 아부해도 아
니 되며 고개를 숙여도 아니 된다 그
리 생각하옵나이다.
16 재물이요, 명예를 얻기 위하여 간교한
방법과 수단을 쓰지 아니하여야 될 것
이며, 그와 같은 생각은 감히 해서도
아니 된다 생각되옵나이다.
17 참진리를 가르치고 들으면 그 진리를
들을 때마다 금은보화를 얻은 것보다
도 더 귀하고 소중히 생각하며, 그와
같은 진리를 가르치는 선생을 저희들
의 생명의 은인이라 생각하는 마음을
가지고 가는 것, 그것이 지도자상이라
생각하옵나이다.
18 제자가 가르치든 이웃의 형제가 가르
치든 누가 가르치든, 참진리의 깨달음
을 가르치는 자를 보기를 금화와 은
화보다도 더 소중한 말씀이요, 그 선
생을 소중히 받들 수 있는 그와 같은
마음이요, 경건하고 겸손한 자세로 살
아가는 것이 지도자가 가야 할 길이라
생각하옵나이다.
19 남들의 아름다운 선행을 보며 남의 아
름다운 것을 보는 것을 세상에 무엇과
도 바꿀 수 없는 기쁨으로 생각하며,
20 남들의 아름다운 행위요, 선한 행위
요, 그리고 제가 할 수 없는 베풂을 하

는 것을 보면서 그것을 세상을 얻은
것보다도 더 기쁘고 즐거운 마음으로
보는 마음,
21 하늘에 오르는 것을 아예 생각지 아
니하며, 구원을 받는다는 그와 같은
생각을 하지 아니하며, 단 한 자리, 하
늘에 오를 수 있는 자리가 있다 해도
그 모두를 자신 있게 내주고 양보하는
그와 같은 마음으로 가는 것이 종교
지도자라 생각하옵나이다.
22 청결하고 청빈함을 말로써 행하지 아
니하고, 그와 같은 청빈함이요, 스스
로 경건한 마음으로 살아가는 것, 그
와 같은 참진리의 길을 가며 한 점의
부끄럼이 없이 살아가는 삶이 아무리
고통스럽고 어렵다 해도, 그를 즐거움
으로 생각하고 살아가며, 그를 달게
받고 살아가는 것이 지도자상이라 생
각하옵나이다.
23 만백성을 제 몸보다 더 사랑하며, 내
면과 외면이 다름이 없어야 하며, 어
떠한 세상의 유혹에도 넘어가지 아니
하며 견디는 그와 같은 자가 종교 지
도자며,
24 오늘보다도 내일이 더 아름다운 모습
으로 변화되는 모습으로써, 그 제자들
이 그를 존경하고 따르는 그 마음이
스스로 가슴에서 우러나며 변하는 모
습을 보고 그 제자들이 따라갈 수 있
는 그와 같은 모두를 갖춘 자가 지도
자요, 아버님의 명을 받아 역사하는
자라 생각하옵나이다."
25 사랑하는 나의 아들아, 자기 자신을
던져 버리는 삶을 사는 것이니, 그것
이 더 소중함을 알라.
26 이제 네가 나에게 기도했으며 네가 알
았듯이, 사랑하는 나의 아들아, 너는
그를 그대로 지키고 하나도 벗어남이
없으며 어긋남이 없이 가야 할 것이
니, 내가 너는 그리 갈 것이라 믿음이
니라.
27 그러니 너는 지금 지도자가 가는 길이
무엇인지 말하였음이니, 거기에서 한
치도 어긋남이 없는 삶을 살기 위하여
네 목숨을 다 바치라.
28 그리고 너의 제자들 또한 그리 살라
전하라.
29 그것이 하늘에 오르는 길이요, 그것이
지도자가 가야 할 길이니, 너는 하나
도 어긋남이 있어서는 아니 될 것이니
라.
30 오늘의 그 언약을 위하여 너는 너 자
신을 버리며 너를 던져 버리는 그와
같은 삶을 살도록 하라, 사랑하는 나
의 아들아!
31 내가 너를 이끌어 갈 것이니라, 너를
버리지 아니할 것이니라.

8,908 번째 하나님 말씀

2003년 12월 24일 19시 14분

1 사랑하는 나의 아들아!
2 네가 그리 가야 되며 그 길을 지킨다
하였으니, 네가 보는 지금의 그 종교
집단 지도자요, 너를 벌레 보듯이 하
는 자요, 이단이요, 사탄이라 말하는
자, 그리고 위대한 조직이요, 방대한
조직을 가져 나로부터 명을 받았다 하
여 너를 벌레 보듯이 하는 그와 같은
자들, 그들을 과연 너는 어찌 보며 어

찌 생각하느냐?
3 "네, 아버님! 아버님께서 말씀하시오
니, 제가 느끼는 바를 감히 말씀을 드
리고자 하옵나이다.
4 아버님, 제가 보는 것은 그들은 겉모
양은 천사와 같으나, 그들이 하고 있
는 행위는 더럽고 추하지 아니한 것이
없으니, 그러나 더럽고 추한 짓을 하
지 아니하는 것처럼 저희들이 보이나
이다.
5 그리고 남들 앞에서는 모범이 되는 양
행동을 하나, 정작 그들의 내면의 생
활을 들여다보면 재물의 노예가 되어
있으며, 명예의 노예로 전락되어 있는
그와 같은 모습을 그들이 보이고 있사
옵나이다.
6 모든 것을 가꾸고 아름답게 서 있는
모습으로 천사와 같은 행위를 하나,
그들의 내면은 도저히 볼 수 없으니,
재물을 위하여 저희들의 부귀와 영화
를 위하여 모두가 거짓된 것이며 허황
된 것이며 간교한 방법으로 살아가는
것을 그들의 모습에서 찾아볼 수 있
사옵나이다.
7 행동이 바르지 못하며 생각이 깨끗하
지 못하며 모든 모습이 바로 서 있지
못한 그와 같은 것을 보고 있사옵나이
다."
8 나의 아들아, 네가 말한 모두를 너는
벗어나야 함이니라.
9 그리고 그와 같은 것을 명심해야 함을
알아야 될 것이니라.
10 네가 그와 같은 것을 하나라도 걸치고
있다면 너는 나의 아들이 아니요, 만
백성을 구할 수 있는 자가 되지 못함
을 알라.
11 그리고 사랑하는 너의 제자들 또한 이
러한 사람이 되지 말라 그리 전하라.
12 네가 지금 나에게 언약하여 기도한 것
처럼, 너의 제자들끼리 그와 같은 지
도자요, 그와 같은 백성으로 살아가지
말라 그리 말하라.
13 너희들이 남들에게 보일 때, 겉모양은
천사와 같으며 더럽고 추하지 아니하
게 행동하나, 정작 그들의 내면은 추
하고 더러운 것이요, 재물의 노예요,
명예의 노예가 되어 있으며, 일반 백
성보다도 더 간악한 방법으로써 타협
하며 거래하는 자들과 같이 되어서는
아니 될 것이니라.
14 네가 본 것이 맞음이니, 그리 보았으
면 너는 그와 같은 행위를 절대 해서
는 아니 되며, 그 모두를 다 털어 버릴
것이며,
15 네 마음속에 한 자리라도 그와 같은
생각이 있을 때 내가 너를 버릴 것이
며, 너의 제자들 또한 그와 같은 자세
로 살아가서는 아니 된다 그리 가르치
고 전하라.

8,909 번째 하나님 말씀

2003년 12월 24일 19시 19분

1 사랑하는 나의 아들아!
2 "네, 아버님! 말씀하옵소서."
3 내가 곧 철퇴를 내릴 것이며 모두를
다스릴 것이니, 너는 그들에게 전하라.
4 오늘의 모든 종교 집단이요, 지도자
들, 그리고 너의 제자들에게 너는 전
해야 될 것이며, 그들에게 내가 명하

는 것에 하나의 오차도 있어서는 너의
제자들 또한 내가 절대 용서치 아니한
다 그리 전하라.
5 오늘의 종교 집단이요, 지도자들이 가
는 모습이 어떠한 줄 알겠느냐?
6 겉으로는 천사와 같은 행동과 모습을
보이면서, 일반 나의 백성보다도 더
사악한 마음으로 거짓 하고 남을 속이
는 행동을 하고 있음이니, 그와 같은
행동을 중단하라 그리 가르치라.
7 네가 그리 전해야 될 것이고, 너의 제
자들도 그를 용서해서는 절대 아니 됨
을 너희들은 알라.
8 신도들과 만나고 오고 가는 그 속에서
도 저희들은 하나도 탓할 것이 없으
며, 하나도 흠 잡힐 것이 없는 것처럼,
순수하고 곱고 아름다운 것같이 행동
하고, 검소하고 근면한 일반 생활을
하는 것같이 하며, 그리고 모든 백성
과 차별화된 것같이 저희들은 처신하
고 행동함이니라.
9 그리고 세상사의 너희 백성이 살아가
는 얽힌 속을 떠나서 그를 보지 아니
하며 외면하고 사는 것처럼, 그리고
저희들은 인간의 부끄러운 짓을 하지
아니하고 살며 세상사의 인연을 끊고
아름답고 고귀하게 사는 것처럼 그와
같은 모습으로 행하는 것이 오늘의 종
교 집단이요, 지도자들이니라.
10 그러나 이것이 나의 피조물 만백성을
구원하는 길이요, 만백성을 인도하기
위하여 너희들이 그리 간다면 나는 말
하지 아니할 것이니라.
11 그러나 그와 같이 차별화되는 삶이요,
엄격한 것이요, 하나의 흠잡을 수 없
는 삶을 사는 것처럼, 그리고 저희들
이 엄격한 행동 속에서 제한된 속에서
살아가는 것처럼 그리 보이나,
12 그것이 너희들이 재물과 헌금을 거둬
들이기 위한 조작된 위선의 행동이라
면, 정녕 나는 너희들을 용서하지 아
니할 것이니라.
13 사랑하는 나의 백성 너희들은 들어야
될 것이니라.
14 너희들을 속이기 위한 저희들의 그와
같은 행위요, 추한 짓을 더 이상 하지
말라 전하라.
15 내가 저희들이 하는 것을 하나부터 만
가지를 다 알고 있음이니, 하나도 바
르고 곧은 것이 없음이니라.
16 저희들이 나의 백성 앞에 행동함을 모
범적으로 보이며, 나의 백성들이 타락
된 것을 저희들이 잘못한다 꾸짖으며,
17 저희들은 남들 앞에서 하나의 오차도
없고 허물이 없는 것처럼, 만나고 헤
어질 때도 근엄한 자세요, 모든 백성
과 차별화된 모습으로 살아가는 그와
같은 행동이 정녕 나의 백성들을 깨우
치고자 하고자 함이 아니라,
18 재물을 약탈하기 위하여 헌금과 금화
를 거둬들이기 위한 위선적인 행동에
서 하는 것이니, 사랑이 없는 것이라
그리 전하라.
19 그를 내가 용서하지 아니함이니라.
20 모든 종교 집단들이 가는 것이 나의
백성을 사랑하여 그들을 구원하고자
하는 것이 아니며 그들을 위함이 아니
니라.
21 그리고 참진리를 가르치는 것이 아니
니라.

22 다만 재물을 약탈하기 위한 거짓 탈을
쓴 그와 같은 행위를 하고 있음이니,
이 추하고 더러운 행위를 중단하라 그
리 전하라.
23 그리하고도 너희들이 과연 그 죄를 내
앞에 감당할 수 있겠는가?
24 종교 지도자라 하면 만인의 안위를 위
하여, 참진리를 위하여, 만백성이 하
늘에 오르는 그 길을 위하여 모두를
다 바치고 그리 행동을 보여야 될 것
이니라.
25 모든 백성의 세속을 떠나 그들이 살아
가는 것을 외면하며, 고귀하고 품위
있고 아름답게 살아가는 듯이 그와 같
은 행위를 하는 것,
26 저희 제자들과 만나고 헤어지고 모든
슬픔과 괴로움을 같이 논할 때, 저희
들이 아주 거만한 자세요, 하나의 허
점도 보이지 않는 그와 같은 행위를
하는 것이 너희들에게서 재물을 거둬
들이기 위한 거짓된 조작된 행위이니,
이제 그 탈을 벗으라 그리 전하라.
27 그들을 용서치 아니할 것이니, 너의
제자들은 이와 같은 자들을 다스리고
깨우치는 데, 나의 법전을 전하는 데
주저하지 말라.

8,910 번째 하나님 말씀

2003년 12월 24일 19시 26분

1 사랑하는 나의 아들아!
2 "네, 아버님! 말씀하옵소서."
3 사랑하는 나의 아들아, 너의 제자들과
나의 법전을 전하고 깨우치는 만백성
그들에게 너는 전하라, 너희들이 어떠
한 삶을 살아야 하느냐 하는 것을.
4 "네, 아버님! 저희들은 여러 가지 생
각을 하고 변하고자 노력하며 아버님
의 뜻에 따라 그 역사를 하고자 하나,
바로 가지 못하며 바로 역사하지 못하
여 몸부림치는 것이 저의 제자들이며
또한 저의 그 모습이라 생각하옵나이
다."
5 아들아, 인간 세상에 사람의 형태는
과연 어찌 되었느냐?
6 "네, 아버님! 사람은 여러 가지로써
나누어지며 분류된다 하옵나이다."
7 그중에서 네가 무엇으로써 제자들에
게 강론하며 가르치고 싶은 내용이 있
는가?
8 "네, 아버님! 다음과 같은 것을 가지
고 저의 제자들을 가르치며 강론을
하고 싶사옵나이다.
9 아버님을 찾으며 아버님을 목메어 부
르며 아버님을 그리워하지 않는다 해
도, 아버님에 대한 믿음이요, 예수의
그 죽음이요, 그리고 성서의 그 모두
를 모른다 해도,
10 저희가 착함을 행하며 아름답게 살아
가면 구원을 받을 수 있다 저는 생각
하며, 그와 같은 백성도 있다 저는 생
각하옵나이다.
11 그러니 아버님을 찾지 아니하며 그 믿
음을 믿지 아니한다 해도, 선함을 행
하며 살아가면 그들은 바로 구원을 받
을 수 있는 백성이요, 아버님으로부터
구원을 받는 백성이라 생각하옵나이
다.
12 그러니 선하고 착하게 행하며 악을 멀
리하며 그대로 살면 그들은 구원을 받

는 백성이요, 아버님께 반드시 부름을
받을 수 있는 백성이라 저는 생각하옵
나이다.
13 이것이 제가 분류하는 중의 하나이옵
나이다.
14 누가 뭐라 해도 아버님을 찾지 아니하
며 예수를 찾지 아니하며 성서를 읽
지 아니하여도, 악을 행하지 아니하고
선하게 사는 것은 구원을 받는 길이
라 저는 믿사옵나이다.
15 두 번째는 저는 이와 같이 생각하옵나
이다.
16 아무리 그들이 믿음을 갖고 진리를 갖
고 깨우치고 또 깨우치고 또 배운다
해도, 저희 성전에 와서 강론을 들으
며 아버님 말씀을 수없이 듣는다 해
도, 그는 변하지 못하며 구원을 받지
못하는 백성이 있는 것이 두 번째 그
와 같은 백성들의 분류라 저는 그리
생각하옵나이다.
17 아버님, 그리고 세 번째 제가 생각하
는 백성은, 믿음의 길을 가고 있으며
그리고 구원을 받았다 하며 아버님께
선택을 받았다 하는 그 백성들, 그러
면서 그들이 구원을 받지 못하는 백성
이 있다 저는 그리 생각하옵나이다.
18 그러니 저는 이와 같이 세 가지로 분
류하여 아버님께 감히 말씀을 드리옵
나이다.
19 믿지 아니한다 해도 선함을 행하며 악
을 물리치는 자는 구원을 받을 것이
며, 아무리 선하고 아름다운 것을 주
입시키고 가르치고 또 심어 준다 해도
절대 변하지 못하여 구원을 받지 못하
는 그와 같은 인간이 있는가 하면,
20 아버님 이름을 부르고 예수를 구세주
라 부르고 몸부림치면서도 그들이 정
녕 구원을 받지 못하는 길을 가고 있
는 백성이 있다 그리 생각하옵나이
다."
21 그러니라, 나의 아들아!
22 그렇다면 너와 너의 제자들은 어떠한
삶을 살아가야 되며, 네가 그들을 어
찌 가르쳐야 된다 생각하느냐?
23 "네, 아버님! 그렇사옵나이다.
24 제가 강론하고 가르치는 것은 이 세
분류의 백성이 있으니, 그 모두를 초
월하여 사는 삶이요, 그 모두를 다 넘
어 가슴으로 안는 그와 같은 믿음이
요, 진실한 믿음으로 살아가는 백성이
바로 아버님께서 선택한 백성이요, 그
길을 가는 백성이요,
25 저 또한 그와 같은 길을 가는 것이 제
가 가야 할 길이라 그리 가르치고 그
리 믿고 가고 싶사옵나이다."
26 그러하니라, 믿지 않아도 구원받는 삶
을 살 수 있으며, 믿는다 해도 구원을
받지 못하는 백성이요, 변하지 못하는
백성이요, 믿고 있어도 구원을 받지
못하는 그와 같은 어리석은 백성이 있
음이니라.
27 그러니 그 모두를 넘어서 가는 것이
너의 제자들이 가야 할 길이요, 나의
법전을 읽고 깨우친 백성 너희들이 그
러하니라.
28 그러니 너희들은 그 모두를 다 뛰어
넘어야 되며, 그 모두를 가슴에 안아
야 되며, 그 모두를 총체적으로 가는
삶을 살아야 될 것이니라.
29 진정한 나의 아들딸들아! 너희는 들

어야 될 것이니라.
30 진성한 그 믿음이요, 그 길을 가야 될
것이니라.
31 그 모두를 너희들이 깨우칠 수 있는
것은 나의 법전에 기록되어 있음이니,
32 나의 법전을 접하여 너희들이 열심히
강론하고 그리고 또 강론을 듣고 그와
같이 삶을 살아가도록 하라.
33 너희들이 깨우쳐 만백성들에게 강론
하며 내가 나의 아들에게 내린 그 강
론으로 또 너희들이 보충하며 그와 같
이 사는 속에서 또 너희들이 사랑을
실천하며 살라.
34 하늘에는 사랑만이 있으며, 너희들이
사랑을 얼마만큼 행했느냐 하는 그 길
을 따라 너희가 세상을 보며 받는 상
이라 했음이니라.
35 명주실만큼 사랑을 베풀었으면 너희
들은 그만큼밖에 못 받을 것이며, 그
길밖에 가지 못함이니라.
36 그러나 너희들이 넓고 넓은 그 사랑을
베풀었다면 너희들은 하늘의 넓고 넓
은 영원히 사는 세상에 들어올 수 있
으며 그를 볼 수 있음이니라.
37 사랑을 행한 만큼 너희들이 볼 수 있
고 너희 눈이 열린다는 것, 그 이상은
보지도 못한다는 이 무서운 하늘의 법
도를 너희들에게 전함이니, 이는 내가
너희들을 사랑함이니 그리 알라.

8,911 번째 하나님 말씀

2003년 12월 24일 20시 48분

1 사랑하는 나의 아들아!
2 "네, 아버님! 말씀하옵소서."
3 너를 따르는 그 제자들이요, 나에게
선대된 백성 너희들은 허황된 생각이
며 거짓된 생각이며 잘못된 마음이요,
하늘을 향하여 한 점의 부끄럼이 있는
그와 같은 삶을 살지 말라 간곡히 그
리 전하라.
4 너희들이 잘못 살아가며 무너지며, 너
희들이 해서 아니 되는 그와 같은 일
을 할 때, 과연 나 여호와의 마음이 어
떤 것인가 너희들은 아느냐?
5 인간 세상에 살아가면서도 너희들이
자식과 부모 사이에도 자식이 잘못되
었다는 것 불행한 소리를 들으면 그
부모가 뭐라 말하느냐?
6 '내 가슴이 철렁 내려앉았다.' 하며 '하
늘이 무너지는 것과 같이 내가 놀랐
다.' 그리 말하지 아니하더냐?
7 그러니 나의 사랑하는 아들딸 너희들
이 거짓된 짓이요, 허황된 짓이요, 그
리고 내 뜻을 거역하는 자요, 나의 법
전대로 살지 아니하고 그와 같이 살아
갈 때, 나 여호와의 가슴이 철렁 내려
앉으며 주저앉는 마음을 너희들은 상
상이나 해 보았겠느냐?
8 지금 나의 피조물 만백성들이 잘못 가
며 잘못 살아가며 지옥으로 떨어지는
그와 같은 것을 보는 내 마음이 철렁
무너짐이니,
9 하늘이 무너진 것보다 더 큰 충격에
의하여 내 가슴이 다 무너졌으며 내
가슴이 다 시커멓게 멍들어 있다면 과
연 너희들은 알겠느냐?
10 이제 나의 선택된 아들을 따르는 제자
너희들마저도 허황된 짓이요, 잘못된
짓이요, 거짓된 짓이요, 부모가 놀라

는 그와 같은 행위를 하면, 나 여호와
가 너희들이 하는 행위를 보면 지옥으
로 가는 짓을 함이니, 내 가슴이 얼마
나 무너지며 얼마나 내 가슴이 철렁
하고 내려앉겠느냐?
11 내 놀란 가슴이요, 시커멓게 탄 이 가
슴을 너희들은 과연 들여다보며 생각
해 보았느냐?
12 이제 너희들이라도 나의 가슴을 더 놀
라게 하지 말며, 내 가슴을 더 태우지
아니하는 그와 같은 삶을 살라.
13 이것이 내가 너희들에게 간곡히 부탁
하는 것이며 너희들에게 바라는 것이
니라.
14 사랑하는 나의 아들딸들아! 인간 세
상에 살아가는 그 부모가 자식이 조금
이라도 잘못되었으며 잘못되는 소식
을 들었으며, 그가 너희들이 생각할
때 해서는 아니 되는 그와 같은 길에
들어섰다 할 때,
15 그 부모의 마음이 철렁하며, 가슴이
무너지며, 하늘이 무너지며, 앞이 캄
캄하다는 그와 같은 말을 하지 않더냐?
16 나의 수많은 아들딸들이 지금 너희들
이 가서는 안 되는, 한 번 가면 돌이켜
올 수 없는 지옥의 문에 가는 짓을 하
고 있음이니, 그를 보는 내 가슴이 얼
마나 더 무너지고 얼마나 내가 더 철
렁하며 놀랐겠느냐?
17 인간의 부모보다 천배 만배 더 무섭고
두렵게 놀라는 것이 나 여호와이니,
너희들이라도 정녕 그와 같은 길을 가
지 않도록 바라는 것이 나 여호와의
뜻이니라.
18 이제 너희들이라도 내 가슴을 들여다
보도록 그리하라.
19 무너지고 무너지고 놀라고 놀란 내 가
슴이 이제는 그 흔적을 찾을 수가 없
으며, 시커멓게 멍들고 멍든 내 가슴
을 너희들이 본다면 정녕 나의 아들을
따르는 제자들이요, 나의 법전을 읽고
깨우친 백성 너희들이 거짓된 것이며
허황된 것이며, 남을 음해하고 시기하
고 질투하며 그와 같이 너희들이 거짓
된 이중의 생각이요, 속과 겉이 다른
마음의 자세로 살지 말라.
20 나 여호와의 놀란 가슴을 너희들은 어
찌 그리도 모르느냐?
21 내 가슴이 놀라고 놀라 이제는 더 놀
랄 것이 없으며, 타고 타서 더 탈 것이
없으며, 무너질 대로 무너져 더 무너
질 것이 없으니,
22 그리하여 너희들에게 모두를 걸고 있
으며 너희들에게 그와 같은 나의 놀란
가슴의 역사를 이루지 말라 함이니라.
23 세상의 모두를 내가 들여다보지 아니
하며, 나의 법전을 읽는 선택된 나의
백성이요, 나의 아들을 따르는 너희만
을 바라보고 내가 살아가고자 하여 이
놀란 가슴을 달래고자 함이니,
24 너희들마저 그와 같은 것을 모르고,
나의 가슴이 무너지며 하늘이 무너지
며 내가 철렁대며 무너지는 그와 같은
마음의 행위를 해서는 아니 될 것이
니, 무너지고 멍든 이 가슴을 더 이상
아프게 하지 말라.
25 사랑하는 나의 아들딸들아, 이 간곡한
나의 뜻을 너희들은 알겠느냐?
26 내 너희들을 사랑함이니, 너희들을 사
랑한다는 말을 할 기운도 없으며 그와

같이 그 마음을 표현할 힘도 없다면
너희들은 알겠느냐?
27 나의 가슴이 놀라지 않도록 그리하라,
사랑하는 나의 아들딸들아!

8,912 번째 하나님 말씀

2003 년 12월 25일 05시 06분

1 사랑하는 나의 아들아!
2 "네, 아버님! 말씀하옵소서."
3 아기 예수요, 나의 아들이 세상에 태
어났다 하여 너희들이 온갖 행사를 다
함이니, 내가 보는 그 행사가 아름답
고 귀한 그와 같은 행사로써 모두를
기려야 될 것이거늘, 그러나 지금 그
렇지 아니하니라.
4 그와 같은 행사요, 그와 같은 역사를
하는 쪽에 너희들이 그 집행하는 자,
결행하는 자의 소기의 목적이 다른 데
있으며 생각이 다른 데 있다면, 너희
들은 나의 아들 예수의 그 태어남을
경축하는 것이 아니요, 그를 욕되게
하는 것임을 알아야 될 것이니라.
5 그리고 나는 너희들에게 명하여 전했
느니라.
6 오늘의 너희들이 그와 같은 행사를 하
는 것, 너희 인간 세상에서 모두가 결
합되어 하나의 이와 같은 역사가 이루
어진 것이,
7 '드리'라는 것은 나무를 가지고 살아
가는 사람들이 그 추운 겨울에 할 일
없으니 그와 같은 것을 장난삼아 시작
했던 것이 그와 같은 역사를 이루는
것이며,
8 가축을 잡아 기르던 자들은 그 겨울에
먹을 것이 없는 그 시대에 도살하여
그 씨를 펼칠 수 있는 것만 남겨 놓고
다스리는 이와 같은 행사요, 온갖 너
희들이 행했던 것이니,
9 그리고 너희들이 1년의 농사를 짓고
추운 겨울에 모여서 자축하는 것, 이
와 같은 것을 하나하나 모으고 모아서
연구하여 오늘의 이와 같은 날을 너희
들이 만든 것이라는 것을 잊지 말라.
10 그와 같은 역사의 흐름 속에서 너희들
이 오늘의 이와 같은 역사를 이룬 것
이니, 이는 종교 집단이요, 지도자들
이 이를 통합하여 만들어 오늘날 이와
같은 역사가 이루어진 것이니라.
11 그러니 이와 같은 날을 정녕 너희들이
뜻한다면, 너희들이 어떠한 마음으로
행사를 해야 되겠는가?
12 너희들이 자선냄비라 하여 두드리는
것 또한 무엇이냐?
13 한 겨울에 어렵고 힘든 그때를 대비하
여 너희들이 그와 같은 행사를 하기
시작하였음이니,
14 정녕 나의 아들 아기 예수의 태어남을
경축하고 기린다면 너희들은 그 자선
냄비의 훈훈한 정을 심어 주는 것, 이
웃에 나누어 주며 이웃에게 보내 주며
이웃을 돕는 그와 같은 것에 조용히
참석하며, 조용히 그와 같은 행사에
참여하는 것으로 그 모두를 다하는 마
음으로 가야 될 것이니라.
15 그것이 사랑이요, 그것이 따뜻한 인간
미의 마음이라도 잠시 너희가 갖는 것
이 아니던가?
16 그러나 그와 같은 것을 오늘의 종교
집단이요, 지도자들이 집행하고 결행

하는 자들이 다른 생각이요, 계산된
속에서 그를 한다면, 아름답고 또 소
중한 그와 같은 행사를 하면서 거기에
대한 계산된 것이 있다면, 이것이 얼
마나 추하고 더러운 모습으로 되는 것
이며, 나 여호와의 뜻과는 관계없는
것인가를 너희들은 알아야 될 것이니
라.
17 이제 사랑하는 나의 아들을 따르는 제
자들이요, 법전을 읽고 깨우친 너희들
은 내가 나의 아들 예수가 태어난 아
기 예수의 경축받는 날을 깨우쳐 주고
가르쳐 주었음이니,
18 너희들은 그날을 기리는 그와 같은 행
사로써, 그 어려운 백성들을 돕는 자
선냄비를 채우는 그와 같은 경건하고
아름다운 마음이요, 인간이 베푸는 사
랑을 실천하는 그와 같은 행사로써 지
킬 것이며 그리 행하도록 하라.
19 오늘과 같이 너희들은 이와 같은 것을
행하지 말라.
20 오늘의 휘황찬란한 불빛이요, 나무에
너희들이 꾸며 놓은 그 모두가 다 이
제 서서히 부질없다는 것을 알게 될
것이며,
21 그 모두는 나의 아들 예수의 태어난
날이 아니요, 아기 예수의 태어남을
경축하는 것이 아니라 인간들의 계획
된 행사라는 것을 너도 나도 들고일어
날 것이며, 그와 같은 행사는 줄어들
것이며, 그와 같이 호화찬란한 것은
서서히 줄어 가는 그와 같은 세월이
될 것이니 그리 알라.

8,913 번째 하나님 말씀

2003년 12월 25일 05시 11분

1 사랑하는 나의 아들아!
2 "네, 아버님! 말씀하옵소서."
3 너의 제자들에게 그리 이르라.
4 너희들이 깨달음이요, 구원을 받고자,
남들이 저주하고 남들이 밀어붙이고
남들이 사탄이요, 이단이라 말하는 나
의 성전을 찾는 너희들은 과연 어떠한
자세로 살아가야 되는 것인가, 나는
각자 너희들에게 그리 묻고자 함이니
라.
5 이제 남들이 사탄이요, 이단이라 너희
들을 저주하는 그 모두를 뿌리치고 나
의 아들을 따라 나의 성령이요, 새로
운 성경으로써 너희들이 오늘에 이르
러 만백성을 구하는 그 길을 가고 있
는 너희들이야말로,
6 정녕 인간 세상에서 살아가면서 선배
요, 그 자리를 지켰던 지도자가 떠났
을 때, 그 후배들이 말하기를 '그와 같
은 선배가 없었으며 그와 같은 선생이
없었으며 세상에 다시없는 분이라' 칭
송을 듣는 그와 같은 개인의 삶을 살
지 아니하면 아니 됨을 알아야 될 것
이니라.
7 그들은 말할 것이니라, 후배요, 또한
그 제자들이 말하기를, 그분이 떠난
그 자리가 이리도 허전하며 이와 같이
텅 빈 것은 미처 몰랐을 것이라는 그
와 같은 아름다운 말을 할 수 있고 들
을 수 있는 나의 아들을 따르는 제자
들이 되어야 될 것이며, 그렇지 않은
자가 되어서는 아니 됨이니라.

8 너희들이 떠나버린 텅 빈 그 자리가,
인간 세상에서 말하듯이 앓던 이가 빠
져 버린 것처럼 시원하다는 그와 같은
말을 듣는 나의 아들을 따르는 제자가
되어서는 절대 아니 됨을 명심하라.
9 나 여호와는 너희들을 사랑함이니라.
10 그러니 너희들이 떠난 빈자리가 아쉬
우며 그 비어 있는 마음이 허전하며,
오래오래 지속될 수 있고 느낄 수 있
는 그와 같은 개인의 삶을 살아야 될
것이며,
11 나의 성전을 지키는 자가 그와 같은
모습으로 비쳐질 수 있도록 그와 같은
삶을 살아야 되는 것을 절대 잊지 말
라.
12 나의 아들의 제자로서 너희들이 그 자
리를 비웠을 때, 그 허전함을 오래오
래 간직할 수 있는 그와 같은 너희들
이 되어 주기를 바라는 것이 나 여호
와의 뜻이니라.
13 그러니 너희들 자신을 얼마나 다스리
고, 너희들 자신이 얼마나 아름답게
살아가야 하는지, 그것은 스스로 너희
들이 그와 같은 자리를 지킨 자로서
살 수 있도록 그리하라 전하라, 사랑
하는 나의 아들아!

8,914 번째 하나님 말씀

2003년 12월 25일 05시 17분

1 사랑하는 나의 아들아!
2 "네, 아버님! 말씀하옵소서."
3 오늘의 종교 집단이요, 지도자 그 자
신들이 어찌 살아가는가?
4 만백성을 구하며 참진리를 연구하며
어렵고 힘든 그 길을 달려오는 자들이
아니니라.
5 그들은 다만 저희들의 명예와 명성을
위하여, 그 신도들에게 유능하며 위대
한 종교 지도자라는 말을 듣기 위하
여, 제가 강론한 자리에 금화와 은화
가 얼마나 많이 쌓이느냐에만 관심이
있는 자들이니라.
6 나의 성경을 지키고 가는 그 지체도
제가 제일 잘 역사하는 자요, 잘 지키
는 자요, 그리고 계명에 따라 사는 자
라는 것을 보이고자 하는 그들의 생각
과 마음의 자세뿐이요,
7 그들이 만백성을 위하여 기도하는 것
이며, 만백성을 위하며 평화를 위하
여, 아름다운 삶을 살기 위하여, 이 세
상을 정화하는 데 일조를 하기 위한
그와 같은 생각은 그들의 마음속에 자
리 잡지도 아니하고 있음이니라.
8 그러니 그들이 변화되는 것, 그들이
가르치는 것이 무엇이던가?
9 이 세상에 봉사하고 헌신하는 그와 같
은 마음에서 저희들이 강론하고 가르
침으로 나의 백성이 천사와 같은 마음
으로 변화되는 그와 같은 역사를 하기
위하여 저희들이 몸부림치는 것도 아
니요,
10 그를 위하여 저희들이 당연히 살아야
되나, 그들은 뒷전으로 그 모두를 다
접어 두고 사는 자들이니라.
11 저 자신의 명성을 높여 그 명성에 따
라 재물을 긁어모으는 데 간단한 방
법, 쉬운 방법으로, 그리고 나의 피조
물 만백성으로 하여금 어찌하여 그들
이 거침없이 그 재물이요, 금화와 은

화를 저희에게 바치게 할 것인가 그것
을 위하여, 그것을 역사하기 위하여
위선된 자들이요, 계산된 자들이요,
철저히 연습된 조작극을 그들은 오늘
의 믿음이요, 신앙생활을 하는 것이라
말하는 종교 집단의 지도자들이니라.
12 너희들이 아무리 그렇지 않다 말을 해
도, 하늘에서 나 여호와가 보는 너희
의 행동이 그러하니라.
13 오늘 나의 아들 예수가 태어난 그날을
기린다는 그 행사도 너희들이 순수한
마음으로 어려운 자의 냄비에 뜨거운
것을 채워 주는 사랑을 전하는 그와
같은 행동을 하는 것이 아니요,
14 오로지 너희들을 위하여, 그 집단의
조직을 위하여 그와 같은 계산된 행동
을 하는 것이 너희들이라 함이니, 이
얼마나 가련하고 불쌍한 백성인 줄 알
겠느냐?
15 너는 결코 그리 가지 말라.
16 백성을 사랑하며 거짓이 없는 것이며,
오로지 나 여호와의 참진리를 가르치
는 것, 그리고 네가 하는 행동은 위선
이 아니요, 진실된 모습으로 살아가는
그와 같은 행위를 하도록 해야 될 것
이니라.
17 그리하여 모든 백성이 너를 보고 나에
게 오르는 그 길을 달려올 수 있도록
그리해야 될 것이며, 너의 제자들 또
한 그와 같이 살라 전하라, 사랑하는
나의 아들아!
18 너희 자신을 위하여, 명성을 위하여,
너희들의 무엇을 위하여 그와 같은 조
작된 행위를 절대 해서는 아니 될 것
이니,
19 오로지 진실의 그 꽃이 얼마나 아름다
운가?
20 너희들은 진실된 꽃만 피우는 데 최선
을 다해야 될 것이니라.
21 그것이 내가 바라는 길이요, 또한 나
의 아들 너는 그리 갈 수 있으며 너의
제자들도 그리 갈 수 있기 때문이니,
나의 기대에 어긋나지 않는 그와 같은
너희들이 되라 그리 전하라.

8,915 번째 하나님 말씀

2003년 12월 25일 05시 22분

1 사랑하는 나의 아들아!
2 "네, 아버님! 말씀하옵소서."
3 너희들은 천국과 지옥이 있음을 알며,
그리하여 너희는 모두가 천국에 가고
자, 그 길을 역사하는 영광을 얻고자
하는 것이 너희들의 삶의 목표가 아니
더냐?
4 그러나 너희가 그렇게 갈망하고 소원
하는 그 길은 아무나 갈 수 없다는 것
을 너희들은 알아야 할 것이니라.
5 그 길을 갈 수 있는 자는 그 길이 어떻
게 어떠한 방법으로써 가는지 그것을
알고 그것을 깨달은 자, 그리고 그 길
의 안내서를 가지고 정확한 참진리를
가르치는 자의 설명을 전해 들으며 그
를 너희들이 받아들이는 것, 그와 같
은 것이 아니면 너희들은 절대 그 길
을 갈 수 없다는 것을 이제 명심하여
가슴에 새기고 살아야 할 것이니라.
6 어떠한 방법으로 어떠한 형태로써 어
떠한 자격으로만 그 길을 갈 수 있는
지 그것부터 배우고 깨달아야 할 것이

며, 그것을 알지 못하는 자는 그 길을
갈 수 없음을 너희들은 알라.
7 어떠한 형태로 가는지를 모르는 자가
어찌 그 길을 갈 수 있다는 말이더냐?
8 그러한 기초를 또 다스리지 못한 백성
은 절대 갈 수 없다는 것을 너희들은
알라.
9 그리하여 나의 법전을 안내서로서 내
가 너희들에게 마지막 기회를 주어 내
려보냄이니, 그리하면 너희가 천국에
가는 길을 알며, 너희는 천국이 어떠
한 길을 가며 역사하는 것이 무엇인가
나의 법전을 보고 깨우쳤을 때, 너희
들은 그다음에 나의 법전에서 얻고 깨
우치는 것이 있어야 할 것이니라.
10 너희들이 나의 법전을 읽고 깨우쳐 천
국에 가는 길이 어떠한 길이며 어떠한
방법으로 가는 것이며 어떠한 안내를
받아 가야 한다는 것을 알았다면,
11 너희들은 그때부터 천국에 사는 백성
은 어찌 살며 어떠한 형태로써 그들이
존재하는가 그것을 또한 연구하고 깨
우쳐야 할 것이니라.
12 천국의 가는 길을 아는 사람들인 너희
들이, 천국의 형태요, 천국에서 존재
하는 그와 같은 백성이 그를 모른다면
너희들은 결국 또 갈 수 없음이니, 너
희들은 나의 법전에서 깨달아야 할
것이니라.
13 어떠한 자들만 하늘나라에 존재하는
것인가, 그것을 지금부터 너희들이 나
의 법전을 가슴에 안고 정독하여 연습
하고 연습하지 아니하면 결코 갈 수
없음을 너희들은 알라.
14 너희들은 나의 법전을 정독하라, 그러
면 그 모두가 거기에 있음이니라.
15 천국에 가는 길의 형태가 수없이 많이
있음을 너희들은 알라.
16 너희들이 어떠한 길로써 어떠한 방법
으로써 가느냐 하는 것은 너희들이 이
세상에 살면서 어떠한 사랑을 베풀며
얼마만큼 사랑을 베풀었느냐에 따라
서 너희들이 가는 그 형태가 다 다르
다는 것을 알아야 할 것이니라.
17 많은 사랑을 베푼 자는 많은 것을 보
며 나에게 구원을 받아 넓은 길을 편
히 올 것이요,
18 너희들이 사랑이라는 것을 베풀지 아
니한 자는 좁고 협착한 어려운 길을
와야 할 것이며, 너희들이 보는 것은
베푼 만큼만 볼 수 있는 것이 하늘의
법도이니라.
19 그리하여 너희들은 너희가 사랑을 베
푼 만큼 그 길을 따라 나에게 온다는
이치를 무섭게 받아들여야 할 것이니,
이를 명심하여 전하도록 하며, 또한
꼭 기억하여 너희들이 모든 삶에 사랑
을 베푸는 삶을 살도록 그리 전하라.

8,916 번째 하나님 말씀

2003년 12월 25일 05시 25분

1 사랑하는 나의 아들아!
2 "네, 아버님! 말씀하옵소서."
3 네가 너희들에게 다시 한 번 전하노라.
4 너희들은 사랑이란 것이 얼마나 소중
하며, 그 모두가 나의 본체라 하였음
이니, 너희들이 나에게 오르고자 그리
고 천국의 그 길에 들어오고자 갈망하
는 것, 그 모두의 길을 온다는 것에 너

희들이 알고 가야 할 것이 있음이니라.
5 하늘나라에는 어떠한 것도 존재하지
못하는 것이니라, 천사와 같은 그 사
랑만이 하늘나라에는 존재하며, 나에
게 와 있을 수 있다는 것을 절대 잊지
말라.
6 그러니 너희들이 나에게 오는 기준이
요, 그 자격을 획득한다는 것은 천사
와 같은 사랑을 베푸는 사람으로 변한
것, 그것만이 나에게 올 수 있는 것이
요, 너희들이 그리 갈구하는 구원의
길을 들어설 수 있으며 나에게 올 수
있다는 것을 절대 잊지 말라.
7 너희가 행한 사랑의 그 능력에 따라
너희들이 그 길이 보인다 하지 아니하
였느냐?
8 그러니 너희들이 그 길을 따라 나에게
오게 되는 것이니, 그 사랑의 베풂이
얼마나 위대한 것인가 다시 한 번 깊
이 가슴에 새기라.
9 사랑하는 것 그것 외에는 아무것도
존재할 수 없는 것이 하늘나라이니라.
10 너희들이 사랑이라는 것을 베푼 그만
큼 너희들이 받으며, 베풀지 아니한
만큼 너희들이 그 대가를 치르는 것이
니라.
11 내가 너희들을 사랑하며, 나의 아들을
따르는 제자 너희들을 내가 사랑하며,
나의 법전을 만들고 역사하는 너희들
이 가는 그 마음의 자세요, 거기에 내
가 내릴 수 있는 사랑이 모두 너희들
에게 이와 같은 하늘의 이치요, 법도
를 가르치는 것이 은혜임을 알아야 할
것이니라.
12 너희들이 육의 세상에 살아 있는 동안
에 내가 무엇을 내리거나 베풀거나 너
희들을 다스리거나 너희들의 죄를 다
스리지 않는다 하였음이니라.
13 너희들이 모든 열매를 열었을 때, 그
결과의 열매를 딸 때, 내가 너희들을
모두 심판한다 하였음이니, 그 이치를
깨닫고 또한 나 여호와가 존재함을 안
다면, 그리고 하늘나라에 존재하고 사
는 자들이 무엇인지 안다면, 이것으로
써 너희들은 더 큰 은혜요, 그보다 더
큰 영광이 없을 것이니라.
14 그러니 하늘나라에는 아무것도 존재
할 수 없으며, 오로지 사랑만이 존재
할 수 있다는 것을 너희들은 깨닫고,
사랑을 베풀며 사랑을 향하여 모두를
바치고 살아가는 그와 같은 삶을 살라.
15 사랑이라는 그것으로써 행하는 자, 모
두를 녹일 수 있으며, 두려움이 없으
며, 너희들이 공허함이 없으며 무너짐
이 없다는 것, 그리고 어떠한 것도 너
희들을 무너트릴 수 없다는 것,
16 그 위대함을 너희들이 행하고 살아간
다면 아무것도 어떠한 형태로든 너희
들은 무너지지 아니하며, 너희를 유혹
하지 못하며, 너희들이 지옥으로 가는
그와 같은 길은 없을 것이니 그리 알
라.

8,917 번째 하나님 말씀

2003년 12월 25일 05시 32분

1 사랑하는 나의 아들아!
2 "네, 아버님! 말씀하옵소서."
3 진정 만백성을 구하는 그 종교 지도자
는 제가 변하는 모습이요, 제가 행하

는 것이요, 제가 바르고 곧게 앉아 있
는 자세요, 그리고 하나하나 언행이
어긋나지 않는 그와 같은 행동을 하는
것, 그것이 남에게 보여 주기 위하여
남에게 칭찬을 받기 위하여 그와 같은
행위를 해서는 절대 아니 되는 것이라
내가 너에게 그리 전하였음이니라.
4 그러니 제가 남들에게 하나도 흠이 없
이 하는 자세요, 그리고 이 세상의 세
속은 관심도 없으며 다 저버린 자요,
천사와 같은 마음으로 살아간다 하여,
그 모양과 외형을 그리 가꾸고 아무리
다스린다 해도,
5 저희들이 무엇인가 추구하기 위하여,
무엇인가 얻기 위하여, 그리고 저희들
이 금화요, 은화요, 그 모두를 거둬들
이기 위한 방법으로 한다면 그는 정녕
사탄의 자식이요, 그는 용서받지 못할
자가 될 것이니라.
6 너희들이 하는 행위요, 대가 없이 위
선적인 행위도 나로부터 용서를 받을
수 없으며 나에게 올 수 없는 자라 그
리 말하였음이니,
7 더욱이 너희들이 재물을 거둬들이며
너희들의 욕구를 채우기 위해서 그와
같은 행위를 한다면 너희들은 정녕 어
떠한 자들이며 어떠한 벌을 받을 것인
가 알아야 할 것이니라.
8 너희들이 며칠씩 금식 기도를 하며 남
이 할 수 없는 그 길을 가는 것, 그와
같은 것도 너희들이 남에게 보여 주기
위한 것이요, 제가 위대한 것을 역사
하기 위하여, 저는 아버님의 뜻대로
가는 길이라 하여 그것을 보여 주고자
하며 무엇인가를 얻기 위하여 한다는
것은, 그것이 사탄이요, 사악한 자가
하는 짓이라는 것을 절대 잊지 말라.
9 이제 나의 아들 너는 남들에게 보여
주기 위하여, 그들을 다스리기 위하여
네가 그와 같은 행위를 해서는 절대
아니 될 것이며, 너의 제자들 또한 그
와 같은 마음으로 해서는 절대 아니
됨이니 그리 알라.
10 너희들이 깊은 산속에서 기도를 하며
며칠씩 굶어 가며 나에게 금식 기도를
한다 해도, 그와 같이 하는 자가 다른
계산이요, 다른 생각이 있다 하면 너
희들은 거기서 금욕을 버리지 못하는
것이며, 사악한 마음을 버리지 못하는
것이며, 너희들이 아무리 그와 같은
것을 보여 준다 해도 버리지 못하는
자들이니라.
11 너희들은 행하는 것보다도 생각하는
것이 더 위선이며, 그가 더 위에 있는
무서운 것이라는 것을 알고 있지 않은
가?
12 그러니 어떠한 형태로 한다 해도 그
자세나 주위 환경을 너희들이 엄격한
분위기를 만들어 깊은 산 속에서 수련
을 한다 해도, 너희들은 하나도 버리
고 행한 게 없는 것이니라.
13 이것이 인간의 형태이니라.
14 그러니 아무런 생각이 없이, 아무런
바라는 것이 없이, 아무런 계산이 없
이 너희들이 참진리의 길을 가기 위하
여 그와 같은 수련이요, 훈련을 한다
는 그것은 값진 것이나,
15 너희들이 무엇인가를 보여 주기 위하
여 무엇을 얻기 위하여 한다면, 너희
들이 아무리 수련을 하고 아무리 금식

기도를 해도 너희들이 간음하는 마음,
도적질하는 마음, 그와 같은 마음을
하나도 지우지 못한 자들의 수행의 형
태요, 공부하는 형태라는 것을 가슴
깊이 새겨, 너의 제자들은 그와 같은
일이 없도록 그리하라.
16 다만 너희들이 바라는 것이 없으며 원
하는 것이 없으며 진정 나의 백성들이
진리의 길을 깨우치도록 전하는 데 거
기에 모두를 노력하는 너희들의 그 훈
련만이 값진 것이니라.
17 대가 없는 것, 계산 없는 그것만이 훌
륭한 것이니,
18 그대로 너희들이 인간 세속에서 살아
가도 너희들의 마음은 간음하는 마음
이요, 도적질하는 마음이요, 거짓 하
는 마음이 없을 것이니라.
19 아무리 조용한 산속에 저희들이 수련
을 쌓는다 해도 그와 같은 것을 하나
도 지우지 못하며 버리지 못한 자가
앉아서 형식적인 행동에 치우치는 것
이 그들의 웃지 못할 형국이라는 것을
너는 그들에게 가르치고 전하라.

8,918 번째 하나님 말씀

2003년 12월 25일 05시 39분

1 사랑하는 나의 아들아!
2 "네, 아버님! 말씀하옵소서."
3 인간 세상에 너희들이 살아가면서 열
자식을 두었음이니, 그 열 자식이 하
나같이 세상에 버려진 자식으로서 살
아간다면, 그를 보는 부모의 가슴이
어떠하겠는가?
4 그 부모의 가슴 아픔은 너희들이 감히
상상할 수 없을 것이니라.
5 그러니 모든 열 자식이 세상사에 살아
가는 데서 버림받은 자식이니, 그 부
모의 마음이요, 그 부모의 가슴에 눈
물을 흘리지 아니하는 것은 무엇이던
가?
6 그 열 자식 중에 한 자식이라도 바로
서는 자가 있으며 바로 가는 자식이
있다면 그 부모는 그를 위안 삼아 한
평생을 살아갈 것이며, 그나마 그를
의지하여 눈을 감는 그와 같은 삶을
맞이할 것이니라.
7 그러니 나 여호와는 지금 수없는 나의
아들딸들이 세상에 나가 인간으로 살
다 사람으로서 인간의 열매를 맺어 나
에게 올 수 있도록 바라거늘, 그러나
이를 다 저버리며 거역하는 너희들을
바라보는 나 여호와의 가슴은 어떠하
던가?
8 나는 너무나도 울어 내 가슴에는 눈물
이 없으며, 내가 우는 눈물은 피눈물
이라면 과연 너희들은 어찌하겠는가?
9 그 많은 나의 아들딸들이 가서는 안
되는 그 지옥으로 떨어짐이니, 그것도
욕심이라는 것 하나를 버리지 못하여
그와 같은 형국으로 가고 있음이니,
10 그를 수천 년 동안 바라보는 나 여호
와의 마음은 과연 어떠하겠느냐?
11 그러니 내가 나의 아들을 통하여 새로
운 성경을 세상에 내려보냄이니, 이를
만들고 접하는 너희들이 있기에, 내가
너희들로 인하여 모든 내 마음을 위로
하고 달래고자 내가 너희들을 바라보
고 기대하고 있다면 과연 너희들은 어
떠한 삶을 살아야 하겠는가?

12 인간 세상의 열 자식 중에서 모두를
버려도 그나마 한 자식이 있기에 죽음
의 눈물을 흘리면서라도 죽을 때 조용
히 숨을 거둘 수 있고 위안을 얻을 수
있는 부모의 마음을 너희들이 안다면,
13 수천수만의 헤아릴 수 없는 나의 아들
딸들로부터 기대를 걸었으며 그 아들
딸들을 둔 나 여호와는 과연 어떠하겠
느냐?
14 오늘의 너희들이 그와 같은 나의 자식
이요, 아들딸들이 되어 주기를 바라는
것이 나 여호와이니, 너희들은 정녕
넘어져서는 아니 될 것이니라.
15 이제 수천 년 동안 자식들로 인하여
흘릴 그 눈물이 없으며, 이제는 내가
피눈물을 흘리고 있음이니, 이 모두를
거둬들일 수 있는 것은 너희들뿐이라
함이니,
16 나의 아들을 따르는 제자 너희들 중에
서 단 한 명이라도 그와 같은 자식으
로서 나에게 올 수 있는 자식이 역사
하는 것을 바라고 바라는 것이 나 여
호와의 뜻이니라.
17 수천 년 동안 수많은 나의 아들딸들이
지옥으로 흘러감이니, 지금에 와서 내
가 하나의 나의 아들딸이라도 너희들
로부터 그와 같은 자식이 거듭나 내가
사람이요, 자식의 열매를 거둘 수 있
는 그와 같은 것을 바라는 나 여호와
의 뜻을 너희들은 결코 저버리지 말아
주기를 바라는 것이 나 여호와의 뜻이
니라.
18 너희들이 나의 법전을 읽고 깨우쳐 그
대로 행하고 가면 그와 같은 너희들은
나의 자식이 될 수 있다는 것을 절대
잊지 말라.

8,919 번째 하나님 말씀

2003년 12월 26일 07시 35분

1 사랑하는 나의 아들아!
2 "네, 아버님! 말씀하옵소서."
3 나 여호와의 뜻이요, 하늘의 뜻이 내
려감이니, 그 모두는 다 그것에 고개
를 숙이며 모두 다 흡수되며 모두 다
하나로 이루어진다 그리하지 아니하
였더냐?
4 혈통이요, 정통이 내려감으로써 비진
리요, 작은 것들이 모두 다 그곳에 이
루어지며, 내가 지금까지 역사했던 그
모두가 다 거기에 흡수하게 되어 있음
을 알아야 할 것이니라.
5 나 여호와의 참진리요, 나의 법전이
세상에 내려감이니, 이가 새로운 성경
이라 하였느니라.
6 그리하여 이로 하여금 만백성을 구하
는 물줄기가 흐르기 시작함이니, 지금
흐르는 그 물이 작은 물줄기이니라.
7 그러나 그 물은 끊이지 아니하는 물이
며, 그 물의 뒤에는 그 물줄기를 따라
서 흘러가고자 하는 바닷물보다 더 많
은 물이 갇혀 있음이니, 그 물줄기가
커지고 커지기 시작하면 그를 누가 감
내하겠느냐?
8 너의 세자들은 그와 같은 이치를 알아
야 할 것이니라.
9 지금 가느다란 실과 같은 물줄기가 흘
러감이니, 그 물줄기를 보지 말라 하
라.
10 좌우에서 흐르는 그 물줄기요, 물들이

큰 것같이 보이나, 결국 네가 가늘게
가는 그 물줄기는 바다보다 더 많은
물이 뒤를 바치고 있음이니, 그는 서
서히 더 굵어질 것이며,
11 점점 굵어지기 시작하면 모든 지금의
물줄기들은 거기에 흡수되어 따라오
게 되어 있으며, 거기에 흡수되지 아
니할 자가 없는 것이니라.
12 이와 같은 이치로 세상의 모든 종파
요, 모든 집단이요, 존재하는 자들을
보면 될 것이니, 너희들은 그를 가지
고 시시비비하지 말라.
13 지금은 나의 법전이요, 나의 성령이
세상에 물줄기를 이루기 위하여 나약
하고 미약하게 흐르고 있음이니,
14 지금까지 옆에서 흘러왔던 큰 냇물이
요, 큰 물줄기를 보고 너희들이 겁먹
고 두려워하지 말며, 그를 나의 아들
이 가는 그 길에 견주어 말하지 말라.
15 아무리 강과 같은 물줄기라 해도, 지
금 나의 아들의 가는 명주실보다도 가
는 그 물줄기는 끝이 없으나, 모든 물
줄기는 끝이 있음이니라.
16 그러니 끝이 없는 물줄기와 끝이 있는
물줄기의 차이점이 무엇이더냐?
17 끝이 있는 물줄기는 아무리 크고 강한
것 같아도 뒤가 없으며 끝나게 되어
있으며, 끝없이 무한한 물줄기는 아무
리 가늘어도 흐르면 흐를수록 점점 굵
어짐이니, 모두가 대적할 수 없음이니
라.
18 그와 같은 이치를 보면, 너희들이 나
의 아들 앞에 와 나의 성전에 와 어떠
한 종파가 어떠하며 어떠한 누가 역사
하는 것이 어떠하며 어떠한 자들이 흘
러가는 것이 어떠하다는 그와 같은 말
을 하지 말며, 너의 제자들 또한 그를
보아서는 아니 되며, 그를 보고 두려
워하며 그를 보고 겁먹어서도 아니 됨
이니라.
19 지금의 너희들은 작은 물줄기를 가지
고 새로운 길을 트고 있으며, 홍수보
다도 더 무섭게 만백성을 다스리는 생
명수로 내려가고자 길을 찾아가고 있
음이니,
20 그 길을 가면서 서서히 다듬어졌을 때
바다보다도 많은 생수가 흘러내려 가
는 것은 아무도 감당하지 못할 것이니
라.
21 그러니 지금 너희들은 가는 물줄기요,
그들이 좀 더 크고 거세다 하여, 그것
이 정녕 마르지 않는 샘이라 생각하지
말라.
22 이것이 너희들이 나의 법전이요, 나의
성령을 보는 것이며, 그리고 내 뜻을
보는 것이며, 그리고 나의 아들이 가
는 길에 너희들이 힘이 되는 것이며,
그를 돕는 길이니 그리 알라.
23 그와 같은 것을 보지 못하는 어리석은
자, 그를 판단하지 못하는 자, 좌우에
서 이 물줄기를 따라서 흘러오도록 내
가 만들어 놓은 그 모두를 다 보고 두
려워하며 시시비비해서는 아니 될 것
이니,
24 그것이 나를 믿지 못하며, 나의 법전
을 믿지 못하며, 하늘에 오르는 '하나
님! 말씀하옵소서.' 이 책을 믿지 못하
며, 나의 아들을 믿지 못하는 마음이
니,
25 그러한 마음이 있어서는 아니 될 것이

니 그리 알라 전하라.

8,920 번째 하나님 말씀

2003년 12월 26일 23시 14분

1 사랑하는 나의 아들아!
2 "네, 아버님! 말씀하옵소서."
3 배고픈 자에게 '정녕 배고프지 않으냐?' 말한들 무엇이라 하였느냐?
4 그에게 한 끼의 대접을 하는 자, 그것이 사랑이요, 그와 같은 마음으로 가는 것이 너희들이 가야 하는 길이라 하였음이니라.
5 그러니 너는 160권을 만들어 세상에 전하며 만백성을 구하는 그 대명을 받았음이니,
6 그를 위하여 네가 어떠한 희생이요, 어떠한 것이 따른다 해도 너는 그를 역사해야 될 것이며, 그를 이루어야 할 것이니라.
7 그리하여 나의 백성들이 160권의 법전을 보고 하늘에 오르는 그 길에 역사를 이룰 수 있도록 그것 외에는 네가 어떠한 것도 생각해서는 아니 됨이니라.
8 이 깊은 밤, 네가 나의 성령을 받아 나의 법전으로써 만백성을 구하고자 하는 네 그 마음이요, 그 뜻으로써 너는 굴하지 말며, 최선을 다하여 달려가고 또 달려가는 그 삶을 살아가야 함을 잊어서는 아니 될 것이니라.
9 그리고 또한 너는 알아야 할 것이니라.
10 네 주변에 있는 네 제자요, 많은 백성에게 네가 말로써 언약한 것, 네가 또 그들에게 한 말, 그 모두를 너는 하나하나 조용히 이루어 나가는 그와 같은 자세로 삶을 살아야 할 것이니, 그것이 가장 소중함을 네가 알아야 할 것이니라.
11 사람들은 세상에 살아가며 상대방을 모르며 그 사람의 마음의 깊이를 모름이니라.
12 그러나 그들이 너희들에게 어떠한 것을 한다 해도, 그들은 눈으로 보며 저희들에게 역사하는 것, 그리고 또 그 약속을 실행하고 지키는 것, 그것으로써만 모두를 평가하며 그들은 모두를 다 인정함이니라.
13 저희들에게 한 약속의 이해관계가 달렸으며, 그러니 저희에게 약속한 것이 이해관계가 달린 그 약속이 지켜지지 아니할 때, 그들이 얼마나 분개하며 너희들에게 돌을 던지겠는가?
14 나의 아들 너 또한 그러하니라.
15 이제 모든 세상사의 너희들이 말하는 이방인이요, 나를 찾지 않는 백성이라 하는 자, 그리고 나를 찾는 백성들이요, 네 제자요, 네 주변에 있는 모든 백성들과 네가 언약하고 약속한 것은 하나하나 지켜 가고 실행해야 할 것이니라.
16 몸소 그를 보여 주고 실천함으로써 그들이 두 번 다시 말하지 아니하며, 두 번 다시 반복하지, 아니하며 너희들을 의혹하지 아니하며, 시기하고 질투하는 짓을 하지 아니할 것이니라.
17 너희들이 지금 무슨 말을 하든, 나의 아들 너 또한 어떤 말을 하든, 그것이 그들의 이해와 관계된 일이라면, 그것

이 행하여지고 실천해지지 아니하였
을 때, 그들은 어떠한 난관과 고통이
요, 행하지 못하는 그와 같은 것을 생
각하지 아니하느니라.
18 다만, 그와 같은 것이 이루어졌을 때,
저에게 돌아오는 이해관계가 어떤 것
이며 저의 이득이 무엇인가 그것만 계
산하는 것이 인간 세상의 백성들이 가
지고 있는 마음이니,
19 그 이해관계가 이루어지지 아니하였
을 때 그들은 바로 적이 되며, 그로 인
하여 너희들을 공격할 것이며, 또한
나의 법전까지 그들이 공격하게 됨이
니, 네가 무너지며 너의 제자들이 무
너지며,
20 네가 약속을 지키지 못하며 그 제자들
이 약속을 지키지 못할 때, 작은 약속
이든 큰 약속이든 그를 행하지 아니하
면 너희들이 무너짐이 아니요, 나의
법전까지 모두 재가 되어 날아간다는
것을 잊어서는 아니 됨이니라.
21 인간 세상에 너희들이 언약하는 것이
무엇이더냐?
22 서로 약정함에 있어서 이해관계가 달
렸음이니, 그 이해관계는 서로 득과
실이 있음이니라.
23 그러니 그 득과 실에 의하여 저희들이
손해 본다 생각할 때, 절대 그들은 어
떠한 것이든 어떠한 형국이든 아무리
아름다운 나의 법전이라 해도 그를 인
정하지 아니함이니라.
24 그들은 너희들이 금화 닷 냥을 주는
것이 저에게 이익이요, 그러나 저에게
금화 닷 냥을 주지 아니하고 다른 사
람에게 5만 냥을 준다 해도 제 앞에
오는 닷 냥이 위대하기 때문에, 아무
리 큰 역사요, 아무리 큰 사람들을 도
우며 많은 사람을 돕는다 해도, 공의
에 대한 그와 같은 생각을 절대 하지
않느니라.
25 제 앞에 오는 닷 냥만을 생각하며, 너
희가 5만 냥을 가지고 더 많은 백성을
구하는 것, 그리고 더 어려운 사람을
위하여 먼저 그곳에 써 주는 것, 그리
고 거기에 먼저 베푸는 것을 절대 그
들은 이해하지 아니하며,
26 그를 가지고 칭찬하지 아니하며, 너희
들을 따르지 아니하며, 믿지 않느니라.
27 제 앞의 닷 냥이 더 소중한 것이요, 제
가 닷 냥을 버림으로써 5만 냥을 가지
고 많은 사람을 구원할 수 있다 해도
너는 약속을 지키지 않는 자요, 네 제
자는 거짓된 자요, 약속을 지키지 아
니한다고 공격하는 그 화살을 피할 수
없으며, 죽기 아니면 살기로 너희들을
공격하는 것이 인간의 마음이니,
28 이제 너희들이 한 말에 대해서는 하나
하나 지켜 가며 하나하나 점검하여 하
나도 놓치는 것이 없이 그리 가라, 사
랑하는 나의 아들아!
29 그러니 한 번의 언약이요, 한 번의 약
속이 천금보다 더 무섭고 중요하다는
나의 뜻을 알아 네가 행하도록 그리하
라, 사랑하는 나의 아들아!

8,921 번째 하나님 말씀

2003년 12월 26일 23시 21분

1 사랑하는 나의 아들아!
2 "네, 아버님! 말씀하옵소서."

3 네 제자들은 모두 저 자신이 소중하
고 귀한 것을 알며, 저 자신을 사랑할
수 있는 그와 같은 마음의 자세로써
승화되어야 한다 함이니라.
4 자신의 소중함을 모르며 자신을 사랑
할 줄 모르는 자는 제 가정이요, 이웃
의 형제의 소중함을 모르며, 또한 그
들은 사랑할 줄 모르는 자들이니라.
5 귀하고 소중한 것을 아는 것, 그리고
나에게 받은 그 은혜를 감사히 생각하
는 그와 같은 마음으로 너희들이 자신
을 다스려 나갈 때, 그것이 곧 사랑이
니라.
6 그러니 자신을 소중히 할 줄 알며 사
랑으로써 깊이 받아들이는 것, 그리고
세상에 태어난 그 자체를 귀하고 소중
히 받아들일 수 있는 그와 같은 마음,
그것으로써 너희들이 나에게 받은 은
혜에 감사하는 마음이니라.
7 그리하여 너희들이 더 높고자 모두를
디 멸시하며, 너희들 앞에 더 큰 것을
놓고자 더 아름다운 것을 놓고자 더
귀한 것을 놓고자 하는 것이 자신을
소중히 여기며 사랑하는 마음이 아님
이니라.
8 다만, 너희들이 나로부터 생명을 받아
나간 그 자신에 대한 감사함, 그 사랑
하는 마음으로써 살라 함이니라.
9 그와 같이 자신을 사랑하고 이웃을 사
랑하는 것, 그리고 더불어 너희들이
세상을 사랑할 수 있는 그와 같은 마
음이 있기 때문이니, 너희 자신을 소
중히 여기라 함이니라.
10 나 여호와로부터 받아 나간 생명 그
자체요, 그 근본이 얼마나 소중하고
귀한 것인가 알고 그 자신을 너희들이
사랑하라 함이니라.
11 물질이요, 명예요, 그와 같은 것을 네
앞에 더 쌓아 놓고자 하는 것, 더 이루
고자 하는 것, 그와 같은 것이 너희들
을 사랑하고 소중히 하는 것이 아니
라 하는 내 뜻을 알라.
12 십계명에 기록되었듯이, 네 부모를 공
경하는 그 마음이 없이는 너희들은 진
정 나를 공경할 수 없다 내가 수없이
너희들에게 가르쳤음이니, 그와 같은
이치를 알고 가야 함이니라.
13 너희들이 나에 대한 공경하는 마음이
위선일 때 너희들은 절대 구원의 길을
볼 수 없음이니,
14 부모를 사랑하지 아니하며 부모를 진
정으로 공경하지 못한다면 너희들은
거기서부터 나를 공경하고 나를 경배
하는 마음이 진실된 마음이 못 됨이니,
15 너희들이 진실된 마음이 아닐 때, 전
부를 다 바쳐 마음을 다하고 뜻을 다
하고 목숨을 다하여 너희들이 나의 은
혜에 감사하며 내 뜻에 의해 살아가고
자 하며 나를 공경하는 마음이 아닐
때,
16 너희들도 모르는 사이에 위선이라는
것이 너희들을 지배하고 있음이니, 결
코 너희들은 구원의 길을 볼 수 없다
함이 나 여호와의 뜻이니라.
17 그러니 너희들은 어떠한 것도 나의 계
명을 지키고 지키지 아니하고, 구원을
받고 안 받는 것을 시시비비를 할 것
이 없음이니라.
18 다만, 내가 명한 것, 내가 너희들에게
내린 것, 그를 지키고 행하는 그와 같

은 너희들의 삶을 사는 것이면 되느니
라.
19 그러니 모든 종교 집단이요, 지도자들
이 말하느니라.
20 나의 뜻대로 나의 계명대로 살 수 없
다 생각하고 가니, 그것이 바로 무엇
인 줄 알겠느냐?
21 너희들이 나를 기억하지 아니함이니
라.
22 그러니 그를 가지고 지킬 수 없다 말
하는 자, 그는 기초를 모르는 자요, 기
초가 다져지지 않은 것이니, 무엇을
역사하고 내 뜻을 알 수 있단 말이더
냐?
23 그러니 나의 아들을 따르는 제자 너희
들은 그를 가지고 시시비비하지 말며,
그를 지키고 안 지키고 너희들이 지킬
수 없다 있다 그걸 가지고 시시비비하
지 말라.
24 다만, 너희들이 나의 뜻대로 그대로
참진리의 길을 따라 살아오는 삶을 살
라.
25 다만, 너희들이 인간으로 역사할 수
없다 그리 판단하고 평가하지 말라.
26 그와 같은 자들은 기초가 되어 있지
않은 자니, 기초가 되어 있지 않은 자
는 아무것도 알 수 없음이니라.
27 너희들이 기초의 학문을 다스리지 못
한 자, 나이가 아무리 먹는다 해도 그
를 다스려 나갈 수 없는 것과 마찬가
지이니라.
28 그러니 나의 법전을 정독하지 아니하
고 그와 같은 것을 받아들이지 아니하
는 백성은 하늘의 이치요, 하늘에 오
르는 그 길을 알 수가 없으며 그 뜻을
알 수 없다는 것을 내가 나의 법전에
기록함을 알라.
29 나의 법전이 바로 너희들이 하늘의 뜻
이 무엇인가 그 기초를 역사하는 것이
니라.
30 그리고 또한 십계명은 너희들이 지키
고 와야 하는 것이니라.
31 그와 같이 내가 내리고 내가 직접 써
내린 이 모두를 가지고 너희들이 시
시비비해서는 아니 된다는 것을 내가
다시 한 번 강조하느니라.
32 그리고 너희들은 그저 구원을 받고 안
받는 그와 같은 생각을 하지 말라.
33 다만, 너희들이 묵묵히 참진리요, 한
점의 부끄럼이 없는 삶을 살아가는
것, 그와 같은 마음으로써 승화되고
변화되는 것이 이루어질 때 너희들은
모두를 초월할 수 있음이니,
34 그 초월하는 삶이요, 초월하는 너희들
의 마음 자세에서만 하늘의 이치요,
하늘의 뜻을 알 수 있기 때문이며,
35 그때쯤 되면 너희들은 계명이 어찌 이
룰 것이며 그리고 나의 법전이 어떠한
것인가 그를 들여다보고 알 수 있을
것이니,
36 그와 같은 것을 너희들이 지키고 못
지키는 것을 의식하거나 생각하지 말
라.
37 오로지 너희들은 참진리를 연구하며,
이는 내가 명한 것이기 때문에 너희들
은 그와 같은 시시비비를 해서는 아니
된다는, 그리고 어떠한 어려움과 고통
이 있어도 이를 행한다는 굳건한 마음
을 너희들 마음속에 깊이 깔고 살아가
도록 그리해야 할 것이니라.

8,922 번째 하나님 말씀

2003년 12월 26일 23시 27분

1 사랑하는 나의 아들아!
2 "네, 아버님! 말씀하옵소서."
3 네가 나의 명을 받아 하나의 목적을
이룸이니, 그 목적을 이루어 가는 그
길에 네가 어렵고 힘들다 해도 바르고
곧은 그 길이요, 그 모두를 스스로 이
기고 정의롭게 그와 같은 길을 가며
목적을 달성하는 것과,
4 네가 그때그때마다 거짓 하며 남을
이용하며 편한 길로 해서 내가 명한
그 목적을 달성했다 할 때, 너는 인간
이하로써 그와 같은 말을 할 수 있을
것이니라.
5 수단과 방법을 가리지 아니하고 그 목
적을 달성하는 것, 그것으로써 네가
그 모두를 달성했다 하나,
6 하늘의 천사요, 모든 사탄이요, 그들
이 그를 보고 있으며 그 역사를 알고
있음이니, 그들이 뭐라 하겠느냐?
7 네가 목적지에 들어와 '나는 아버님의
명을 따라 모든 임무를 수행했다.'며
그 정상에 올라 말하니,
8 사탄과 천사들이 너와 같은 길은 누구
라도 올 수 있으며 네가 오는 방법으
로는 누구든지 다 올 수 있다며, 세 살
먹은 아이도 그 길은 올 수 있다는 그
와 같은 말을 듣는 그 길을 네가 오겠
는가?
9 그들이 감히 말하지 못하는 어렵고 힘
든 그 길을 마다하지 아니하고 너희들
이 모두 당당한 모습으로써 그 길을
선택해서 와야 되지 않겠는가?
10 이제 너는 모두를 알고 있지 아니한가?
11 그리고 네가 이제는 스스로 다스려
가고 네가 모두를 역사할 수 있음이니
라.
12 이제 나 여호와는 너에게 무엇을 하라
하지 말라 명하지 아니할 것이니라.
13 네가 스스로 판단하고 스스로 평가하
여, 바른길이요, 정도의 그 길을 선택
해서 오라.
14 그리하여 네가 나에게 정상에 왔을
때, 네가 160권의 법전을 세상에 내
만백성을 구하는 그 역사를 하고 왔을
때,
15 사탄도 천사도 너와 같은 방법으로 오
면 누군들 못 오겠느냐는 그와 같은
말을 듣는 네가 될 것인가,
16 그렇지 아니하면 당당한 모습으로 와
서 그들이 감히 네 옆에 말을 하지 못
하는 그와 같은 방법으로 네가 올 것
인가?
17 이는 이제 네가 그 모두를 판가름할
줄 알며 네가 평가할 줄 알며 네가 볼
수 있는 나의 아들이니, 나는 이제 두
번 다시 너에게 말하지 아니할 것이
며, 너에게 이리 가라 저리 가라 이리
역사하라는 것을 말하지 아니할 것이
니라.
18 사랑하는 나의 아들아, 이제 네가 그
길을 선택해서 스스로 모두를 역사하
고 오라.
19 네가 나에게 왔을 때 모든 사탄이요,
천사들에게 정말 너는 세 살 먹은 아
이만도 못한 자라는 말을 들으며, 세
살 먹은 아이도 그와 같은 길을 다 올
수 있으며 그와 같은 방법으로는 올

수 있다는 그 말을 들을 것인가, 그리
고 내 앞에서 얼굴 들지 못하는 자가
될 것인가,
20 그렇지 아니하면 그들도 감히 말 못
하고 고개 숙이는 그와 같은 길을 네
가 선택해서 올 것인가?
21 네가 나에게 오르는 길은 두 길이 있
음이니라.
22 그러니 그 두 길 중에 네가 어떠한 길
을 와야 할 것인가를 너는 잘 알고 있
음이니, 이제 나 여호와는 너에게 말
하지 아니할 것이니, 그 길을 네가 스
스로 찾아오도록 그리하라, 사랑하는
나의 아들아!
23 그것만이 모든 천사와 사탄들도 내가
너를 세상에 내려보낸 것을 시시비비
하지 못할 것이며, 감히 160권의 법전
이 어찌하여 이루어졌다는 그와 같은
말을 하지 못할 것이니라.
24 네가 바른길이요, 정도의 길을 갔을
때 160권은 지상에서 빛을 볼 것이며,
그리하여 천사나 사탄도 감히 그 빛을
바라보지 못할 것이며,
25 네가 바르고 곱게 오지 못했을 때 그
모두는 다 너희들의 빛이 없음이니라.
26 그 빛이 없음이니, 천사와 사탄이 그
를 어찌 보겠으며, 만백성들은 그 빛
을 볼 수 없음이니 그 빛을 따라 하늘
에 오를 수 있는 길이 없음이니라.
27 사랑하는 나의 아들아!
28 이제 선택의 권한은 모두가 너에게 있
으며, 모두가 역사하고 역사하지 못하
는 것은 너에게 달렸음이니라.
29 이제 네가 스스로 판단하여 그 역사를
이루도록 그리하라, 사랑하는 나의 아
들아!

8,923 번째 하나님 말씀

2003년 12월 26일 23시 34분

1 사랑하는 나의 아들아!
2 "네, 아버님! 말씀하옵소서."
3 수억의 나의 백성들이요, 그 수를 헤
아릴 수 없는 나의 백성이 이 세상에
존재하며 살아가지 않느냐?
4 그러나 그들이 살아가면서 그 몸에 있
는 병마가 또 발생함이니, 그들의 그
병마의 수는 또 어떠하더냐?
5 사람에 따라서 발생하는 그 병마가 다
름이니, 그 병에 걸리는 것, 그 몸이
무너지는 것, 그 모두는 수천 수억의
인구처럼 수천수만 가지의 병으로써
그들에게 침투하게 되어 있음이니라.
6 그러나 또한 어떠한 것이 있더냐?
7 같은 사람이 같은 병을 앓는다 해도
그 사람의 체질의 강약에 따라서 치료
하는 의사는 처방이 다를 것이며 그
약을 넣는 것이 다를 것이니라.
8 하물며 같은 사람이 같은 병을 가지고
있을 때도 그 체질에 따라서 처방이
다르거늘, 다른 수만 가지 병에 대한
것을 가지고 있다면 그것은 어찌 되겠
느냐?
9 사람마다 그 처방이 다르며 다스리는
것이 다를 것이니라.
10 내가 너에게 이와 같은 것을 기록하여
너에게 전하는 그 뜻을 알고 있느냐?
11 "네, 아버님! 알고 있사옵나이다.
12 모든 사람이 병에 걸림이니, 똑같은
병에 걸린다 해도 체질에 따라서 의사

가 처방하고 다스리고 약을 내리는 것
이 다름이니,
13 그러니 수억의 백성이 저마다 각자
수천수만 가지 다른 병을 가지고 있다
하면, 그 처방이요, 그 병을 다스리며
고치는 것은 다 달라야 할 것이라 생
각하옵나이다.
14 그러나 지금의 종교 집단과 지도자들
은, 정녕 그와 같이 사람이 다르고 개
성이 달라 가지고 있는 것이 다르며
느끼는 것이 다르거늘,
15 그들에 따라서 적절한 지도요, 가르침
을 하는 것이 아니라, 무조건 그들에
게는 한 가지 약으로써 모두를 다스리
는 의사와 같사옵나이다.
16 몸이 아픈 것이 수천수만이니 그 병질
이 다르거늘, 그저 한 가지 약으로써
처방하는 그와 같은 형국이 오늘의 믿
음의 형태라 저는 알고 있사옵나이다.
17 아버님께서 그와 같은 것을 지금 저에
게 묻고 계신다 그리 생각되옵나이
다."
18 그러니라, 사랑하는 나의 아들아!
19 사람의 병이 다 각자가 다르니, 의사
가 처방하는 것이 다 다를 것이니라.
20 믿음의 길을 가는 나의 백성도 그러니
라.
21 그들의 배움이요, 그들의 생각하는 형
태요, 또한 그들이 가지고 있는 재물
이요, 살아가는 제자리요, 제 직책이
요, 그 모두에 따라서 그들은 그 수준
이 다름이니라.
22 그러나 그들에게 모든 종교 집단의 지
도자는 어찌하던가?
23 그저 한 가지 방법으로써 한 가지 약
으로써 모두를 처방하도록 그리 밀고
가느니라.
24 그리하여 내가 나의 법전을 세상에 내
려보냄이니, 나의 법전은 너희들이 읽
는 사람에 따라서 상처 입은 사람에
따라서 모두가 다 다르게 되어 있음이
니라.
25 병마에 따라서 그를 보고 고칠 수 있
으며 다스릴 수 있는 것이니라.
26 그러니 지금의 나의 백성이 어찌 병마
에서 헤어날 수 있다 너희들은 생각하
느냐?
27 지금의 믿음에서는 절대 헤어날 수 없
음이니라, 사랑하는 나의 아들아!
28 그리하여 내가 이들을 불쌍히 여겨,
체질에 따라서 병을 고치며 그 형태에
따라서 처방할 수 있고 다스릴 수 있
는 것을 세상에 내려보냄이니, 너희들
에게 가장 위대한 의사를 내려보냄이
니, 이것이 곧 무엇이더냐?
29 나의 법전이니라.
30 나의 법전을 읽고 정독하는 만백성 너
희들은 너희 자신에 있는 그 병을 나
의 법전을 읽고 다스릴 수 있음이니,
이것이 새로운 성경이요, 마지막 시대
에 내리는 나의 사랑의 법전임을 알라.
31 그러니 너희들이 '하늘에 오르는 길'
이요, '하나님! 말씀하옵소서.' 나의
이 법전이요, 새로운 성경을 읽지 않
고는 각자가 그 병을 치료할 수가 없
음이니라.
32 그 모두를 치료할 수 있는 의사요, 그
처방을 내릴 수 있는 그와 같은 나의
법전을, 나의 아들과 그를 따르는 제
자들이 그 모두를 세상에 내려보내니,

너희들은 나의 법전을 읽고 의사와 같
은 것을 읽어 너희들의 병을 고치는
그와 같은 선택을 얻도록 그리하라 전
하라.
33 그렇지 아니한 자 절대 치료할 수 없
음이니라.
34 지금의 종교 집단이요, 지도자는 그저
한 가지 약을 가지고 모두를 치료할
수 있다며 그들에게 그와 같이 줌이
니, 그들의 병은 더 썩고 썩어져 결국
죽어 감이니라.
35 그러니 모두를 다 필요한 의사요, 거
기에 대한 처방이요, 약을 접할 수 있
도록 내가 만들어서 내려보내는 것이
나의 법전이니,
36 이를 읽지 아니하고 이를 다스리지 아
니하면 각자가 처방할 수 없다는 것을
그들에게 전하라, 사랑하는 나의 아들
아!

부 록

【하나님께서 가르쳐 주신 운동】

천재지변이 일어날 때, 동물이나 미물들은 미리 알고 대피하지만, 인간은 알지 못하고 큰 화를 당합니다. 하나님께서 인간에게 가장 높은 지혜를 주시고 완벽하게 창조해 주셨기에 동물들보다 더 잘 알 수 있지만, 욕심으로 마음이 혼탁해져서 한 치 앞을 보지 못하는 것입니다.

마찬가지로, 인간은 누구나 스스로 필요한 운동을 해서 건강을 지킬 수 있도록 하나님께서 만들어 주셨습니다. 우리의 머리에서 우리 몸에 필요한 동작을 해 달라고 끊임없이 신호를 보내지만, 인간이 혼탁하게 살아서 그 신호를 알아채지 못합니다. 그러니 자연스럽게 자기 몸이 원하는 그 신호를 따라서 운동하는 것이 하나님께서 가르쳐 주신 운동 방법입니다. 바로, 우리의 영이 육을 이끄는 운동입니다.

▶ 하나님 운동법

1. 눈을 감고, 발을 어깨너비로 벌리고 바르게 선다.
2. 몸에 힘을 풀고, 허리를 숙이면서 손과 머리를 아래로 내린다.
3. 허리를 펴고 싶을 때, 천천히 펴면서 하고 싶은 동작을 하면 운동이 시작된다. (사람마다 다르다.)
4. 멈추지 말고, 어떤 동작이든지 자기 몸의 느낌대로 계속 이어서 한다.

▶ 참고 사항

① 눈을 감은 상태로 아무 생각 하지 않고, 자기 몸의 느낌대로 움직입니다.

② 마음을 비우고, 욕심을 버리고, 지난날의 잘못을 반성하면서 몇 차례 시도하다 보면, 자기도 모르게 하고 싶은 동작이 끊임없이 생깁니다.

③ 운동 장소는 방 안이든 운동장이든 관계없으며, 걷거나 달리고 싶을 때는 눈을 떠도 됩니다.

④ 매일 40분 이상, 주 4회 이상, 3개월 이상 하면 음식 조절에 들어갑니다.
- 음식으로 생긴 병은 음식으로 치료하게 되며, 어떤 음식을 먹어야 하는지 스스로 알게 됩니다.
(자기 몸에 필요한 음식만 먹고 싶어집니다.)

⑤ 사랑하는 사람과 함께 운동하면 서로 치료해 주기도 합니다.

⑥ 운동을 하다가 몸의 어느 한 부분을 계속 손으로 자극한다면 그쪽에 이상이 있는 것이니, 의사에게 상담을 받고 적절한 치료를 받으면 됩니다.

⑦ 다이어트 및 기타 건강관리에 효과적입니다.

⑧ 꾸준히 운동하여 영이 맑아시면, 자신의 과거와 미래를 스스로 보게 됩니다.

누구나 스스로 하실 수 있습니다.

간 행 사

《새로운 성경》은:

· 새로운 성경은, 하나님께서 선량하고 선한 자를 선택하여 십계명을 암송하도록 하시고, 십계명을 암송한 다음에 음성으로써 들려주시는 말씀을 듣고 그대로 카세트테이프에 녹음해서 받아쓴 책입니다.

· 90분짜리 녹음테이프 700여 개에 달하는 말씀으로, 1999년 8월부터 2004년 7월까지 총 160권(권당 288쪽)을 완성하였으며, 그 이후에도 현재까지 계속 말씀을 내려 주고 계십니다.

· 새로운 성경은 "하늘을 두루마리 삼고 바닷물을 먹물 삼아 쓰고 써도 다 못 쓴다"는, 끝없이 방대한 하나님의 말씀이 두루마리로 직접 내려오는 것입니다. 이러한 새로운 성경은 구약과 신약을 폐하려는 것이 아니라 "인봉된 성서의 비유의 뜻"을 상세히 설명하여 완성하고자 하나님께서 직접 내려 주신 말씀입니다.

《새로운 성경》의 구성:

· 제 목: 2013년, 160권 모음집을 발간하면서, 본 도서의 제목을 "하나님! 말씀하옵소서"에서 《새로운 성경》으로 명해 주셨습니다.

· 단행본: 각 권당 288쪽(신국판) 책이 160권까지 시리즈로 출판됩니다.
(모음집은 단행본을 16권씩 묶어서, 총 10부로 구성됩니다.)

《새로운 성경》의 성경적 근거:

· 신약 성경 [요한복음] 16장 13절에 "진리의 성령이 오시면 그가 너희를 모든 진리 가운데로 인도하시리니 그가 자의로 말하지 않고, 오직 듣는 것만을 말하며" 하신 말씀처럼 하나님의 음성을 들은 것만 기록하였으며,

· "장래 일을 너희에게 알리시리라" 하신 말씀과 같이 개인, 나라, 인류의 "장래"일을 하나님께서 알려 주시는 것만 기록하여 책으로 만들었습니다.

《새로운 성경》의 기록 방법:

· 1999년 8월부터 하나님께서 저에게 들려주시는 음성을 기록하였습니다. 처음에는 제가 들은 말씀을 불러 주면 저의 아내가 기록하여, 2000년 1월 29일에 1권 초판이 세상에 나왔습니다. 2000년 4월부터는 주시는 말씀을 받아 녹음기에 기록하기 시작하였습니다.

· 녹음을 시작하면서 하나님의 말씀을 받는 데 가속도가 붙었고, 2001년 5월 3일에 1부(1~16권까지)를 인쇄하여 출판하였으며, 2004년 7월까지 총 160권 분량의 말씀을 받아 기록하였습니다.

하나님께서 저에게 주신 것은:

· 첫째, 만백성을 상대로 내려 주시는 "기도", 둘째, 수시로 내려 주시는 "묵상", 셋째, 개인의 과거, 현재, 미래를 알려 주시는 "개인 기도", 넷째, 개인의 건강을 위해서 내려 주시는 "음식 처방", 다섯째, 하나님께서 가르쳐 주신 "운동"등이 있습니다. 이 중에 첫 번째, "기도"를 책으로 편찬하였습니다. 사람의 생사, 개인의 미래에 관한 천기는 수록하지 말라 하셨습니다.

강론 안내:

· 하나님께서는 지금도 매일 저에게 새로운 하늘의 비밀의 말씀을 내려 주고 계십니다. 수시로 내려 주시는 말씀을 정리해서 제자를 육성하라는 말씀에 따라 매주 강론을 하고 있습니다. 누구나 무료로 들으실 수 있습니다. (book160.com)

《새로운 성경》을 읽는 분들에게 드리는 선물:

· 개인 기도: 개인의 과거, 현재, 미래에 관하여 말씀을 내려 주십니다.

· 음식 처방: 사람은 음식을 먹고살다가 건강을 잃으니, 음식과 운동으로 건강을 되찾는 방법을 알려 드립니다. 단, 하나님이 계심을 믿고, 십계명을 지키겠다고 진실로 서약하는 분들께 알려드립니다

《새로운 성경》의 은혜와 기적:

· 새로운 성경 전160권은 16권씩 묶어서 총 10부의 모음집으로 구성됩니다. 모음집 한 부를 읽고 깨우치는 자에게 하나님께서 다음과 같은 기적이 있다고 하셨습니다.

· “첫째, 그가 죽어 하늘에 갔을 때 그의 죄를 묻지 아니하며, 구원을 받는 위대한 은혜가 있으며, 둘째, 그의 소원과 소망이 이루어지고, 셋째, 죽은 자(부모, 형제, 자식, 사랑하고 은혜 입은 분)의 이름으로 구입한 책을 읽고 누군가 한 사람이 깨우칠 때, 그 죽은 자가 지옥에서 천국으로 구원을 받게 되며, 넷째, 유산, 중절 수술 등으로 태어나지 못한 아이를 위하여 구입한 책을 보고 한 명이 깨우쳤을 때, 그 아이가 사람으로 다시 한 번 태어나는 은혜를 받는다.”

· “새로운 성경”을 3회 이상 정성을 다해 정독하는 자, 성서의 비밀을 알게 되고, 세상의 이치를 알게 되며, 세상을 지배하고 통제할 수 있는 지혜를 다 얻게 된다고 하셨습니다. 이 책은 만백성이 정독하고 이웃에게 전하여, 평생 가슴에 묻은 슬픔과 고통의 짐을 벗고 미래를 위한 힘찬 삶을 살아가도록 하는 책입니다.

끝으로

· 하나님께서는 흰 눈이 세상을 덮듯이 새로운 성경을 온 세상에 전하라고 하셨습니다. 《새로운 성경》을 각국어로 번역해서 온 인류에게 구원의 길을 깨우쳐 주고, 그 수익으로 가난하고 어려운 백성을 구제하여, 만백성의 영과 육을 함께 구원하는 선지자의 임무를 수행하라고 저에게 명하셨습니다.

· 하늘에서 내려 주신 말씀의 보화를 만백성에게 나누어 주는 것이 선지자의 임무라고 하셨습니다. 새로운 성경을 통해서 얻는 재물을 사용할 곳도 하나님께서 일일이 명해 주십니다. 모든 재물은 저의 자의로 쓸 수 없고, 하나님께서 명하시는 대로만 쓰여집니다.

· 어떤 명분으로든 십일조나 각종 헌금을 거두어들이지 말라 하셨으며, 국내뿐 아니라 각국에 성전과 단독 서점을 운영하며, 한국의 많은 젊은이들을 전 세계에 지도자로 내보내라고 하셨습니다.

· 우리는 세계적으로 새로운 성경을 보급하며 어려운 이들을 돕는 역사를 해 나갈 것입니다. 지금까지 비록 몇 명 안 되는 제자들과 함께 이러한 일을 역사했지만, 앞으로도 계속 하나님께서 기뻐하시는 일들을 해 나갈 것입니다. 부족한 저희에게 여러분들의 지혜와 성원을 보내 주시기를 바랍니다. 많은 분들의 참여와 도움을 간절히 기다립니다. 감사합니다.

한국어로 내려온 《새로운 성경》 단행본을 출간하며
2016년 4월 10일

발행인 **김 용 철**

한국어로 내려온

새로운 **성 경** · 8부 · 제120권

지은이 하나님 말씀
대역자 김용철

초판인쇄 1쇄 2017년 4월 3일

펴낸 곳 도서출판 하얀마음
등록번호 제 10-2107호 (2001년 2월 14일)
주소 서울시 노원구 덕릉로86길 5, 2층
전화번호 02) 313-1114
팩스 02) 393-5554
전자우편 book160@hanmail.net
편집위원 조나영 김미향 이석교
제작지원 조형구 백영숙 이석교 이수희

도서상담 1600-7527
ISBN 978-89-5875-220-2 (04230)
978-89-5875-100-7 (세 트)

값 10,000원
잘못된 책은 구입하신 곳에서 바꾸어 드립니다.

※이 책은 10부로 제작되며, 각 부 16권씩 총160권으로 구성됩니다.※

1부	2부	3부	4부	5부	6부	7부	**8부**	9부	10부
1권	17권	33권	49권	65권	81권	97권	113권	129권	145권
2권	18권	34권	50권	66권	82권	98권	114권	130권	146권
3권	19권	35권	51권	67권	83권	99권	115권	131권	147권
4권	20권	36권	52권	68권	84권	100권	116권	132권	148권
5권	21권	37권	53권	69권	85권	101권	117권	133권	149권
6권	22권	38권	54권	70권	86권	102권	118권	134권	150권
7권	23권	39권	55권	71권	87권	103권	119권	135권	151권
8권	24권	40권	56권	72권	88권	104권	120권	136권	152권
9권	25권	41권	57권	73권	89권	105권	121권	137권	153권
10권	26권	42권	58권	74권	90권	106권	122권	138권	154권
11권	27권	43권	59권	75권	91권	107권	123권	139권	155권
12권	28권	44권	60권	76권	92권	108권	124권	140권	156권
13권	29권	45권	61권	77권	93권	109권	125권	141권	157권
14권	30권	46권	62권	78권	94권	110권	126권	142권	158권
15권	31권	47권	63권	79권	95권	111권	127권	143권	159권
16권	32권	48권	64권	80권	96권	112권	128권	144권	160권